# 하이퍼리얼
쇼크

＊ **일러두기** 이 책은 방일영문화재단의 저술 지원을 받아 출판했습니다.

## 하이퍼리얼 쇼크 : 이미지는 어떻게 세상을 지배하는가?

초판 1쇄 인쇄 2011년 11월 25일    초판 1쇄 발행 2011년 11월 30일

**지은이** 최효찬 **펴낸이** 연준혁

**출판 2분사 분사장** 이부연
**편집장** 김연숙 **책임편집** 박지혜 **디자인** 이파얼

**제작** 이재승

**펴낸곳** (주)위즈덤하우스 **출판등록** 2000년 5월 23일 제13-1071호
**주소** 경기도 고양시 일산동구 장항동 846번지 센트럴프라자 6층
**전화** 031)936-4000 **팩스** 031)903-3893 **홈페이지** www.wisdomhouse.co.kr
**출력** 엔터 **종이** 화인페이퍼 **인쇄·제본** 현문 **인쇄 후가공** 이지앤비

**값** 18,000원    ISBN 978-89-6086-499-3 03300

**국립중앙도서관 출판시도서목록(CIP)**

| |
| --- |
| 하이퍼리얼 쇼크 : 이미지는 어떻게 세상을 지배하는가? / 최효 찬 지음. -- 고양 : 위즈덤하우스, 2011 p.; cm |
| ISBN 978-89-6086-499-3 03300 : ₩18000 |
| 매체[媒體] 이미지(심상)[image] |
| 331.541-KDC5 302.23-DDC21            CIP2011005014 |

# 하이퍼리얼 쇼크

이미지는 어떻게

세상을 지배하는가?

쇼크

# 우리가 살고 있는 현실은 '진짜'일까

## 역사의 전환기가 된 9·11과 촛불 시위

이 책은 어쩌면 허깨비 같고 허무맹랑할지도 모르는 질문, 즉 "우리가 살고 있는 현실은 진짜일까?" 라는 궁금증에서 시작했다. 이 사회의 권력과 자본과 미디어가 순수하고 정당한 방법으로 세상을 이끌고 있는 것인지, 사람들의 욕망 또한 자율적으로 생겨난 욕구에 따라 행사되고 있는 것인지가 질문의 핵심이다. 어쩌면 우리는 '만들어진 현실'에 살고 있는 것은 아닐까? 우리가 살고 있는 현실 위에 '또 하나의 현실'이 존재하지는 않을까? 우리가 살고 있는 현실은 진짜가 아니라 가짜의 복제, 모사들과 그 이미지들이 지배하고 있는 것은 아닐까? 그리고 결국에는 가짜가 진짜에 영향을 미치면서 진짜를 대체하고 있지는 않을까? 이러한 의문들은 두 가지 '사건'을 계기로 시작되었다.

4

우리는 21세기에 들어 전대미문의 엄청난 두 가지 '사건'을 경험했다. 하나는 미국에서 벌어진 9·11테러사건이고, 또 하나는 우리나라에서 벌어진 2008년의 촛불 시위다. 두 사건 모두 미디어가 폭발적으로 보도했고 이를 본 시청자들은 연신 터지는 보도 내용에 놀라움과 경악을 금치 못했다. '미국의 역사는 9·11 이전과 이후로 구분된다'는 말이 나올 정도로 9·11테러사건의 여파는 컸으며 2008년 촛불 시위 역시 한국 역사의 전환기적인 사건이다. 이 두 사건을 보면서 나는 이미지의 과잉 상태가 진짜 현실을 집어삼킨다는 이론인 장 보드리야르Jean Baudrillard의 시뮬라크르simulacre와 하이퍼리얼hyperreal을 떠올렸다. 때로는 명확한 개념 하나가 복잡한 현실을 명쾌하게 분석할 수 있도록 돕고 올바른 방향을 제시하며 세계사적 사건을 재구성하게 한다.

잠시 기억을 거슬러 2001년 9월 11일로 돌아가보자. 9·11 이후 9·11의 배후가 무슬림(muslim; 이슬람교도)으로 지목되면서 미국을 비롯한 서구 세계와 한국 사회에서 아랍인들뿐 아니라 이슬람교를 믿는 전 세계 무슬림들이 자신들이 사는 땅에서 눈흘김을 당하고 심지어 집단 린치를 당하거나 직장에서 쫓겨나는 사태를 겪어야 했다. 미디어 보도를 통해 이슬람에 대한 과격한 이미지가 대중에 각인되었기 때문이다. 일부 무슬림에 대한 과격한 이미지는 급기야 무슬림 전체에 대한 이미지로 바뀌었다. 이슬람 국가를 제외한 전 세계적으로 '무슬림=과격파'라는 등식이 성립되었다. 이 등식은 마침내 현실이 되었고 미국과 유럽 등지에서 테러리스트와는 전혀 관련이 없는 무슬림의 삶에 영향을 미쳤다. 그들은 단지 무슬림이라는 이유만으로 '폭도'라는 오명을 뒤집어쓰고 마치 범죄자처럼 숨죽이며 살아야 했다.

대한민국의 촛불 시위는 어떠한가. 촛불 시위는 국민의 의사를 무시하고 일방적으로 미국산 쇠고기 수입을 강행하려는 정부와 권력에 대한 국민적 분노였고 준엄한 심판이었다. 하지만 촛불 시위 자체의 순수성과는 별개로 '미국산 쇠고기＝광우병'이라는 새로운 과잉 이미지가 탄생했고 급기야 전 사회를 휩쓸게 되었다. 〈PD수첩〉이라는 방송 프로그램이 만들어 낸 과잉 이미지가 새로운 현실을 창조해 낸 것이다. 10대 소녀들까지 자신들은 죽고 싶지 않다며 거리로 나섰다. 발단은 〈PD수첩〉이 만들어 낸 '주저앉는 소＝광우병'이라는 가짜의 실재, 보드리야르가 말한 시뮬라크르가 빚어 낸 과잉 이미지였다. 이 과잉 이미지가 진짜 현실을 집어삼키면서 촛불 시위 자체도 새로운 국면을 맞이했던 것이다.

이 두 사건은 필자에게도 엄청난 충격이었다. 사건 그 자체도 충격적이었지만, 미디어에 의해 '과잉 이미지'가 만들어지면 실제로 이 이미지가 현실에 영향을 미치고 나아가 현실을 지배할 수도 있다는 사실 때문이었다. 당시 미국산 쇠고기는 엄청난 공포감을 심어 주었고 급기야 미국산 쇠고기가 들어간 햄버거마저 먹지 않는 살풍경을 낳기도 했다.

## 현실에 영향을 미치는 '또 하나의 현실'이 있다

이 두 사건을 분석하기 위해 알아야 할 개념이 있다. 바로 장 보드리야르가 주장한 '하이퍼리얼'이다. 보드리야르는 현실 위에 존재하는 또 하나의 현실, 진짜 현실에 영향을 미치는 가짜 현실을 가리켜 '하이퍼리얼'이라고 정의한다. 우리가 살고 있는 현실에는 진짜 현실과 만들어진 가짜 현실이 있으며, 우리가 진짜라고 믿고 있는 현실은 누군가에 의해 만들어진 현실이라는 것이 하이퍼리얼의 골자다. 어느 날 갑자기 실체가 없는 가짜의 현실이 우리가 살고 있는 실제의 현실을 대체해 버린다는 것이다. 이게 바로 이미지만으로 증식하는 이른바 '가짜 현실의 습격'이다. 이미지가 스스로 증식해 새로운 실체를 만들면서 원본으로 행세하는 것이다.

플라톤은 현실의 복제를 시뮬라크르라고 말했는데 여기에는 복제할 원본 혹은 실재가 존재한다. 하지만 보드리야르는 원본 없는 이미지가 새로운 실재로 둔갑하는 현상을 지적하면서 시뮬라크르를 새롭게 정의했다. 플라톤의 시뮬라크르와는 버전을 달리하는 것이다. 보드리야르는 시뮬라크르가 새로운 실재로 둔갑하면서 다시 현실에 영향을 미치고 진짜 실재를 대체하는 현상을 하이퍼리얼이라고 정의했다. 요즘은 자본에 의해 미디어가 욕망의 판타지를 무차별 생산·유포하면서 이미지의 지배를 가속화하고 있다. 이처럼 미디어가 시뮬라크르의 판타지를 유포하면서 미디어와 대중스타들에 의한 '차가운 유혹'이 일상화되고 있다고 보드리야르는 주장한다.

혁명과 같은 정열을 불러일으키는 '뜨거운 유혹'이 아니라 스크린에 의해 매개되어 중독되는 '쿨한 유혹'인 것이다.

그런데 미디어에 의한 하이퍼리얼 현상은 언론의 표현 자유와는 또 다른 차원에서 고찰해야 하는 과제라고 할 수 있다. 언론은 사회적 감시자로서 성역 없이 보도해야 한다. 이 책에서 주목하는 부분은 미디어가 실재하지 않는 현실을 마치 실재하는 것처럼 보도하게 되면 이미지가 과잉 생산되면서 하이퍼리얼을 초래할 수 있다는 점이다. 이 책은 이러한 언론 자유와 보도로 실재하지 않는 가짜 현실이 생성되는 현상에 대한 탐구서라고 할 수 있다. 언론의 자유는 긍정적인 기능을 하지만 때로는 부정적인 결과를 낳을 수도 있다. 만약 언론의 자유로 포르노그래피pornography를 공중파 방송을 통해 일상적으로 보도한다면 세상은 아수라장이 될 것이다.

그럼에도 불구하고 주목해야 할 점은 '촛불 시위–광우병 사건'에서 알 수 있듯이 하이퍼리얼이 오만한 지배권력을 견제하는 등 현실에 긍정적인 기능도 발휘한다는 사실이다. 보드리야르는 실재 없는 이미지(시뮬라크르)가 과잉 증식해 시뮬라시옹simulation의 과정을 거쳐 하이퍼리얼을 생성한다고 주장하면서 하이퍼리얼 세상을 극도로 회의적이고 부정적으로 그렸다. 하지만 촛불 시위에서 볼 수 있듯이 하이퍼리얼 현상은 지배권력이 일방적으로 대중을 몰아가는 현실을 견제하기도 하는 것이다. 촛불 시위는 미디어가 만들어 낸 또 하나의 현실이었지만 동시에 유례없는 민주주의의 실현으로 이어졌던 것이다.

이처럼 하이퍼리얼은 우리사회에 긍정적인 역할을 함으로써 보드리야르의 회의주의를 극복할 수 있는 가능성을 보여줬다. 이는 보드리야르가 미처 예측하지 못한 순기능이라고 할 수 있다. 이러한 하이퍼리얼의 순기능적 현상은 이 책이 밝혀낸 하나의 성과라고 자부한다.


## 이 책의 구성은

이 책은 디지털 미디어와 테크놀로지가 지배하면서 가공의 이미지들이 자기증식하듯 난무하는 하이퍼리얼 세계에 대한 진단이다. 보드리야르가 미디어 회의주의에 입각해 정립한 시뮬라시옹의 질서인 하이퍼리얼에 대한 본격적인 탐색서라고 할 수 있다. 다른 이론서와 달리 이 책에서는 다양한 사례를 집중 고찰했는데 9·11테러사건 이후 이슬람의 이미지, 촛불 시위, 포르노그래피 등을 하이퍼리얼 개념으로 분석했다. 특히 촛불 시위와 광우병은 이데올로기적 요인을 배제하고 순수하게 미디어 미학의 관점에서 하이퍼리얼의 개념을 적용해 분석했다.

먼저 1부에서는 가짜 실재인 시뮬라크르의 이미지들이 만들어낸 하이퍼리얼에 대해 소개할 것이다. 하이퍼리얼이란 원본 없는 이미지나 대상(시뮬라크르)이 시뮬라시옹 과정을 거치면서 새로운 또 하나의 가짜 현실을 생성하는 것이다. 여기에 시뮬라시옹은 미디어나

정부, 자본가 등에 의해 원본 없는 이미지인 시뮬라크르가 하이퍼리얼로 산출하는 과정이다. 하이퍼리얼이란 원본 없는 가짜 이미지나 현실이 실제 현실을 지배함으로써 거꾸로 가짜가 진짜에게 영향을 미치는 '만들어진 현실'인 셈이다. 책이나 영화 등을 통해 양산된 'B형 남자'에 대한 이미지가 전형적이다. 'B형 남자'에게 드리워진 이미지가 바로 시뮬라크르이다. 우리가 그렇게 생각하면 '시뮬라크르 하기(시뮬라시옹)'에 해당한다.

다른 예를 한 번 찾아보자. 만일 어떤 드라마에서 유부녀가 애인을 만드는 것이 유행이고 애인이 없으면 멋진 유부녀 반열에 낄 수 없다는 시나리오를 방영했다고 하자. 이 드라마를 본 유부녀들이 너도나도 애인 만들기에 나서는 현실을 상정할 수 있다. 이렇게 되면 가짜의 시나리오가 진짜 현실에 영향을 미쳐 유부녀들의 애인 만들기 붐을 조장할 수 있다. 하이퍼리얼은 모순투성이의 소비사회와 과잉 이미지 증식으로 유지되는 포스트 모던 사회에 대한 준엄한 비판에서 나온 개념이라고 할 수 있다. 현대사회는 모두 시뮬라시옹의 질서에 있다는 것이 보드리야르의 시각이다.

이어 2부에서는 미디어가 어떻게 이미지로써 자기증식해 가짜 현실이 되었는지 하이퍼리얼의 사례를 구체적으로 살펴볼 것이다. 9·11 이후의 이슬람과 아랍의 이미지, 촛불 시위 이후 광우병에 대한 이미지를 비롯해 포르노그래피, 명품, '타진요(타블로에게 진실을 요구합니다) 사태' 등을 다룰 것이며 하이퍼리얼이 우리사회에 또 하나의 현실로 작용하면서 어떻게 의사소통을 왜곡하고 실종시켰는지,

나아가 어떠한 의미의 대재난으로 이어졌는지를 분석할 것이다. 이들 주제들은 욕망의 판타지, 판타지의 욕망에 의해 미디어가 이미지를 과잉 증식하거나 또는 이념적으로 확대 재생산된 가짜 이미지를 증식한 것으로, 실제 현실을 지배함으로써 또 하나의 현실을 낳은 사례들이다. 이러한 현실은 보드리야르의 시뮬라크르를 거쳐 산출된 하이퍼리얼의 개념으로 분석할 수 있다.

3부는 가짜 현실, 현실 위의 현실을 만드는 하이퍼리얼의 대안을 탐색하는 장이다. 하이퍼리얼을 제기한 보드리야르는 현대 소비사회는 구원 불가능성에 이르고 있다며 극도의 허무주의를 드러낸다. 미디어와 복제기술의 발달로 '테크놀로지 허무주의'를 가속화시키고 있고 이에 대한 탈출구는 보이지 않는다고 전망한다. 결국 소비사회는 껍데기뿐인 기호가치를 소비하면서 보드리야르가 말한 것처럼 '내파implosion' 되고 있다는 것이다.

내파란 예컨대 사람들이 드라마 〈시크릿 가든〉을 보려고 그 시간대에 모든 일상을 접고 '텔레비전 앞으로' 자발적으로 모여드는 현상과 같다. 냉혹한 사회에 대한 저항을 포기하고 '길들여진 인간형'이 되는 것으로, 일종의 전체주의화의 모습이다. 달리 말하자면 소비사회에서는 자본과 미디어가 명품 이미지와 같은 가짜 현실을 만들어 이를 소비하게 하는데 사람들은 이에 순응해 소비 대열에 동참하게 된다는 것이다.

3부에서는 먼저 자본주의의 모순 심화로 내파가 일어난 소비사회의 대안을 고찰할 것이다. 먼저 18세기 종교적 광신에 의해 아들 살해범으로 몰린 장 칼라스Jean Calas 사건을 다룰 것이다. 여기서 사실에 근거하지 않는 믿음이 가짜 현실을 만드는 데 얼마나 큰 영향을 주는지를 살펴보고자 한다. 이어 '위키피디아Wikipedia'가 몰고 온 온라인상의 자발적인 지원자들에 의한 이른바 '편집전쟁'을 살펴보면서 의혹과 사실의 규명이 얼마나 중요한지를 고찰하고자 한다. 여기서 위키피디아와 리얼리티를 접목한 신개념인 '위키얼리티wikiality'를 하이퍼리얼리티에 대한 대안적 개념으로 살펴볼 것이다. 하이퍼리얼이 실체가 없고 이미지가 만든 가짜 현실이 진짜 현실에 영향력을 행사하는 개념이라면, 위키얼리티는 실체에 다가가려는 네티즌들의 상호적인 노력으로 실체가 없고 의혹을 증폭하는 '가짜' 실체들을 걸러 내고 진짜 실체에 접근하려는 디지털 유목시대의 새로운 '지적 현실주의'라고 할 수 있다.

끝으로 이 책에서 소개된 내용 중 일부는 연세대학교에서 강의한 '일상의 공간과 미디어' 수업의 수강생(2008, 2010년)들로부터 도움을 받았다. 곽현정, 김동현, 김미현, 김연형, 김예린, 김재현, 김태민, 김형준, 류미현, 박승환, 박지민, 사운, 송은주, 신하늘, 임윤아, 정구원, 정준수, 조수영, 안지은, 하지은, 한정욱, 한지인, 황수환 등에게 감사의 마음을 전한다. 이 책에 실린 다양한 사례들에는 이들의 글들이 녹아 있다. 특히 패션잡지에 관한 분석은 김예린의 연구가, B형 남자에 관한 분석은 김형준의 연구가, 액션 영화와 게임에 관한 분석은 정구원의 연구가 토대가 되었다. 20대의 눈높이에 맞는 다양한 주제의 연구에 힘입어, 시뮬라시옹에 의해 생성된 하이퍼리얼에 여러 시선으로 천착할 수 있었다.

이 책을 통해 과잉 이미지와 실체 없는 시뮬라크르들이 자본과 미디어와 결합함으로 인해, 욕망의 판타지와 판타지의 욕망을 소비하게 만드는 현대 소비사회를 이해하게 된다면 비교문학자의 입장에서 더 바랄 것이 없다.

2011년 11월
최효찬

# 차례

# 2부 우리는 '만들어진 현실'에 살고 있다?

# 3부 누구를 위한 '차가운 유혹'인가?

1부

# 또 하나의
# 만들어진 현실,
# 하이퍼리얼

# 참과 거짓,
## 실재와 상상이 뒤섞인 현대

장 보드리야르Jean Baudrillard는 기호와 이미지에 의해 통제되고 조작되는 현대사회를 시뮬라시옹simulation의 시대라고 규정한다. 값싸고 실용적인 소형 승용차가 있지만 사람들은 비싸고 연비도 낮은 고급 승용차를 타기를 갈망한다. 이는 고급 승용차에 담겨 있는 사회적 권위와 위세라는 이미지 때문이다. 현대 소비사회에서는 사물 그 자체를 소비하는 것이 아니라 사물이 갖고 있는 사회적 이미지, 즉 기호가치를 소비한다. 사물이라는 실체보다 사물에 덧씌워져 있는 이미지를 소비하는 것이다. 현대사회는 이 같은 이미지와 기호와 같은 허상, 껍데기에 사로잡힌 채 이를 소비하는 존재로 살아간다. 그래서 이미지가 만들어 낸 가짜 실재가 진짜 실재를 대체하고 있다. 급기야 사람들은 가짜 현실에 맞춰 진짜 현실을 살아가기도 한다. 드라마에 나오는 패션을 따라서 소비하고 미디어가 지시하는 생활패턴을 모방한다. 주체와 객체가 전도되는 것이다.

보드리야르에 따르면 실재하지 않는 가짜의 이미지를 시뮬라

## 보드리야르의 주요 개념

| | |
|---|---|
| 시뮬라크르simulacre | 원본이 없는 이미지로, 실재보다 더 큰 영향력을 발휘하며 실재보다 더 실재적인 것이다. |
| 시뮬라시옹simulation | 하이퍼리얼을 산출하는 작업. 실재가 원본도 사실성도 없는 하이퍼리얼로 전환되는 과정이다. |
| 하이퍼리얼hyperreal | 시뮬라크르, 즉 원본 없는 이미지가 새롭게 지배적인 현실이 되는 것을 말한다. 시뮬라크르가 실재를 대신하고 거꾸로 현실에 영향력을 발휘한다. |

크르simulcre라고 하고 시뮬라크르가 지배하는 가짜의 세상을 하이퍼리얼(hyper-real, 파생실재, 초과실재, 극실재 등으로 표현. 여기서는 파생실재로 함)이라고 한다. 즉 시뮬라크르는 존재하는 모든 실체의 인위적인 대체물 곧 존재하지 않으면서 존재하는, 때로는 존재하는 것보다 더 생생하게 인식되는 것들을 일컫는다. 시뮬라시옹은 '시뮬라크르를 하다'라는 뜻으로 실재가 실재 아닌 파생실재로 전환되는 작업이다. 보드리야르는 하이퍼리얼은 참과 거짓, 실재와 상상의 구분조차 지을 수 없는 세계라고 주장하면서 이러한 가짜가 만들어 내는 질서가 시뮬라시옹의 질서이고 현대사회는 시뮬라시옹 사회라고 규정한다.

다시 정의하면 실재가 실재하는 것이 아닌 파생실재로 전환되는 작업이 시뮬라시옹이고, 모든 실재의 인위적 대체물이 시뮬라크르이며, 현대인은 가짜의 이미지가 실재를 대신하는 시뮬라크르의 미혹 속에서 살아가고 있다. 이처럼 시뮬라크르가 실재를 지배하고 대체하여 재현과 실재의 관계가 역전됨으로써 더 이상 모사할 실재가 없어진 시뮬라크르들은 실재보다 더 실재 같은 하이퍼리얼리티 hyperreality를 생산해 낸다.

보드리야르에 따르면 시뮬라시옹의 질서에 결정적인 영향력을 행사하는 것이 바로 미디어다. 특히 현대사회에서 대중은 미디어가 말하고 보여주는 것만을 소비한다고 강조한다. 사르트르는 인간은 '피투체' 즉 '세상에 내던져진 존재'라고 말했는데, 미디어가 호명하는 상품이나 이미지를 소비하는 현대 소비사회에서는 인간은 미디어에 의해 내던져진 피투체인 셈이다. 즉 현대인은 미디어에 의해 내던져진 존재라고 할 수 있다.

하이퍼리얼의 개념을 정립한 보드리야르는 시각문화에 대한 대표적인 비관론자다. 보드리야르에 의하면, 미디어가 전달하는 내용은 대부분의 경우 미디어의 실제기능을 은폐한다. 기술복제시대는 복제기술의 발달로 예술품 등이 가진 고유의 이미지 대신 복제된 이미지를 소비한다고 보드리야르는 분석한다. 달리 말하자면 기술복제시대는 진짜와 원본 대신 가짜와 실체 없는 이미지의 대량 소비사회를 탄생시키는 결정적인 계기가 되었다.

요즘 모델들은 포토샵으로 가공하지 않은 원본의 이미지 대신 매혹적으로 가공된 이미지로 자신의 실재를 대신한다. 이것이 바로 실재가 아닌 가짜의 이미지가 넘쳐나는 시뮬라크르 시대의 초상이다. '갖지 않은 것도 가진 체하기'가 바로 시뮬라크르인 셈이다. 이러한 가짜 실재들이 진짜 실재, 진짜 현실에 영향을 미치면서 가짜 혹은 가짜 현실이 진짜 현실을 지배하기에 이르렀다.

# '재벌남'이 드라마에서
# 근사하게 나오는 이유

## 텔레비전이 만든 이미지 제국주의

텔레비전 드라마에서 부잣집 청년은 단골 주인공이다. 많은 여성 시청자들이 그런 재벌가의 청년들을 보면서 자신들이 채우지 못한 욕망의 판타지fantasy를 소비한다. 특히 주부들은 어린 딸에게 "너는 반드시 재벌에게 시집을 가야 한다"는 것을 아주 진지하게 세뇌(?)시킨다. 딸만은 자신처럼 구질구질하게 살지 않기를 바라는 마음에서다. 문제는 텔레비전이 이러한 욕망의 판타지를 조장한다는 데 있다. 텔레비전 드라마는 재벌의 '명품 이미지'(명품 쇼핑, 최고급 수입차, 안락한 집, 멋진 여행 등)를 시청자들에게 소비하게 한다. 인색하고 '너저분한' 재벌의 이미지는 방송되지 않는다.

미디어가 대중의 일상생활 구석구석까지 침투하면서 평범한 사람들에게도 비교 대상이 생기기 시작했다. 텔레비전을 보면 늘 돈이 많은 부유한 사람들만 주목의 대상이 된다. 드라마도 재벌에 대한 이야기로 넘쳐난다. 드라마의 주인공들은 대부분 외제차를 타고 다니고, 명품 핸드백을 휴대하고, 멋진 집에서 생활한다. 드라마를 보던 시청자가 문득 자신의 일상을 들여다보면 초라하기 그지없다. 상대적인 빈곤감으로 몸을 떨게 된다. 이미 일상을 지배하고 있는 미디어는 사람들의 잠자고 있는 욕망을 불러일으키면서 소비를 조장한다. 그 소비에 따라가지 못하는 이들은 상대적으로 소외를 느낄 수밖에 없다.

그런데 미디어가 만들어 낸 재벌의 이미지는 과연 실재에 부합할까? 그들이 사는 생활방식이나 이미지는 실재하는 그들의 모습일까? 어쩌면 미디어가 보여준 이미지가 실재하는 이미지일 수도 있지만 대부분의 이미지는 미디어가 시청률을 높이기 위해 상상해 낸 '만들어진 현실'이라고 할 수 있다. 시청자들은 미디어가 만들어 낸 가짜 이미지, 이른바 시뮬라크르를 보고 있는 것이다.

"지배하는 것은 믿게 만드는 것이다. 오늘날 가장 믿을 만한 것은 바로 이미지다. 이미지는 믿게 한다." 프랑스 매체학자 레지스 드브레Regis Debray는 그의 저서 《이미지의 삶과 죽음Vie et mort de l'image》(정진국 역, 글항아리, 2011)에서 이미지는 항상 인간을 좌지우지한다고 역설한다. 더욱이 책을 읽지 않는 시대에 시청자는 텔레비전이 보여주는 것만 믿게 되는 '집단적 무사고'에 빠질 수 있다고 경고한다.

드브레는 "텔레비전은 이미지가 모든 것을 지배하는 '이미지 제국주의'를 만든다"면서 미디어가 이미지로 세상을 지배하는 현상을 '텔레비전 섭정'이라고 표현한다. "텔레비전 섭정은 다원주의의 기회를 줄이고 일렬로 정렬시킨다"[1]고 비판한다. 텔레비전이 다양한 현실을 반영하는 것이 아니라 자신들의 입맛에 따라 획일적으로 방송하며 여론을 몰아간다는 것이다.

현대인에게 무엇을 '읽었는가'보다 무엇을 '보았는가'가 일상의 주된 화젯거리로 등장한 지는 이미 오래되었다. 이는 독일의 매체이론가 노르베르트 볼츠Norbert Bolz가《구텐베르크-은하계의 끝에서 Am Ende der Gutenberg-Galaxis》(윤종석 역, 문학과 지성사, 2000)에서 표현한 대로 현대는 이미 문자라는 구텐베르크적 세계와 이별하고 음악과 영상 위주의 하이퍼미디어 세계로 진입했기 때문이다. 문자 문화의 헤게모니에서 시각 문화적 헤게모니가 생성되고 있는 것이다. 사람들은 이제 미디어가 지시하는 것만을 소비하려 할 뿐 미디어에 의해 노출되지 않는 소비에 대해서는 욕망조차 느끼지 않는다. 극단적으로 말하자면, 미디어를 통해 뉴스로 보도되지 않는 뉴스는 실제 발생한 뉴스가 아닌 것이 되어 버렸다.

특히 일부에서는 미디어가 더 이상 다양한 이해(이익)집단들의 의견을 수렴하는 '매개'도구가 아니라 의견을 주도하고 주형하는 '형성' 도구로서 기능하고 있다고 비판한다. 뉴스도 단지 정보를 있는 그대로 전달하는 매개의 기능에 그치지 않는다. 흔히 말하는 보수 언론 '조중동'은 보수적 관점에서 정보를 가공해 전달한다. 진보적 성향의 신문들 또한 진보적 관점에 따라 정보를 가공해서 전달한다. 정보를 가공하는 것은 보수나 진보 신문 모두 마찬가지다. 언론사가 뉴스를 있는 그대로 매개하는 것이 아니라 뉴스를 '형성'한다는 말이 된다.

우리가 살고 있는 디지털 매체 시대에서 일상적인 삶과 경험은 점점 더 매체 의존적으로 변하고 있다. 인간과 세계의 관계 맺음에 있어서 직접적 관계보다는 매체에 의해 매개된, 매체에 의해 변형된 경험을 주로 하게 되었다는 뜻이다. 즉 현대에 이르러 사람들은 현실 그 자체보다 미디어에 의해 '매개된 현실mediated realities', 더 나아가 '형성된 현실'을 더 많이 경험하고 있는 것이다. 사람들의 경험은 점점 더 다양하고 전자화된 미디어에 의해 매개된 세상에 의존한다. 인간이 매체에 의해 매개된 현실에 의존할수록 주체로서의 자율성은 상실하게 되고 '매체로부터 억압'될 수밖에 없다. 우리가 살고 있는 디지털 매체 사회에서는 점점 더 강하게 매체에 얽매이게 된다.

다시 말해서 인간과 세계의 관계 맺음에 있어서 직접적 관계보다는 매체에 의해 매개되고 형성된, 매체에 의해 변형된 경험을 주로 하게 되었다는 것이다. 특히 텔레비전을 통해 시각적인 감응이 일어난 것만이 현실에서 구체적인 영향력을 띠게 되는데, 이는 한편으로는 시각적 감응에 의한 의미작용의 실천이고 다른 한편으로는 시각적 감응에 의한 의미작용의 억압이자 배제라고 할 수 있다.

텔레비전은 뉴스와 광고를 자본의 욕망에 따라 서로 연결되는 기호체계 안에 빠져들게 한다. 알맹이나 의미(signifié: 기의, 記意)는 사라지고 껍데기(signifiant: 기표, 記標)만이 존재한다. 시청자들은 의미에는 관심이 없고 스펙터클한 장면에만 주목한다. 현실세계의 진실은 더 이상 문제가 되지 않고 미디어가 실어 나르는 가공된 현실만이 진실이 된다. 걸 그룹의 판타지와 스펙터클에 관심이 있지 그 노랫말에는 관심조차 없다. "텔레비전의 영상은 존재하지 않는 세계의 메타언어metalanguage 활동이고자 한다. 이미지/기호는 세계의 철저한 허구화, 즉 현실의 세계를 전면적으로 이미지화하는 것의 오만함을 보여주는 것이다. '이미지의 소비'의 배후에는 독해체계의 제국주의가 모습을 나타내고 있는 것이다."[2]

따라서 기의가 상실된 현실세계에는 기호가 끌고 다니는 그림자만 난무하게 된다. 대중매체가 독점적으로 매개하는 일상적 현실이란, 현실 자체가 아니라 "현실의 현기증vertige de la realite, 혹은 현기증 없는 현실"[3]이 된다고 보드리야르는 말한다. 현실이 미디어의 재현에 의한 현실이 되면 그 현실은 언제든지 미디어적 필요에 따라 자르고 편집할 수 있다. 절취되고 편집되는 만큼 현실은 미디어 통제의 영역에 있다고 할 수 있다. 결국 사람들은 현실에 존재하는 사물보다 편집된 드라마, 뉴스 등 영상 매체가 전하는 이미지를 더 사실처럼 여긴다. 사람들은 실재하는 대상이 아니라 미디어가 만들어 낸 이미지를 소비하고 여기에 프로그래밍되어 살아가게 되는 것이다.

디지털 매체로 특징짓는 정보사회는 디지털 미디어가 수동적 수용자를 능동적 정보탐색자로 바꿔 놓고 있다고 말한다. 그 이유로 디지털 미디어의 가장 중요한 특징인 상호작용성을 든다. 상호작용성에 의해서 '내가 원하는 것을 내가 선택해서 내가 원하는 때에 볼 수 있다'는 것이다. 이는 미디어에 대한 낙관적인 시각이다. 그러나 현대에 이르러 미디어에 대한 부정적 시각이 더 우세한 편이다. 보드리야르의 미디어에 대한 극단적인 비관주의에서 알 수 있듯이 미디어가 전체주의적 메시지를 생산해 내고 있는 실정이다. 세상은 매개된 정보들, 이미지들, 기표들로 가득 차 있다.

1976년에 제작된 영화 〈네트워크Network〉에는 이런 대사가 나온다. "(1970년대 당시) 미국에서는 6천200만 명의 국민들이 텔레비전 시청을 하지만 책을 읽는 국민들은 전체의 3퍼센트에 지나지 않고, 신문을 읽는 국민들은 15퍼센트에도 지나지 않는다." 그들은 텔레비전을 통해서 진리를 배운다. 영화에서 주인공으로 앵커 역을 맡은 하워드 빌은 다음과 같이 외친다. "사람들은 텔레비전으로 진리를 얻는다. 텔레비전을 통해서가 아니면 아무것도 할 수 없다. 사람들은 텔레비전에서 나온 옷을 입고, 텔레비전에 나온 음식을 먹고, 텔레비전에서 보여주는 대로 아이들을 양육한다. 이 바보상자가 복음이요, 텔레비전은 신이 부재하는 세상에서 유일하게 전능한 존재요 진리의 원천이다."

아돌프 히틀러Adolf Hitler처럼 절대 권력을 누리는 정보사회의 카리스마는 다름 아닌 텔레비전이다. 포스트모던에 대한 극도의 회의주의자인 장 보드리야르의 표현을 빌면, 텔레비전이 바로 진실이다. 텔레비전은 사람들을 개별화시키고, 그들의 시선을 오직 텔레비전으로만 향하게 한다. 그리고 텔레비전에서 나오는 정보가 세계에 대한 나의 지식을 구성하고, 대화는 그것을 소재로 하며, 거기서 나온 사건과 영웅을 모르면 무시당하거나 바보가 되고, 어떤 말이 참인가 거짓인가는 매체에 나온 것을 기준으로 하게 된다. 이제 텔레비전이 진실을 만들며, 텔레비전이 바로 진실이다.

돈 드릴로Don DeLillo의 소설 《화이트 노이즈white noise》[4]에 이런 대목이 나온다.

> 텔레비전 매체가 미국 가정의 원동력임을 이해하게 되었지요. 밀폐되고, 시간을 초월하고, 자기완결적이고, 자기지시적인 매체지요. 그건 마치 바로 우리 집 거실에서 탄생하고 있는 하나의 신화 같고, 꿈결 같고 전의식적인 방식으로 우리가 알고 있는 무엇 같기도 해요. 난 거기 푹 빠져 있어요.

소설 속 인물인 글래드니의 동료 교수 머레이에게도 텔레비전은 자아이상으로서 중력의 구실을 한다. 그에게 텔레비전은 자기지시적이고 자기완결적인 매체이다. 그에게 텔레비전과 상품광고는 독송과도 같은 것이다.

광고가 지배하는 자본주의 사회, 즉 자아를 억압하고 통제하던 초자아가 없는 사회에서는 대리자아를 찾게 되는데, '자아이상ego ideal'이 바로 그것이다. 사회생활에 필요한 행동의 기준은 이제 더 이상 아버지나 초자아에게서 나오지 않는다. 자아이상이 타인에게서 오는 것이다. 그래서 자아는 자기 자신과 타인을 매개하는 자율적인 주체가 되기 전에 자아이상이 외부로부터 직접 자아와 관련을 맺게 된다. 독일 출생의 미국 철학자 헤르베르트 마르쿠제Herbert Marcuse는 이러한 자아의 인간을 '일차원적 인간'이라고 불렀다. 이러한 인간 유형이 많은 사회에서는 대중스타, 광고 안의 탤런트나 배우, 그리고 광고 속의 상품이 자아이상으로 기능하게 된다.

# '잇 아이템',
## 참을 수 없는 유혹

### '잉여쾌락'으로 유지되는 자본주의

명품이 처음부터 존재하는 것은 아니다. 미디어와 광고매체에 의해 선전과정을 거치고 여기에 고객들이 선호하는 상품이 되면 평범한 제품도 명품으로 둔갑하는 것이다. 명품은 자본과 미디어가 만들어내는 것이다.

　홍콩의 영화배우 청룽成龍은 2008년 말에 이런 발언을 해 화제를 모았다. "창고에 귀중품을 채울수록 오히려 큰 짐으로 다가왔다." 아무리 비싼 명품도 결코 마음을 채울 수 없었다고 고백한 것이다. 청룽은 수많은 명품 사재기를 한 후에 자신의 욕망을 내려놓을 수 있었다고 한다.

　아무리 명품이라도 막상 갖고자 하는 대상을 손에 넣으면 얼마 지나지 않아 시큰둥해진다. 현대인에게 승용차(남성)나 핸드백(여성)만큼 욕망을 부추기는 대상도 없다. 처음에는 소형이나 중형 승용차를 몰다가 대형 승용차를 사고, 나아가 외제 승용차를 원하고 그것도 모자라 그중에서도 최고급을 찾게 된다. 그 다음에는…… 또다시 끝없는 욕망이 이어진다.

에쿠스 승용차를 타는 사람은 새로운 신형 모델이 나올 때마다 구입을 해야 한다. 구형 에쿠스가 차량으로서는 아무런 손색이 없고 최고급의 승용차에 해당하지만 새로움은 늘 욕구를 낳게 된다. 품질에 문제가 없어도 단지 새롭기 때문에 바꾸고 싶은 욕망을 낳는 것이다. 물론 신형 에쿠스를 구매한다고 해서 욕구가 완전히 해소되는 것은 아니다. 휴대폰도 그렇다. 새로운 제품이 출시되면 자신이 가지고 있는 휴대폰이 그만 싫어진다. 품질은 멀쩡하지만 교체하지 않으면 안달이 날 정도다. 그러나 막상 그 물건을 손에 넣으면 만족할 줄 모르고 다시 다른 무엇인가를 욕망하게 된다.

영원히 채워지지 않는 이 욕망의 결핍이 슬로베니아 출신의 저명한 정신분석학자 슬라보예 지젝Slavoj Zizek이 말한 이른바 '잉여쾌락'이다. 잉여쾌락은 인간이 살아가는 에너지이자 자본주의 소비사회가 유지되는 메커니즘이라고 한다. 현대 소비사회의 메커니즘을 설명하는 용어 가운데 하나가 '잉여쾌락'이다. 카를 마르크스Karl Heinrich Marx는 자본주의가 '잉여가치'에 의해 유지된다고 말했는데, 지젝은 소비사회로 지칭되는 후기산업사회는 '잉여쾌락'이라는 욕망의 구조에 의해 유지된다고 설명한다. 잉여쾌락이란 욕망이 자신이 원하는 대상에 도달한 바로 그 순간 그것을 덧없게 만드는 욕망의 또 다른 부분이다. 처음 원했던 욕망에 도달하면 다시 다른 욕망의 대상을 추구하게 되는 것이 현대 소비사회를 유지하는 메커니즘이라고 설명한다. 끝없는 욕망이 끝없는 소비를 불러일으킨다는 것이다. 지젝의 '잉여쾌락' 개념은 마르크스의 상품분석에 나오는 '잉여가치'를 대체한 개념이다. 이제 자본주의 사회는 잉여가치에 의해서가 아니라 잉여쾌락에 의해 유지된다. 휴대폰이나 자동차처럼 멀쩡하게 사용하고 있는 상품도 '신제품'이 나타나면 교체하고 싶어진다. 그 돈을 벌기 위해 또 직장에 나가 일을 해야 한다.

사람들의 모든 행동에는 두 가지 동기가 있다. '성적 충동'과 '위대한 사람이 되려는 욕망'이 그것이다. 지그문트 프로이트 Sigmund Freud의 말이다. 미국의 철학자 존 듀이John Dewey는 인간 본성에 존재하는 가장 깊은 충동은 '인정받는 인물이 되고자 하는 욕망'이라고 말했다. 프로이트가 말한 '위대한 사람이 되고자 하는 욕구'나 듀이의 '인정받는 인물이 되고자 하는 욕구'는 쉽게 충족되지 않는 욕구라고 할 수 있다. 사람들이 명품을 걸치고, 외제차를 타고, 자식 자랑을 하는 것도 바로 이런 욕망에 기인한다. 보드리야르는 이를 '차이에 대한 욕구'라고 표현한다. 차이를 통해서 다른 사람에게 인정받기를 원하고 사회적 지위를 행사하려 한다는 것이다.

더욱이 요즘과 같은 시각영상매체 시대를 사는 사람들은 미디어가 '보여주는' 것을 소비하기 위해 노력한다. 연예인들이 하이힐을 신고 하의리스less 패션으로 텔레비전에 나타나면 일반 여성들은 이를 모방하려 한다. 연예인들의 이른바 '잇 아이템it item'이 미디어를 통해 보여지면 대부분의 여성들에게 잇 아이템이 되는 것이다. 일단 잇 아이템을 한번 보게 되면 패션 잡지를 볼 때에도 이 가방이 '잇 백it bag'인지 이 신발이 '잇 슈즈it shoes' 인지에 집중한다. 잇 아이템은 직역하면 '그 아이템'이라는 뜻인데 이는 본래 할리우드 Hollywood의 스타 같은 유명인들이 들고 다니는 '바로 그 아이템'이라는 뜻이다. 패셔니스타라면 꼭 가지고 다녀야 할 아이템이라고 해석할 수 있다. 더 나아가 패션 잡지에서의 '잇 아이템', 혹은 '잇 백'의 느낌은 "이 기사를 읽는 독자 여러분들은 이런 아이템이나 핸드백 한 개쯤은 다 가지고 계시겠죠?"라고 물어 보는 의미로 느껴진다. 즉 '이 잡지를 볼 만큼 세련된 여성이라면 잇 백 정도는 다들 가지고 있다'라는 이미지를 생성하고 있는 것이다.

'잇 아이템'에 집착할수록 여성들의 '차이의 소비'는 사라진다. 이때 미디어는 차이의 소비를 부추긴다. "여자의 가방은 자기 표현"[5]이라는 신문 제목은 바로 차이의 소비를 할 것을 주문하고 있다. 이는 세계적인 명품 브랜드 펜디FENDI의 디자인총괄 디렉터 실비아 벤추리니 펜디Silvia Venturini Fendi가 한국을 방문했을 때 전면에 실린 인터뷰 기사의 제목이다. "여성의 백은 자신의 표현이다. 백은 자사의 DNA를 가장 확실하게 표현하는 수단이다. 요즘 많은 브랜드가 백을 만들어 내는 데 많은 시간과 돈을 투자하는 이유다." 미디어는 자본을 앞세운 브랜드를 소개하면서 자본의 의도를 소비자들에게 전하는데 이때 차이의 소비를 부추긴다. 즉 "여성의 가방은 자기 표현"이라는 욕망을 부추기는 표현을 사용하는 것이다.

차이 나는 소비를 추구하다 보면 결국 모두가 개성이 없어지게 된다. 이제 루이비통 핸드백은 (진품이든 짝퉁이든) 대부분의 여성들이 소유하고 있다. 차이 나는 소비가 역설적으로 차이를 사라지게 한 것이다.

소비사회에서 사람들은 '차이의 욕구'에 따라 '차이의 소비'를 추구한다. 차이의 소비란 다른 사람과 구별되고 싶어 하는 '차이의 욕구'이며 여기에는 사회적 의미에 대한 욕망이 내포되어 있다. 비유하면 청룽이 추구했던 '명품선호' 현상은 바로 '차이에 대한 욕구'에서 비롯되었다는 것이다. 또 여성들은 흔히 다른 여성들과 '차이'를 과시하기 위해 명품 옷을 산다고 한다. 다른 여성이 그 옷을 입고 있으면 그만 입기 싫어지는 것도 차이가 없어졌기 때문이다.

사람들은 이제 상품 자체를 그 사용가치에서 소비하지 않는다. 자기집단에서의 신분을 나타내기 위해서든, 아니면 보다 높은 지위의 집단을 준거로 삼아 자신의 집단과는 구분하기 위해서든간에 사람들은 자신을 타인과 구별 짓는 기호로서 상품을 항상 활용한다. 이렇게 함으로써 '사회적 차이화의 논리'에 빠져들게 한다. 사회적 차이화의 논리란, 사람들이 상품(사물)의 구입과 사용을 통해 자신을 돋보이게 하려고 노력하며 동시에 사회적 지위와 위세를 나타내려 한다는 것이다. 예를 들어 타워팰리스는 사회적 차이화의 논리가 그대로 투영된 것이다. 그곳에 사는 것만으로 부자라는 사회적 위세를 누리게 된다.

보드리야르는 개인이 자율적으로 소비를 하는 것처럼 보이지만 결코 그렇지 않다고 주장한다. 소비는 하나의 가치체계이며, 체계라고 하는 용어가 집단통합 및 사회통제의 기능으로서 포함하는 모든 요소를 지니고 있다는 것이다. 달리 말하면 소비도 자본과 미디어에 의해 통제되고 '사회화'의 과정으로 '학습'된다는 것이다.

소비사회에서 다른 사람과 구별되는 개성화는 차이 나는 소비에 기반을 두고 있다. 차이 나는 소비가 다른 사람과 구별 짓는 하나의 기호로 작용하는 것이다. 자신이 이것을 소비함으로써 '나는 너와는 다르다'는 기호를 다른 사람에게 보내는 것이다.

그런데 극단으로 차이를 추구할 경우 '소비 거부'나 '반소비'의 형태로 나타날 수 있다. 그것은 더 이상 과시적이거나 뽐냄에 의해서가 아니라 남의 눈에 띄지 않는 태도와 검소함, 겸손함으로 자신을 나타내는 것인데, 이런 행동들은 결국은 보다 교묘한 차이다.

마이클 잭슨Michael Jackson 사망 이후 텔레비전에서 그의 생전 공연 모습을 특집방송으로 보여주었는데 그때 특이한 것은 마이클 잭슨의 의상이었다. 러닝셔츠를 입는가 하면 트레이닝 바지와 같은 후줄근한 옷을 입고 있었다. 검소함으로 자신을 차별화시킨 것인데 오히려 더 자신을 드러내고 과시하는 효과를 거둘 수 있었다. 마이클 잭슨이 돈이 없어서 '찌질이' 패션을 한 것은 아닐 것이다. 화려한 의상을 버리고 노숙자나 입고 있을 법한 트레이닝 바지를 입고 콘서트에 나선 것은 '반소비'의 전형적인 예인데, 이 역시 '차이의 소비'라고 할 수 있다. 사람들이 누구나 럭셔리한 의상을 입으면 차

이가 나지 않는다. 이때 과감하게 트레이닝복을 입으면 눈에 띠게
되는 것이다.

보드리야르는 "중간계급은 오히려 과시적으로 소비하는 경향
이 있다"고 분석한다. 자신이 하류계층으로 보일까봐 오히려 더 과
시적으로 소비한다는 것이다. 러시아의 대문호 표도르 도스토예프
스키Fyodor M. Dostoevskii가 바로 이런 유형의 전형이라고 하는데,
석영중(고려대학교 교수)은 그의 저서 《도스토예프스키, 돈을 위해 펜
을 들다》(예담, 2008)에서 다음과 같이 분석했다.

> 도스토예프스키의 과시용 소비는 모든 것을 엉망으로 만들어 놓았다.
> 그는 돈을 보기가 무섭게 썼다. 또 앞으로 들어올 돈을 상상하면서 당
> 겨썼다. 그는 상류층 자제들처럼 돈을 써댔다. 오페라와 샴페인과 카드
> 게임. 그리고 기분이 좋아서, 혹은 기분이 나빠서, 혹은 아무 이유도 없
> 이 턱턱 쓰는 돈. 아쉬운 것 없이 자라난 공작 가문, 백작 가문 청년들
> 도 그처럼 돈을 흥청망청 쓰지는 않았다……

중산층이 과시소비에 몰입하는 반면 상류계급은 오히려 '과소
소비'를 하기도 한다. 《고독한 군중The Lonely Crowd》(권오석 역, 홍신
문화사, 2009)의 저자 데이비드 리스먼David Riesman에 따르면 상류계
급이 이 과시적인 과소소비의 전략을 통해 출세제일주의자들에게
'우리는 너희 졸부들과 다르다'는 일종의 시위를 한다고 설명한다.
졸부와 한 묶음으로 취급되는 것이 싫어 그들과 경계선을 세우려는

경향이 있다는 것이다.

중산층은 가난하다는 인상을 줄까 봐 더욱 정도를 넘은 과잉소
비에 집착하는지 모른다. 진짜 부자는 돈을 펑펑 쓰지 않는다는 말
도 중산층의 과잉소비를 비웃기 위한 것일 게다.

> '호주머니 속에 넣어 둔 100엔'은 가난하지 않지만 '할부로 사들인 루
> 이비통 지갑 속의 전 재산 1000엔'이라면 그건 슬프도록 가난하다. 필
> 요 이상으로 얻으려고 하기 때문에 필요 이하로 비춰지는, 그런 도쿄의
> 수많은 이들의 모습이 가난하고 서글픈 것이다.

릴리 프랭키リリ-フランキ-의 소설 《도쿄타워東京タワ-》(양윤옥 역, 랜
덤하우스코리아, 2007)에 나오는 이 말은 많은 생각을 하게 한다. 우리
가 살고 있는 소비사회는 자본주의의 모순이 팽배한 사회다. 마르크
스의 사회주의 이론이 실패한 데서 볼 수 있듯이 이 모순은 '평등화'
로는 결코 해결할 수 없다. 보드리야르는 사회적 모순은 차이 나는
소비를 통해 자본주의 모순을 해결하고 있다고 주장한다. 자본과 관
료제와 미디어가 개인들에게 차이 나는 소비를 추구하게 함으로써
끊임없이 욕구를 자극한다. 이때의 소비는 사용가치를 위한 소비가
아니라 자신의 사회적 지위를 드러내기 위한 수단으로서의 소비다.

> 상품의 소비란 사용가치의 소비를 포함하면서도 그것을 훨씬 넘어선
> 다. 즉 행복, 안락함, 풍부함, 성공, 위세, 권위, 현대성 등의 소비도 포

함하는 것인데, 특히 이 후자에 소비의 본래의 의미가 있다.[6]

기호가치를 추구하는 것은 다른 사람보다 우월한 지위나 위신을 차지하려는 욕망 때문이다. 이러한 욕망이 지속적으로 수요를 일으켜 산업으로 이어지면서 자본주의를 유지해 나간다. 자본가, 관료제와 더불어 이러한 현상에 가장 큰 역할을 하는 것이 바로 미디어다. 미디어는 광고를 통해 끊임없이 소비를 자극해 수요를 창출한다. 이쯤 되면 더 이상 수요와 공급의 법칙으로는 경제를 설명할 수 없게 된다.

# 제품의 질이 아니라
# 이미지를 소비한다

## 실재보다 더 실재 같은 이미지

현대사회는 이미지의 사회라고 해도 과언이 아니다. 개인은 타인에게 자신의 모습이 어떻게 비치는지를 인식하여 치장하고, 또 타인의 겉모습을 보며 그 사람의 성격이나 내면적인 모습까지 유추한다. 오늘날 개인의 '이미지'는 그 인물을 특징짓고 구별하는 잣대다. 즉 개인의 내면적이고 본질적인 모습보다는 외면적인 이미지가 사람을 평가하는 데 더 많은 영향을 끼치는 것이다. 사람이나 사물의 본질보다 이미지와 겉모습을 더 중시하고 부각하는 현대사회를 많은 사회학자들은 '시뮬라크르'로 정의 내렸다.

시뮬라크르는 원래 플라톤에 의해 정의된 개념이다. 그에 따르면, 사람이 살고 있는 이 세계는 원형인 이데아idea, 복제물인 현실, 그리고 현실의 복제물인 시뮬라크르로 이루어져 있다. 플라톤은 엄밀한 의미에서의 완전한 복제란 있을 수 없다고 주장했는데, 이는 원본이 복제되면 복제될수록 원본과는 거리가 멀어지기 때문이다. 한편, 포스트구조주의의 대표적인 사회학자 질 들뢰즈Gilles Deleuze에 따르면, 시뮬라크르는 단순한 복제의 복제품이 아니라고 한다. 그는 복제물은 이전의 복제물과는 전혀 다른 독립성을 가지고 있다고 하였으며, 복제가 될수록 원본과 멀어져 그 가치가 떨어진다는 플라톤과는 달리 복제품에도 나름의 의미를 부여한다.

　보드리야르에 따르면 시뮬라크르란 존재하지는 않지만 존재하는 것처럼, 때로는 존재하는 것보다 더 생생하게 인식되는 것이다. 모방은 원본이 존재한다는 전제 하에 이루어지는 것인 반면, 시뮬라크르는 모방할 대상이 없는 이미지이다. 이 원본이 없는 이미지가 그 존재 자체로서 현실을 대체하는 것은, 현실이 이 이미지에 의해 지배받는다는 것을 뜻하므로 오히려 현실보다 더 현실적인 것이다. 또한 시뮬라시옹은 '시뮬라크르 하기'라는 뜻으로 시뮬라크르가 작용하는 것을 말하는 동사다. 예전에는 모방할 대상이 있었지만 현대의 시뮬라시옹은 원본도 사실도 없는 파생된 실재로써 그 자체로 대상이 된다.

　보드리야르는 기호는 더 이상 특정 대상을 지시하거나 재현하지 않는다고 보았다. 오히려 기호는 자신을 지시하며 대상을 창조하는 존재로 변질되었다. 문제는, 기호가 창조한 대상이 자연이 창조한 대상보다 더 우월하다는 데 있다. 이런 현상을 보드리야르는 '하이퍼리얼리티'로 설명하고 있는데, 이는 현실보다 더 현실적인 이미지의 과잉현실이다. 현실 속의 사물보다 더 실재적이고 더 우월하여 현실을 압도하는 하이퍼리얼리티는 사회의 질서를 지배하는 동시에 사회를 구성하기도 한다. 즉 기호는 현재 사물에 대한 지시도, 사물의 재현도 아닌 대상을 꾸며내는 존재라는 것이다.

## 광고의 이미지 창출

"침대는 가구가 아닙니다. 과학입니다"라는 에이스침대의 광고 문구가 텔레비전에 등장하면서, 많은 소비자들은 이전에 가지고 있었던 침대에 대한 생각을 바꾸기 시작했다. 침대를 세트로 구매하는 소비자들의 구매 습성을 바꾸기 위해 에이스침대는 인체공학과 수면공학에 의해 생산되는 최첨단 침대라는 것을 마케팅 콘셉트로 잡았다. 이러한 마케팅 콘셉트하에, "침대는 과학입니다"라는 제품 콘셉트를 확고히 하였고, 이는 상투적인 문구로 받아들여지기 시작했다. 사람들이 침대를 고를 때 매트리스가 '과학적'으로 설계되었는가를 기준으로 삼게 될 정도로 침대 광고계의 한 획을 그은 문구였다. 이로 인해 이 광고 문구는 사람들의 입에 즉각적으로 오르내리게 되었으며, 특히 많은 코미디 프로그램에서 이 광고 문구가 패러디 되었다. 에이스침대의 매출은 수직상승했으며, 현재에도 많은 사람들이 이 침대 회사의 침대는 인체공학적으로 설계되었을 것이라고 생각하며 에이스침대를 선택하고 있다.

　　에이스침대는 "침대는 가구다"라는 광고문구로 침대에 대한 상징적 의미를 산출하였고, 구매자들에게 그 의미가 기호학적 가치로 소비되도록 의도하였다. 기호학적 가치를 중시하였다는 것이다. 보드리야르가 주장했듯이 현대사회에서 기호는 더 이상 특정 대상을 지시하는 존재가 아니다. 기호는 새로운 이미지를 창조하며 소비자들의 대상 선택의 기준조차 바꾸어 버리는 큰 힘을 가진다.

현대사회는 이미지를 소비하는 사회이기 때문에, 좋은 이미지를 남긴다는 것 자체가 기업의 수입과 직결된다. 이 때문에 많은 기업들은 그들 고유의 이미지 창출을 위해 더 독특하고 더 눈에 띄는 광고를 만들고자 노력하게 되는데, 기업의 마케팅 관련 직업이 유망해진 것도 이러한 이유 때문이라고 할 수 있다.


## 유명인의 이미지를 입는다

소비자들이 필요로 하는 것은 제품 그 자체이지만, 많은 기업들은 유명 연예인을 모델로 하여 스타마케팅을 한다. 이는 대중적으로 인지도가 높은 스포츠, 영화, 방송 등의 대중 스타를 내세워 기업의 이미지를 높이려는 마케팅 전략이다. 실제로 스타마케팅을 하여 실패한 사례는 거의 없을 만큼 그 효과는 매우 크다. 스타마케팅은 기업의 이미지를 창출하여 소비자의 관심을 얻는 판매 전략으로서, 기업이 스타를 앞세워 만들어 내는 이미지는 제품에 대한 객관적인 평가보다 제품과는 전혀 연관이 없는 연예인이 만들어 낸 이미지, 즉 하이퍼리얼리티다. 판매의 극대화를 위해 상품의 사용가치가 아니라 모델이 만들어 내는 이미지를 부각하는 것이다.

청바지는 본질상 활동성, 디자인, 재질, 가격이 중시되어야 하는 의류다. 하지만 유명 연예인이 등장하는 광고를 보면서 소비자들은 의류라는 원본을 잊은 채 연예인들이 만들어 내는 이미지에 주목한다. 청바지의 기능이나 디자인보다도 '신세경이 입었던 청바지'라는 이미지에 현혹되어 높은 가격을 주더라도 제품을 구매한다는 말이다. 여기서 청바지에 대한 이미지는 청바지의 본질보다 더 중시되어 본질을 초과해 버리는 하이퍼리얼리티가 된다.

스타마케팅은 제품 품질에 대한 신뢰도를 상승시킨다. 유명 연예인이 광고를 한 제품이라면 신뢰해도 된다는, 비이성적인 공식이 은연중에 성립하게 된다. 스타마케팅으로 인한 매력성과 공신력이 상승함에 따라 소비자들의 소비도 늘어나는 것이다. 제품이 신뢰성을 가지기 위해서는 좋은 품질, 합리적인 가격, 좋은 평판 등이 전제되어야 하며 이것이 신뢰성의 원본이라 할 수 있다. 하지만 스타 시스템은 제품 신뢰성의 기준을 외적으로 우월한 이미지로 설정한다. 이렇게 만들어진 이미지는 원본의 특성과는 거리가 먼 하이퍼리얼리티다.

이렇듯 소비자의 심리를 이용한 스타마케팅은 하이퍼리얼리티를 만들어 낸다. 스타의 이미지가 덧씌워진 상품이 되고 소비자는 상품 자체보다 스타의 이미지를 입는 것이다. 즉 스타에 의해 만들어진 이미지를 소비하는 것이다. 소비자들은 유명 연예인들이 만든 우월한 이미지를 동경하게 되며, 이 때문에 터무니없이 비싼 값으로 상품을 구매한다. 또한 기업은 이미지라는 시뮬라크르를 만들어 내면서 이익을 얻을 수 있음을 알기 때문에, 높은 인건비를 감수하고라도 유명 연예인들을 모델로 내세워 광고를 제작하게 된다.


## 이미지가 만드는 제품의 고급화

요즘 텔레비전 화면은 아파트 광고로 넘쳐나며, 여기에는 예외 없이 유명 연예인들이 모델로 등장한다. 그런데 이러한 광고들을 아무런 의심 없이 보고 있다가도 문득, 아파트와 연예인이 무슨 상관관계가 있는지 의문이 들 때가 있다. 이는 기술력이라는 원본보다, 이미지라는 하이퍼리얼리티가 더욱 중시되는 현상 때문이다. 이러한 광고들에 개그맨이나 아이돌 가수처럼 오락적인 요소를 가지고 있는 인물들이 아닌 영화배우나 탤런트 등 럭셔리한 이미지를 풍기는 연예인들이 출연하는 것만 봐도 기업들이 상품 이미지를 고급화하고 차별화하기 위한 전략으로 연예인을 모델로 삼는다는 것을 알 수 있다.

사람들은 같은 조건에서 시공한 아파트라도 브랜드가 있는 아파트를 선호한다. 그 배경에는 스타마케팅이 있다. 연예인을 광고 모델로 삼으면 아파트를 떠올릴 때에 그 연예인의 이미지가 연상되는 것이다. 럭셔리한 이미지를 가지고 있는 연예인이 광고 모델이 된 아파트는 좀 더 고급스러워 보이고 질도 더 좋아 보인다. 또한 조금 더 비싼 가격을 감수하더라도 좋은 아파트에 산다면 그들의 사회적 지위가 높아지고 삶의 질이 향상될 것이라는 환상에 사로잡히게 된다. 물론 이는 아파트의 실재를 반영한 것이 결코 아니다. 이는 기업이 만들어 낸 고급스러운 이미지, 즉 아파트의 본질인 기술력보다 시뮬라크르인 고급스럽고 차별화된 이미지에 현혹된 결과다.

김태동은 《문제는 부동산이야, 이 바보들아》(김태동, 김헌동 공저, 궁리, 2007)에서 연예인들에게 이러한 충고를 한다.

> 당신들이 하는 아파트 광고는 마약 광고보다 더 나쁜 겁니다. 소비자들이 광고 메시지에 영향을 받을수록 아파트 값은 적정 수준보다 높게 거품이 낄 것입니다. 그만큼 무주택자의 삶을 짓밟고 내 집 마련의 꿈을 빼앗는 것이며, 자라나는 신세대까지 노예화하는 극악의 결과를 가져오는 것입니다. 마약은 본인에게만 피해를 주지만, 아파트 광고에 나오는 일은 수십만, 수백만 명에게 큰 피해를 줄 수 있습니다. 자신이 일류 탤런트, 일류 배우라 생각한다면, 황금과 자신의 명예 중 어느 것을 선택해야 할지 자명하지 않을까요?

즉 연예인을 이용한 아파트 광고는 불합리하고 부조리한 현실을 부채질하고 급기야 부동산 가격의 거품을 조장한다는 것이다. 현재의 국민소득이나 주거환경, 기반 시설 등을 고려했을 때, 집값에 심한 거품이 끼어 있다. 자신의 이익을 높이기 위한 방안으로 시뮬라크르의 조장을 택한 기업들은 이렇듯 사회적 부조리까지 낳고 있다.

　그래서 이제는 노동의 소외뿐만이 아니라 상품이나 여가, 심지어 주거에서도 사람들은 억압당하고 소외된다. 예를 들면 "당신이 사는 곳이 당신을 말해준다"는 롯데캐슬의 아파트 광고 문안의 경우 명품 브랜드 전략으로 '차이의 소비'를 선전한다. 보드리야르는 "선전의 의미작용은 차이의 산업적 생산에 속한다"고 말하는데 롯데캐슬 광고는 바로 그 전략을 드러내고 있다. 삼성 래미안의 광고는 '남자친구를 데려오려면 래미안에 살아야 한다'는 의미작용을 전하고 있다. 이 광고는 수정 씨가 남자친구를 가족들에게 인사시키기 위해 집에 데려간다는 내용이다. 수정 씨가 말쑥한 차림의 남자친구에게 "선배, 저 남자친구 집에 인사 시키는 것 처음이에요"라고 말하자 남자친구는 "집이 어디야?"라고 묻는다. 수정 씨는 손가락으로 아파트를 가리키며 "저기야, 저 집이야" 하고 대답하고, 곧이어 래미안이라는 로고가 선명하게 보이면서 내레이션이 나온다. "수정 씨 집은 래미안입니다."

　이 광고 역시 차이의 소비를 부추기고 아울러 수많은 사람들에게 '명품 아파트'에 거주하고 싶다는 열망을 강박적으로 심어준다. 그런 아파트를 소유하지 못하는 사람에게는 이 광고는 억압이자 배제의 작용도 가한다. 즉 명품 아파트를 소유하지 못하는 사람에게 억압과 배제, 소외를 경험하게 하는 것이다. 우리 모두가 명품 아파트를 추구하는 배경에는 바로 '자본의 전략'이 작동한다. 사실 따지고 보면 '그 아파트가 그 아파트'이듯이 별반 차이가 없다.

보드리야르는, 소비의 사회에서 현대인들이 소비하는 것도 사물 자체가 아닌 사회의 계급 질서와 상징적 체계라고 진단하였다. 즉 상품 그 자체를 소비한다기보다 상품이 상징하는 기호를 소비한다는 것이다. 하지만 이러한 이미지는 유독성을 품고 있다. 사람들은 합성된 이미지를 통해 위조된 현실을 엿보는 데만 익숙해지기 때문이다.

이를 극복하기 위해서는 소비사회를 살아가는 현대인들의 노력이 필요할 것이다. 기업들이 조작하는 이미지, 즉 시뮬라크르에 현혹되지 않으면서 원본을 추구하는 이성적인 소비가 이루어질 때만이 시뮬라크르의 유독성에서 벗어날 수 있을 것이다.


## 향유의 강제와 '상품 혹은 여가로부터의 소외'

비교하지 않으면 차이는 존재하지 않는다. 그 비교와 차이는 바로 광고가 만들어낸다. 미디어는 개인들에게 끊임없이 광고를 통해 차이나는 소비를 하도록 자극한다. 소비가 위축되거나 과열되면 정부가 개입한다. 보드리야르는 "사회적 차이화의 논리란, 사람들은 상품(사물)의 구입과 사용을 통해 자신을 돋보이게 하며 동시에 사회적 지위와 위세를 나타낸다는 것이다"라고 말한다.

차이나는 소비를 추구하다보면 결국 모두의 개성이 사라지게 된다. 우리나라 여성들은 해외에서도 유행에 민감하다고 소개될 정도다. 여성들은 하나같이 똑같은 명품을 들고 다니며 이러한 현상은 개성을 사라지게 한다. '몰개성화'가 보편화된다는 말과 다르지 않다. 짧은 미니스커트가 처음 유행하는 시기에는 차별화된 소비가 되지만 모두가 이를 추구하다 보면 몰개성화로 이어진다. 여성들은 추위에 떨면서 미니스커트를 입고 '하의리스'에 집착한다. 발이 망가지고 다리가 아파도 하이힐에 집착한다. 아무리 부작용을 들먹여도 소용없다. 다른 여성들과 차이나는 소비를 하기 위해서다. 더욱이 요즘과 같은 시각영상매체 시대에는 미디어가 '말하고 보여주는' 것을 소비하기 위해 노력한다. 연예인들이 하이힐을 신고 있거나 하의리스 패션을 선보이면 이를 모방한다. 그럴수록 '차이의 소비'는 사라진다. 여성들의 다수는 다른 여성과 차별화하기 위해 명품을 소유하려고 한다. 그렇지만 너도나도 명품을 구매하기 때문에 이제 루이뷔통 핸드백으로는 (진품이든 짝퉁이든) 남과 차별화되기 어려워졌다. 차이나는 소비가 차이를 사라지게 한 것이다. 차이가 사라질수록 사람들은 더욱 더 '차이의 욕구'에 집착하며 억압당한다. 이게 이른바 소비사회의 '보이지 않는 폭력'이라고 할 수 있다.

여성들은 또한 외모지상주의와 다이어트 담론에서도 결코 자유롭지 못하다. 소비사회에서 개인은 소비사회가 지시하는 기호의 질서에 따라 움직이기 때문이다. 보드리야르에 따르면, 개인으로서의 존재는 기호의 조작과 계산 속에서 사라진다. 즉 소비사회에서 소비의 진정한 주체는 개인이 아니라 기호의 질서이다. 이제 소비사회에서 사물의 존재나 개인의 존재는 기호의 질서 안에서 흡수되고 소멸된다. 존재하는 것은 사물이나 개인이 아니라 기호이다. 달리 말하자면, 소비의 목적은 더 이상 본질적인 만족에 있지 않고 기호 가치를 소비하기 위한 것이고, 이 가치는 자신을 남들과 구별시켜주는 차이를 제공한다는 점이다. 즉 현대인은 이제 '사회적 차이의 욕구'를 위해 소비한다는 것이다.

보드리야르 이론의 핵심은 현대인이 상품의 구입을 통해 '사물'이 아니라 '기호'를 소비한다는 데 있다. 그가 보기에 인간의 욕망은 무엇보다 '차이'에 대한 욕망이다. 사람들이 상품, 즉 기호를 구입하는 근원적 목적은 차별적 지위를 과시하는 데 있다. 이것이 바로 보드리야르의 '사회적 차이화'의 논리이다. 그렇지만 이러한 차이의 소비 역시 자발적인 선택인 것처럼 보이지만 미디어에 의해 '매개' 혹은 조장된 사회적 의미에서의 욕망의 반영물일 뿐이다. 르네 지라르의 '욕망의 삼각형'에 비유하면 주체와 대상을 매개하는 중개자에 해당한다. 매개를 통한 욕망은 언뜻 보기에 개인적 만족과 향유를 위해 물건을 소비하는 것 같지만 타인의 욕망일 뿐 우리 자신의 주체적 욕망이 아니다. 보드리야르는 소비사회에 대한 우려로서 데카르트의 명제 '나는 생각한다. 그러므로 나는 존재한다'를 '나는 소비한다. 그러므로 나는 존재한다'로 변형시킨다. 기호와 이미지를 소비하는 소비의 시대를 살아가는 '소비인간'은 끊임없이 소비에 강박당하는 존재인 것이다.

이제 사람들은 해외로 떠나는 여행객들이 급증하고 있다는 뉴스에서 나오는 산호초 바다에서 낭만적인 휴가를 '소비'하는 장면을 볼 때조차 즐겁지 않다. 오히려 이를 소비하지 못하는 사람들은 억압과 소외를 경험한다. 휴가의 소비도 경쟁이 보편화될 뿐만 아니라 전체주의화되는 것이다. 노동으로부터의 소외와 함께 여가로부터의 소외를 겪게 되는 것이다.

보드리야르는 여가를 소비의 입장에서 접근한다. 이때 소비는 생산적인 활동의 일부라고 본다. 여가시간도 노동시간처럼 생산력으로 재생산하는 것이다. 시간은 노동시간과 여가시간으로 분할되지만 소비사회에서는 여가시간이 결코 자유의 초월적 공간에 놓여 있지 않다는 것이다. 사람들은 미디어를 통해 보도되지 않는다면 여행을 소비하고 싶은 욕구가 잠재상태에 있을 수 있다. 하지만 미디어를 통해 보도되면 여행을 가야겠다는 욕구가 발생한다. 미디어가 허위욕구를 조장하는 것이다. 즉 여가를 소비의 입장에서 보면 여가시간의 만족은 돈으로 환원된다. 이때 경제력이 뒷받침되지 않는다면 여행을 갈 수 없고 상대적인 박탈감을 가지게 된다. 즉 소비자는 자기 자신의 자유 시간마저 돈을 주고 사지 않으며 안 되는 것이다. 여가에 대한 소비에서도 사람들은 억압과 배제를 경험한다.

소비사회는 모든 구성원에게 친절하게 여가를 소비할 것을 상기시켜 준다. 백화점의 전단지, 여행상품을 알리는 광고, 골프나 헬스클럽 광고 등이 불쑥불쑥 일상을 파고든다. 예컨대 해외 유명 관광지로 여행을 떠나지 못하는 사람은 "해외 휴양지에서 휴가를 누리는 사람들이 급증하고 있다"는 뉴스보도를 접할 때 소외를 느낄 수 있다. 골프를 칠 여유가 없는 직장인들은 골프장 장면만 나와도 우울과 함께 위축감을 느낄 수 있다.

이렇게 되면 '순수한 향유'가 아니라 '향유의 강제'가 된다. 여성들의 날씬함에 대한 강박관념은 몸의 선에 대한 숭배를 불러오는데 여기에는 '아름다움'과 '억압'이 굳게 결합되어 있다는 것이다. 보드리야르는 "몸의 선에의 신앙과 호리호리한 몸에 대한 매혹이 이만큼 큰 힘을 발휘하는 이유는 그것들이 폭력의 표현양식이며, 육체가 그곳에서는 문자 그대로 희생의 제물이 되고 있기 때문"이라고 말한다. 날씬함과 젊음, 남성다움 등은 남녀 모두가 겪는 욕구 충족적 배려이자 억압적 배려라는 이중의 배려에 시달리게 한다. 자기 자신을 지속적으로 긴장시키며 명품, 건강, 휴가, 레저, 유행 등에서 차이의 소비를 쫓아가야 한다는 강박관념에 시달리게 되는 것이다.

# '아우라'의 상실과
## 예술의 대중화

### 진품만 간직하는 아우라

파블로 피카소Pablo Picasso의 그림을 100만 달러에 산 귀부인이 한 미술평론가에게 감별을 부탁하자 진품이라고 했다. 그 미술평론가는 피카소의 친구로 그 그림을 그릴 때 현장에 있었다고 한다. 그런데 피카소에게 가서 직접 물었더니 그 그림은 진품이 아니라고 말했다. 피카소의 젊은 애인은 진품이라고 말했다. 자신이 보는 앞에서 그렸다는 것이다. 피카소는 이렇게 말했다.

> 내가 이 그림을 그린 것은 틀림없는 사실입니다. 하지만 그것은 오리지널이 아닙니다. 나는 그 전에도 그것과 똑같은 그림을 그린 적이 있습니다. 그 시절에는 달리 할 일이 없었기 때문에 나는 똑같은 그림을 반복해서 그렸습니다. 이 그림의 오리지널은 지금 파리 박물관에 소장되어 있습니다.[7]

피카소에게는 맨 처음에 그린 그림이 '오리지널(원본)'이었다. 그 그림은 자기 존재의 내면에서 탄생되었기 때문이라는 것이다. 국내에서도 박수근 화백의 〈빨래터〉가 위작 논란에 휩싸이기도 했다. 여기서 왜 사람들은 예술작품의 '오리지널'을 선호할까? 그것은 바로 진품만이 간직하고 있다는 '아우라'로 설명할 수 있을 것이다. 아우라는 복제기술시대의 예술작품에 대해 미학적 분석으로 유명한 발터 벤야민(Walter Benjamin, 1892~1940)이 제시한 개념으로 예술작품이 가지고 있는 자신만의 유일무이한 현존성 즉, 일회적 현존성을 의미한다.

예를 들면 동굴 벽화는 벽화가 그려진 그 장소에서만 볼 수 있다. 고대에는 신성한 곳에서 종교적 제의를 올리고 이를 기리기 위해 벽화를 그려 기념했던 것이다. 이는 예술작품의 진품성을 통해서 느낄 수 있는 경험으로 먼 것을 가까이에서 느끼는 상호 주관성이라고 할 수 있다. 벤야민은 《기술복제 시대의 예술작품Das Kunstwerk im Zeitalter seiner Reproduzierbarkeit》(최성만 역, 길, 2007)에서 아우라를 이렇게 설명한다.

> 어느 여름날 오후 휴식의 상태에 있는 자에게 그림자를 던지고 있는 지평선의 산맥이나 나뭇가지를 보고 있노라면, 우리는 이 순간 이 산, 이 나뭇가지가 숨을 쉬고 있다는 느낌을 받는다. 이러한 현상을 우리는 산이나 나뭇가지의 분위기가 숨을 쉬고 있다고 말할 수 있을 것이다.

아우라는 시선을 되돌려 주는 능력으로 아우라를 경험하는 데 있어 중요한 것은 대상을 바라보는 시선의 교환이다. 예를 들어 지리산을 종주하다 어느 순간 먼 산을 바라보았을 때, 눈앞의 풍경에서 아무런 느낌이나 시선을 통한 상호작용을 느끼지 못했다면 그것은 아우라를 경험한 것이 아니다. 순간적으로 바라본 풍경 속에서 가슴이 멍할 정도의 울림을 느꼈다면 그게 바로 아우라의 경험인 것이다.

영국의 윌리엄 워즈워스William Wordsworth는 알프스를 걸으면서 느낀 강렬한 아우라의 경험으로 자연주의 시를 썼다고 한다. 그 순간은 사진에 담더라도 다시는 재현할 수 없는 것이다. 사진에 담긴 것은 유일무이한 현존성, 일회적 현존성에 대한 기록이라고 할 수 있지만 그것은 결코 '유일무이한 현존성'이 아니다. 예를 들어 지리산을 종주하면서 느낄 수 있는 웅장한 산세의 기운은 그 순간에만 현존하는 것이다.

예술작품의 경우, 예를 들어 레오나르도 다 빈치Leonardo da Vinci의 〈모나리자Mona Lisa〉는 이 작품의 원본이 소장돼 있는 파리의 루브르 박물관에서 관람할 경우에만 아우라를 느낄 수 있다. 그렇다고 모나리자의 진품을 본 모든 사람들이 아우라를 경험하는 것은 아니다. 모나리자를 보면서 시선을 통해 상호작용을 하거나 응답을 주고받는 느낌을 체험해야 아우라를 경험했다고 할 수 있다.

화가가 그린 원작에는 화가의 땀이 묻어 있고 화가의 느낌이 캔버스에 서려 있으며 색조나 물감의 두께와 같은 세밀한 곳에서까지 화가의 감정을 느낄 수 있다. 그러나 복제품은 단지 단면적으로 그 그림의 외형을 그대로 복제한 것에 불과하기 때문에 그런 느낌 즉, 아우라는 느낄 수가 없다. 그런데 만약 루브르박물관에 전시된 '모나리자'가 진품이 아닐 경우에 아우라를 느꼈다고 말할 수 있을까? 물론 진품이 아니어도 아우라를 느낄 수는 있지만 그것은 벤야민이 말한 순수한 의미의 아우라라고 할 수 없다.

벤야민은 예술작품의 원본, 진본이 복제기술에 의해 대량으로 사진이나 인쇄로 복제되면서 아우라는 붕괴된다고 했다. 원본이 아닌 복사본에서는 아우라가 사라진다는 것이다. 대량 복제기술에 의해 가까이할 수 없음에서 형성되는 숭배의 가치로서의 아우라가 사라지게 된다는 것이다. 가까이할 수 없을 때 숭배의 대상이 되는 것이지 누구나 가까이하고 소유할 수 있는 대상은 이미 숭배의 대상이 아닌 것이다.


## 아우라의 붕괴와 예술의 대중화

아우라의 붕괴는 복제기술의 발달과 대중의 소유 욕망과 관련되어 있다. 대중은 사물을 공간적으로 자신에게 가까이 끌어오고자 하는 욕망과 함께 복제라는 방식으로 모든 사물의 일회적 성격을 극복하고자 하는 욕망을 가지고 있다. 집이나 사무실에 사진으로 복제한 유명 화가의 그림이나 예술품들을 전시해 놓는 것은 이러한 소유 욕망을 반영한다. 벤야민은 예술작품이 대량 복제되면서 기존의 예술작품이 지닌 전통적인 '제의가치'가 '전시가치'로 이행하게 되었다면서 전통예술의 몰락과 신비감의 상실은 새로운 대중문화의 가능성을 열어 주고 있다고 긍정적인 의미를 부여한다. 종교적 제의의식에서 생겨난 원시 벽화의 경우 현대에 이르러 복제가 가능해지면서 원본이 지닌 고유의 아우라를 상실하게 된다. 이제는 소유할 수 있는 능력이 있으면 누구나 예술작품을 소유하고 전시할 수 있게 된 것이다. 즉 예술품이 특정 권력과 종교의 전유물(제의적 차원)에서 대중화(전시적 차원)로 이행한 것이다. 권력과 종교적 제의에 갇혀 있던 예술이 대중에게로 걸어 나오게 되는 것이다.

날씨 좋은 가을 날 방문한 뉴욕 메트로폴리탄 박물관에서 신성함마저 느껴지는 작품들 사이를 거닐다가 마르크 샤갈Marc Chagall의 〈연인들 The lovers〉 앞에서 걸음을 멈춘다. 코앞에서 생생하게 느껴지는 색의 조합은, 한없이 가까우면서 이미 죽고 사라진 샤갈만큼이나 멀기도 하다. 벤야민이 말한 아우라가 바로 이런 것일까? 진품이 지니는 아우라, 부둥켜안은 연인이 그려진 작품과 나 사이의 거리는 한 뼘도 되지 않지만 손조차 댈 수 없는 신성한 거리다. 큰 박물관을 돌아다니느라 지친 몸을 이끌고 박물관 안의 기념품 가게에 들어간다. 그 멀던 샤갈의 작품이 내 손안에 머문다. 몇 푼 안 되는 돈이기는 해도 진품의 아우라를 사고 싶었건만, 손에 쥔 엽서를 들여다볼수록 아우라의 부재가 더욱 더 크게 느껴진다. 기념품 가게에서 산 엽서를 내 방 벽에 붙여 놓는다. 메트로폴리탄 박물관에 걸린 '연인들'이 지닌 신성함은 사리지고 엽서는 소박한 내 방을 꾸미고 있다.(박승환, 연세대학교 경영학과)

어학 연수차 미국 필라델피아에서 지내면서 내가 가장 기뻐하며 즐겨 했던 일 중에 하나는 필라델피아 미술관을 관람하는 일이었다. 뉴욕의 메트로폴리탄 미술관에 필적하는 규모와 역사를 자랑하는 필라델피아 미술관은 미국 7대 미술관 가운데 하나로, 중세 유럽 유명 화가들의 그림에서부터 현대 작품에 이르기까지 수준 높은 소장품들을 두루 관람할 수 있는 곳이다. 많은 작품들 중에서 나는 빈센트 반 고흐Vincent Willem van Gogh의 〈해바라기〉를 참 좋아했다. 화병에 담긴 해바라기를 보고 그린 정물화 〈해바라기〉는 과감하고 강렬한 색상과 힘이 넘치는 붓놀림을 통해 태양과도 같이 타오르는 작가의 열정과 에너지를 잘 표현한 작품으로, 나는 한동안 그 매력에 푹 빠져 있었다. 내가 미술관에서 본 고흐의 〈해바라기〉는 지난 수년간 공부했던 미술교과서와 즐겨 보던 책에서 본 것과 다르고, 심지어 내가 미술관에서 직접 찍어온 사진과도 전혀 다른 특별한 분위기를 갖고 있었다. 이것이 바로 아우라 Aura다.(김태민, 연세대학교 전기전자공학부)

위의 두 글에는 벤야민이 말한 아우라의 개념이 이해하기 쉽게 녹아 있다. 예술 작품이 가진 아우라는 그 작품의 시간과 공간에서의 유일한 존재성, 즉 예술 작품의 여기와 지금, 그 작품이 자리하고 있는 그 장소에서의 유일한 존재성을 의미한다. 예를 들어 고흐의

〈해바라기〉를 모사한 수많은 작품들이 있어도 원작은 세상에 오직 하나만 존재한다. 고흐가 직접 그린 최초의 작품만이 아우라를 가질 수 있다.

원작은 특유의 분위기를 갖는다. 일회성을 갖는다. 역사성을 갖는다. 유일성을 갖는다. 예를 들어 〈모나리자〉를 대할 때, 다빈치가 그림을 그릴 때의 아득한 시간을 거슬러 올라가 그가 고민하면서 그림을 그리던 생생한 모습과 그림에서 뿜어져 나오는 생동감을 느낄 수 있을 것이다. 그게 바로 아우라의 경험이라고 할 수 있다. 이를 경험할 수 없다면, 바로 앞에 작품이 있더라도 아득히 멀게 느껴지는 것이다.

언젠가 찾은 영화관에서 영화가 시작하기 전 상영된 광고를 본 일이 있다. 정지된 명화 속의 풍경과 인물들이 캔버스를 벗어나 생동감 있게 살아 움직이는 콘셉트였다. 고흐의 해바라기가 춤을 추고 들판은 넘실거리며, 거실에 앉아 있던 그림 속 여인들이 움직인다. 그런데 이런 복제품에서 작품성을 느낄 수 있을까? 상업적인 복제품에서는 미술관에서 느끼는 그런 상호 교감의 시선을 느낄 수 없을 것이다.

흔히들 우리가 살고 있는 세계는 아우라가 상실된, 붕괴된 사회라고 말한다. 예술 작품이 종교적인 숭배의 대상에서 대중을 상대로 한 전시의 대상이 되면서 그들이 지닌 근본적인 속성인 유일성과 원작성을 상실하고 오락거리, 구경거리가 되고 말았다고 한다. 기술 시대로 진입한 이후 예술 작품을 완벽히 복제할 수 있게 되면서 고유한 속성인 유일성과 진정성이 해체되고 더 나아가 예술 작품의 사회적인 기능까지 변했다. 종교적 숭배의 대상이었던 예술이 세속적이고 상업적인 목적, 미적인 감상과 소유를 위해 제작되고 수용되기 시작했다는 것이다.

새로운 기술과 예술양식의 등장으로 기술복제가 일상화된 시대의 대표적인 산물이 사진과 영화다. 특히 영화는 엄청난 제작비로 인하여 소수를 위한 영화를 찍는 것이 거의 불가능하기 때문에 애당초 수많은 사람들에게 보여주기 위하여 만들어진다. 기술복제시대는 예술의 존재와 생산방식에서 획기적인 변화를 만들어 낸 것이다. 이에 예술작품은 대중과 직접적인 관계보다 간접적인 관계를 맺게 된다.

대중들은 어떠한 사물을 보다 더 자신의 가까이에 두고자 하는 욕망을 갖고, 그 욕망을 채우고자 예술작품을 복제하는 것이다. 벤야민은 기술복제 시대의 예술작품에 일어난 이와 같은 결정적 변화를 '아우라의 붕괴'라고 정의하였다. 복제기술이 발달함으로써 복제품이 대량생산되고 이러한 복제품을 수용자가 개별적인 상황에서 대면하게 됨으로써, 예술작품의 전통적인 속성이 뒤흔들리기 시작했다. 이런 양상 속에서 사진과 영화뿐만 아니라 점점 더 많은 요소들이 가세하여 광범위한 전통을 해체하고 있는 것이다.

영화의 DVD를 소장하거나 유명 가수의 음반을 구입하는 행위 역시 비슷하게 해석할 수 있다. 영화의 본질인 필름 자체와 가수의 음반 속 음악에는 아우라가 존재하지 않더라도 그것이 극장에서 상영이 되는 순간에 영화 속의 주인공과의 감정이입을 통해 이른바 '카타르시스catharsis'를 경험할 수 있는 것이다. 카타르시스의 경험이야말로 또 다른 의미에서의 아우라라고 할 수 있을 것이다.

전통적으로 예술은 종교적 숭배의 대상이어서 작품의 아우라는 작품이 걸려 있는 교회, 미술관, 소수의 권력가들이 소유한 공간에서나 존재했고, 그 작품을 소유하는 사람들만이 아우라를 느낄 수 있었다. 고흐의 작품, 밀레Jean F. Millet의 작품을 거액을 주고 소유하거나 박물관을 찾아야지만 예술 작품을 접할 수 있었다. 그들을 제외한 다수의 사람들은 예술 작품을 향유하지 못했다. 하지만 아우라의 파괴로 예술이 숭배해야 할 대상이 아닌 전시되고 향유하는 대상이 되었다. 예술 작품이 대중이 즐길 수 있는 유희의 대상이 된 것은 아우라 붕괴의 긍정적인 면이라 볼 수 있겠다.

발터 벤야민은 아우라의 파괴를 긍정한다. 사진과 영화와 같은 영상 매체가 대중의 지각을 훈련시키고 그들의 비판적 의식을 일깨워 줄 것이라고 믿었다. 이것이 벤야민이 말한 '예술의 정치화'이다. 예술 작품은 더 이상 성당이나 궁전에서만 감상할 수 있는 대상이 아니다. 복제가 가능해짐에 따라 끊임없이 재생산되며 탈신비화되고 민주성이 확보되었다고 보고 있다. 벤야민은 아우라의 붕괴가 기술 재생산 시대의 긍정적이고 필연적인 현상이라고 판단했고, 새로운 예술 시대가 도래하고 대중 예술 문화가 시작하는 것으로 생각했다. 전통적인 예술 감상에서 소외되었던 대중을 비판적 감상자의 위치로 이끌어낼 수 있다고 보는 것이다.

# 욕망의 판타지,
# 판타지의 욕망

## 영토를 만들어 내는 지도

벤야민이 제시한 예술작품의 아우라 상실은 모방품이 진품을 대신함으로써 모방품이 다시 모방품을 낳는다. 이는 보드리야르에게 원본 없는 실재 혹은 이미지, 즉 시뮬라크르 개념으로 이어지고 있다. 다시 말해서 보드리야르는 시뮬라크르를 만드는 시뮬라시옹을 통해 포스트모던 사회의 본질을 꿰뚫고 있다.

보드리야르에 따르면, 시뮬라크르는 실재로는 존재하지 않는 대상물을 존재하는 것처럼 만들어 놓은 인공물, 가장(假裝)을 지칭한다. 가장은 흉내 낼 대상이 없는 이미지이며 이 원본 없는 이미지가 현실을 대체하고, 현실은 이 이미지에 의해서 지배받게 되므로 오히려 현실보다 더 현실적인 것이다. 즉 원본이 없는 모든 인위적인 대체물을 시뮬라크르라고 부른다.

또한 하이퍼리얼은 시뮬라시옹에 의해 새로이 만들어진 실재로서 전통적인 실재와는 그 성격이 판이하다.

시뮬라시옹을 설명할 때 보드리야르는 '지도'를 예로 든다. "영토는 더 이상 지도를 선행하거나, 지도가 소멸된 이후까지 존속하지 않는다. 이제는 지도가 영토에 선행하고 심지어 영토를 만들어 낸다."[8] 이는 제2차 세계대전 이후 제국주의 국가로부터 독립한 아프리카와 중동아시아의 국경선으로 쉽게 이해할 수 있다.

예를 들어 사막에 국경선이 가로놓인 아프리카의 여러 국가들은 국경선을 직접 측량하면서 지도를 만들지 않았다. 대부분은 식민지 시절 제국 관료들이 현장에 가지도 않고 사무실에서 지도를 펼쳐놓고 정한 것이다. 임의로 그어 놓은 이 국경선이 새로 국경에 철책을 만들 경우에는 바로 영토를 구분하는 절대적인 자료가 된다. 국경을 맞댄 국가들은 제국주의자들이 사무실에서 그려 놓은 지도에 따라 다시 측량을 하면서 국경을 구분하는 지점에 철책이나 장벽을 건설할 수 있는 것이다.

이렇게 되면 사무실에서 만든 가상의 국경선이 거꾸로 철책이나 장벽을 만드는 현실을 지배하는 것이다. 다시 말해서 사무실에 앉아 가상으로 그어 놓은 지도가 진짜 국경선을 만들어 내는 것이다. 이것이 바로 지도가 영토에 선행한다는 말이다.

여기서 지도는 가상의 실재이므로 시뮬라크르에 해당한다. 그리고 지도로 다시 국경선을 만들어 간다면 이게 시뮬라시옹이다. 사무실에서 임의로 국경선을 그어 놓은 지도가 진짜 국경선을 만드는 현실에 영향을 미치는데 이처럼 현실을 지배하는 새로운 실재가 하이퍼리얼이다.

보드리야르는 그의 책 《시뮬라시옹》(하태환 역, 민음사, 2001)에서 "시뮬라시옹, 즉 시뮬라크르하기는 갖지 않은 것을 가진 체하기다"[9]라고 정의한다. 예를 들면 그는 "본질적으로 신이란 없었기 때문이고, 오직 시뮬라크르만이 존재하고 있었으며, 더군다나 신 자체도 시뮬라크르였기 때문이다"[10]라고 분석한다. 신성이 성화상(聖畵像)을 통해 드러나고 신은 성화상이라는 만들어진 신의 이미지(시뮬라크르)를 통해 존재하는 것이다.


## 실체 없는 이미지는 어떻게 만들어지는가

현대사회는 현실과 가상의 경계가 사라진 시대, 원본 없는 가짜 복사본들로 둘러싸인 세계이며, 텔레비전·광고·영화·인터넷 등 미디어가 만들어 낸 이미지는 원본이나 실체 없는 새로운 현실이자 실재인 하이퍼리얼이라는 것이 보드리야르의 핵심 이론이다.

보드리야르에 의하면, 우리가 살아가고 있는 이곳은 실체 없는 이미지와 가짜 실재들이 난무하는 시뮬라크르의 미혹 속이다. 그는 현대 소비사회는 미디어를 통해 소비를 조작하고 통제하며 무의식의 차원까지도 지배하기에 이르렀다고 본다. 소비뿐만 아니라 의사소통과 여론의 형성도 미디어를 통해 표현되고 있다. 심지어 일상의 화제도 텔레비전이나 영화 등 시각적 매체가 지배하고 있다. 즉 미디어가 말하지 않은 것은 말해지지 않고 미디어가 말해야만 비로소 말해지는 것이다.

달리 말하자면 매체만이 '사건'을 만든다. "어떤 사건을 가공적인 시나리오로 꾸몄을 때 실제에서 그와 거의 같은 일이 발생하는 것을 우리는 흔히 관찰할 수 있다. 대중매체에 실린 어떤 거대한 사건은 잠시 후에 다시 그와 거의 유사한 사건을 불러 일으킨다. 하나의 모델이 있으면 나머지는 이상하게도 그 모델화되어 간다. 이것은 또한 유행의 메커니즘이기도 하다."[11]

연예인이든 모델이든 유행이 등장하면 모두가 그 모델을 따라 입고, 먹고, 마시고 춤을 춘다. 즉 텔레비전은 현실을 시뮬라크르로 만드는 기능이 있다. 우리는 모두 시뮬라크르의 이미지에 매혹돼 시뮬라크르로 살아가고 있다.

보드리야르는 시뮬라시옹이 지배하는 현대사회에서는 "실재가 이미지와 기호의 안개 속으로 사라진다"라고 주장한다.

> 이미지는 깊은 사실성(실재)의 반영이다.
> 이미지는 깊은 사실성을 감추고 변질시킨다.
> 이미지는 깊은 사실성의 부재를 감춘다.
> 이미지는 그것이 무엇이든 간에 어떤 사실성과도 무관하다.
> 이미지는 자기 자신의 순수한 시뮬라크르다.[12]

따라서 사물은 더 이상 사용가치나 교환가치로 존재하지 않는다. 오로지 근거 없는 이미지들의 상호작용이 현실의 의미망을 형성할 뿐이다. 화려하고 현란한 쇼 프로그램, 유명 연예인을 앞세운 광고, 틈만 나면 주고받는 휴대폰 문자메시지, 기호와 상징 그리고 속도와 순간 등을 속성으로 하는 이미지들만이 난무한다. 이제 이미지는 욕망과 쾌락을 상상 속에서 가능하게 한다. 이른바 욕망의 판타지, 판타지의 욕망이다.

삼촌 팬들은 걸 그룹의 현란한 춤과 노출 의상에 넋을 잃고 아내로부터 충족하지 못한 욕망들을 충족시킨다. 이미지를 통한 음욕의 충족인 것이다. 화장품이든 휴대폰이든 소비의 중요한 조건은 사물이 지니고 있는 이미지이지 사물의 기능이 아니다. 이미지는 대상의 본질과는 아무런 관련도 없는 상징적 의미를 산출하고 그 의미가 기호학적 가치로 소비된다. 보드리야르는 이 기호학적 가치가 현대사회의 지배적인 가치라고 주장한다.

따라서 시뮬라시옹 시대에는 이미지가 모든 것을 지배한다. 현대사회의 모든 영역에서 이미지가 광고되고 소비되는 것이다. 그런데 이미지는 사물의 본질이 아니다. 모델에 의해 만들어진다. 말하자면 스타 위주의 광고 모델은 실제나 근거가 없는 이미지를 만들어낸다.

사람들은 흔히 영화배우 '전지현' 하면 늘씬한 몸매와 아름다운 다리를 떠올린다. 여기서 늘씬한 몸매와 아름다운 다리는 전지현의 시뮬라크르라고 할 수 있다. 광고나 영화 등을 통해 전지현의 시뮬라크르가 우리에게 전달되는 과정이 바로 시뮬라시옹이다. 결국 전지현의 시뮬라크르가 전지현의 실재 모습과는 관계없이 그녀의 실재를 지배하게 되는, 시뮬라크르가 실재보다 더 실재 같은 것이 바로 '하이퍼리얼'이다. 전지현이 음료의 광고 모델이 되면 사람들은 그녀가 광고하는 음료를 소비한다. 전지현의 시뮬라크르 때문이다. 시뮬라크르와 하이퍼리얼은 전지현에게만 적용되는 것이 아니다. 모든 브랜드 이미지와 광고 모델에도 적용된다.

이제 광고에 등장하는 스타는 실재가 아니라 이미지로 남게 된다. 스타가 등장하는 모든 이미지들, 영화, 드라마, 사진, 광고 등은 대중의 영혼과 일상을 빨아들이는 블랙홀이 된다. 요컨대 스타는 실재가 아니라 이미지 혹은 허상이다. 보드리야르의 표현을 빌면 실재보다 더 실재적인 시뮬라크르다. 새로운 이미지가 실재를 지배하면 그 이미지가 또 하나의 실재가 되듯 유행도 마찬가지다. 여성들이 스타의 패션을 따라하기 시작하면 이는 하나의 시뮬라크르가 되고 이러한 이미지들은 스스로 활동하고 연쇄하면서 거대한 유행의 물결을 이루는 것이다. 이것이 바로 보드리야르가 말하는 '시뮬라크르의 자전'이며 '이미지—유행'의 시뮬라시옹 과정이다.


## 산타 할아버지는 왜 빨간 옷을 입을까

원래 산타클로스의 모습은 현재 우리가 아는 모습과는 달랐다. 그런데 1931년도에 코카콜라 사에서 화가 하든 선드블롬 Haddon

Sundblom에게 빨간색 옷을 입은 산타의 그림을 주문했다. 코카콜라를 더운 여름뿐 아니라 겨울에도 마실 수 있다는 이미지를 주기 위해서였다. 그리고 몇 십 년간 빨간 옷 산타의 이미지를 광고에 사용했다. 그 결과 수많은 사람들이 하얀 털이 달린 빨간 옷을 입고 인자한 표정을 한 거구의 흰 수염 할아버지를 산타클로스의 이미지로 떠올리게 되었다.

산타클로스의 유래가 된 실제 인물 성 니콜라스St. Nicholas가 어떤 모습인지는 중요하지 않다. 코카콜라 사에 의해 만들어진 가상의 산타클로스 이미지는 수십 년간 광고를 통해 전 세계인들에게 인식되었고 지속적인 광고 노출 끝에 사람들은 코카콜라의 산타클로스를 진짜 산타클로스의 이미지로 믿게 되었다. 그리고 이제 코카콜라 산타는 지배적인 현실이 되어 지금은 많은 사람들이 크리스마스에 코카콜라 사의 산타클로스 분장을 한다.

시뮬라크르는 모든 실재의 인위적인 대체물이라고 할 수 있고, 시뮬라시옹은 기호에 의해서 하이퍼리얼이 산출되는 과정을 말한다. 산타의 경우 코카콜라 사가 만든 빨간 산타가 새로운 산타의 이미지인 시뮬라크르로 인식되었고 지속적인 광고를 통해 산타로 재생산하는 시뮬라시옹을 거치면서 새로운 실재로 둔갑했다. 실재하지 않았던 빨간 산타할아버지는 성탄절이면 어김없이 등장하는 산타의 모델로 자리 잡았다. 이게 바로 실재하지 않은 이미지의 시뮬라크르가 시뮬라시옹을 거쳐 하이퍼리얼을 산출하는 사례라고 할 수 있다.

# 우리는 모두
## 시뮬라크르로 살아간다?

일상 속의 시뮬라크르

거대하게 기호화된 세계에서 살아가는 사람들의 모습을 보며 놀라워하는 우리는 현재 그 자신도 시뮬라크르로 살아가고 있다. 시뮬라크르로 살아가는 우리들의 일상은 다음과 같이 그릴 수 있을 것이다. 다음은 연세대학교 학생들이 제출한 과제물의 일부를 그대로 옮긴 것이다.

**일상 속의 시뮬라크르 1**

친구의 싸이월드 파도타기를 하다가 예쁜 여자의 미니홈피를 발견한다. 일촌이 아니라서 모든 사진을 볼 수는 없지만 전체 공개인 사진들로 보기에는 하얀 피부에 짙은 쌍꺼풀, 참해 보이는 얼굴이 내 마음에 쏙 든다. 마치 스토커가 된 것처럼 알지도 못하는 이 여자의 미니홈피

68

에 정기적으로 들어가 괜히 마음만 설렌다. 학교를 거닐다 친구를 만난다. 친구는 어딘가 낯이 익은 여성과 함께 있다. 친구에게 가벼운 안부를 묻고 돌아서서 어디서 본 여자일까 생각을 한다. 밤마다 드나들던 싸이월드의 예쁜 여성이 떠오른다. 실제로 본 여성은 피부가 곱고 참해 보이지 않았고 심지어 턱이 네모에 가까워 보였다. 내가 좋아했던 것은 그 여성이 아니라 여성의 인위적인 대체물인 시뮬라크르였다. 이 경우는 물론 원본이 있지만 시뮬라크르는 원본과는 판이한 또 다른 실재라고 할 수 있다.

한때 걸 그룹 원더걸스의 곡이 표절 시비에 휘말린 적이 있다. 1980년대에 활동한 그룹 라라LaLa 의 〈쟈니 쟈니Johnny Johnny〉라는 곡과 비슷하다는 것이었다. 생각해 보면 근래 나오는 음악이 전부 비슷비슷한 것 같다. 무엇이 표절인지 모호하다. 원곡이란 무엇일까? 표절한 곡을 또 표절한다. 원곡이란 것은 존재하지 않고 포토샵을 통해 수정되는 사진들처럼 프로그램을 통해 조금씩 수정·복제 될 뿐이다. 녹음도 밴드의 연주가 아니다. 밴드는 사라져간다. 스튜디오에서는 실제로 연주에 맞추어 노래하지 않고 기계로 합성한 소리에 맞추어 노래를 부른다. 가수의 목소리도 그대로 음반에 실리지 않는다. 듣기 좋게 곱게 변조되어 음반에 실린다. 이렇게 해서 나오는 음반은 가짜를 구현할 뿐이다. 이게 바로 시뮬라시옹이다.

진위를 알 수 없는 영상들이 이리저리 복제되어 떠돌다가 사회적 문제를 야기하기도 한다. 이 역시 가상이 곧 현실이 된 예다. 시뮬라시옹은 이처럼 가상 자체가 현실이 되어, 현실과 가상을 구별하는 것이 무의미하게 된 상황이다.

텔레비전을 본다. 아파트 광고가 나온다. 한 남자가 예쁜 아내, 딸과 함께 휴일의 소풍을 즐기고 있다. 이 광고를 보는 시청자들은 '저 아파트에 살면 저렇게 행복하게 살 수 있을 것 같다'는 생각을 하게 된다. 광고에서는 너무나 평범해 보이는 '행복한 삶'이란 실제로는 쉽지 않지만 실재성을 지니는 하이퍼리얼이다. 누군가의 아버지는 이런 광고에 이끌려 아파트를 새로 사지 않았을까? 대출을 받아서 아파트를 사고는 행복은커녕 대출금을 걱정하며 외롭게 생활할지 모른다. 그가 구입한 것은 아파트가 아니라 광고가 보여주는 아파트의 시뮬라크르가 아닐까?

보드리야르는 실재가 원본도 사실성도 없는 파생실재로 전환하는 작업인 시뮬라시옹을 통해 포스트모더니즘의 본질을 이야기한다. 그의 말에 의하면 모든 실재의 인위적인 대체물을 시뮬라크르라 하며 우리는 가상실재, 즉 시뮬라크르의 미혹 속에 살아가는 것이다.

우리가 스타벅스에 가는 것은 커피를 마시고 싶어서가 아니라 스타벅스의 시뮬라크르를 마시고 싶어서다. 우리는 커피 값이 아니라 스타벅스의 시뮬라크르에 돈을 지불한다. 그래서 커피 한 잔을 마시는 데 드는 대부분의 수익은 스타벅스의 업주에게 돌아가고, 커피를 재배한 농민들에게는(대다수는 공정거래가 아니다) 0.1퍼센트도 돌아가지 않는다.

무한 복제가 가능한 사진을 통해서 시뮬라크르가 지배하는 사회를 생각해 보자. 최근에는 싸이월드 미니홈피나 블로그에 사진을 올리기 위해서 사진을 찍는 행위를 쉽게 볼 수 있다. 그런 과정에서 멋진 사진을 얻기 위해 현실 자체를 왜곡하는 행위도 이루어진다. 마치 남이 찍어준 것 같은 자연스러운 모습을 연출하기 위해 먼 곳을 우아하게 응시한 자신의 모습을 혼자서 수십 번이나 촬영하고, 행복한 모습을 연출하기 위해 '김치'를 외치며 경직된 미소를 짓는 것은 당연한 일이 되어 버렸다. 가짜를 위해 진짜 현실과 사건은 조작되고 희생된다.

〈우리 결혼했어요〉라는 텔레비전 프로그램의 인기가 높다. 여러 쌍의 남여 연예인들이 '가상 부부'라는 설정 하에 결혼생활을 하는 모습을 보여주는 프로그램이다. 리얼리티를 강조하지만 각본에 의해 인위적으로 커플의 이미지와 캐릭터를 만든다. 초기 이 프로그램에 출연한 연예인 알렉스는 감성적인 훈남으로 여자에게 다정다감하며 매너가 좋은 남자로 그려졌고, 가수 서인영은 자기주장이 강하고 신상품에 집착하는 '신상녀'로 이미지를 굳혔다. 우리가 방송을 통해 접한 것은 실제의 알렉스도 아니고 서인영도 아니었다. 알렉스에 대해 가지는 호감은 진정한 알렉스가 아닌 다정다감한 이미지로 프로그래밍된 알렉스의 시뮬라크르일 뿐이다. 하지만 우리는 현실에서도 텔레비전 프로그램에서의 시뮬라크르 이미지를 연상하고 그런 이미지로 이들을 바라본다.

## 일상 속의 시뮬라크르 2

2001년 개봉한 영화 〈친구〉. 어린 시절을 함께 보낸 친구들의 우정과 인생 곡절을 그린 이 영화는 이른바 '조폭 영화'다. 이 영화는 당시 엄청난 화제를 불러 모으며 818만 명의 관객 동원이라는 기록을 세웠다. 〈친구〉의 흥행을 시작으로 우리나라에서 조폭 관련 영화, 드라마들이 크게 흥행하기 시작했다. 〈두사부일체〉, 〈조폭마누라〉 등의 영화를 비롯하여 일제시대를 풍미했던 폭력배들의 이야기인 〈야인시대〉 또한 큰 인기를 끌었다.

이 영화와 드라마들은 당시 사람들의 흥미를 자극했다. '조폭 영화'에서 흔히 그려지는 '남자다움', 동료들 간의 의리 등은 사람들의 감성을 자극하였고 사람들로 하여금 그 영화 속 인물들을 선망하게 하였다. 영화 속 대사가 유행어가 된 경우도 많다.

하지만 실제의 조직폭력배들은 어떠할까? 현직에 있는 검사들이나 경찰들은 영화 속의 조직폭력배들이 지나치게 미화되었다고 한다. 영화와 드라마 속 조직폭력배들은 의리가 있고 의협심도 있는 모습으로 그려지지만 현실은 그렇지 않다는 것이다. 조직폭력배들은 폭력사건뿐 아니라 크게는 마약, 사기 사건에까지 연루되어 있고 돈으로 움직이는 경제깡패들이 늘어나면서 예전보다 더 지능화된 범죄를 저지르고 있다.

이처럼 폭력, 인신매매 등 비인간적인 범죄로 사회에 부정적인 영향을 끼치는 조직폭력배들이 영화 속에서는 한없이 미화된다. 아는 것 없이 무엇이든 힘으로만 해결하려 들지만, 속은 여리고 우정과 사랑을 소중히 여기는 순진한 사람들로 비처지는 것이다. 캐릭터의 의외성으로 사람들을 사로잡은 결과, 국내 관객최다동원 30위 안에 드는 영화 중 다섯 작품이 조폭 영화다. 조폭 영화를 통해 우리는 영상이 실재를 얼마든지 미화할 수 있으며, 실재하지 않는 존재를 재탄생시킬 수 있다는 사실을 확인할 수 있다.

우리는 영화가 가상의 현실이라는 사실을 알면서도, 영화 속의 조직폭력배들을 실제 조직폭력배들로 인식한다. 뉴스에 방영되는 조직폭력배들의 모습에는 분노하지만, 영화를 보면서 그러한 분노는 눈 녹듯이 사라진다. 오히려 그들의 순수한 사랑, 변치 않는 우정에 넋을 놓고 만다. 이미 영상 속의 조직폭력배는 진짜 현실보다 우리에게 더 현실처럼 다가온다. 실제로 조폭 영화들이 대거 흥행한 후에, 중고등학생들의 패싸움 사건, 폭력 사건이 급증하여 사회가 조폭 미화의 문제점을 실감하기도 했다. 영화적 이미지가 오히려 현실을 구속하게 되는 것이다.

현대사회를 살아가는 우리 모두는 시뮬라크르로 살아가고 있고 그 시뮬라크르가 생성한 하이퍼리얼의 또 다른 현실을 살아가고 있다. 자신도 모르게 시뮬라크르처럼 살고 있거나 혹은 시뮬라크르의 이미지를 소비하며 살아가고 있다. 시뮬라시옹의 질서를 아무런 저항 없이 수용하고 있는 것이다. 시뮬라시옹의 질서에서 이미지는 사실성과 무관한 이미지 자신이 순수한 시뮬라크르가 된다. 모방의 결과, 또는 참조의 결과로서의 이미지나 영상이 아니라 그 자체가 독립적인 원본으로 태어나게 되는 것이다. 그리고 이러한 원본의 모습을 한 가상의 영상들은 우리 일상생활을 조직하는 새로운 코드code나 모델이 되어 우리에게 직접적인 영향을 미친다.

영상은 무수한 편집의 과정을 거쳐 만들어진 것으로서, 이미 실제가 아닌 가상의 존재이다. 자본가는 이러한 이미지를 통해 소비자를 유혹하고, 그 이미지를 일순간 소비자에게 없어서는 안 될 것으로 만든다. 그리고 대중은 이에 쉽게 현혹되고 만다. 실제보다 텔레비전 속의 이미지가 실제로 받아들여지기 때문에, 이미지 속에 있는 것은 당연히 자신에게 필요한 게 되는 것이다.

현대의 인간은 영상과 이미지의 홍수 속에 살고 있다. 자본가는 대중들에게 수많은 타인과 자기를 구별하는 '차이의 욕구'를 계속 자극한다. 그리고 자본가가 만들어 놓은 이 가상의 이미지 속에서 우리는 헤어나기 힘들다.

# 〈나는 가수다〉가 인기 끄는
## 진짜 이유

### '진짜'가 팔리는 시대

진짜가 가짜가 되고 가짜가 진짜가 되는 이야기들이 있다. 마크 트웨인Mark Twain의 소설 《왕자와 거지The Prince and the Pauper》가 대표적이다. 17세기 중엽 런던에서는 같은 해, 같은 날 두 아이가 태어났다. 한 아이는 악명 높은 빈민가에서 태어난 톰 캔티로 그의 아버지는 불량배이자 도둑이었다. 반면 또 다른 아이는 훗날 에드워드 6세가 될 영국 왕실의 왕자였다. 어느 날 운명의 장난으로 두 소년이 만나게 되고, 장난삼아 옷을 바꿔 입게 되면서 왕자는 거지가 되고 거지는 왕자가 된다. 진짜 왕자는 거지로 전락해 갖은 고생을 겪게 되며 가짜 왕자는 왕위에까지 오르게 된다. 우여곡절 끝에 진짜 왕자가 자신의 왕위를 되찾는 모습을 통해 가짜와 진짜가 전복되었을 때의 인생의 모습을 보여준다.

우리나라에도 이와 비슷한 《옹고집전》이라는 이야기가 있다.

옹당촌이라는 시골에 옹고집이라는 사람이 살고 있었는데, 이 사람은 성질이 고약해서 매사에 고집을 부렸다. 인색하기가 그지없어서 팔십 노모가 병들어 냉방에서 떨고 있어도 돌보지 않는다. 월출봉 비치암에 도승이 있었는데 옹고집 이야기를 듣고 학대사라는 중에게 옹고집을 질책하고 오라고 보낸다. 그런데 학대사는 하인에게 매만 맞고 돌아간다. 도승은 이 말을 듣고 옹고집을 징벌하기로 한다. 허수아비를 만들어 부적을 붙이니 옹고집이 하나 더 생겼다. 가짜 옹고집이 진짜 옹고집의 집에 가서, 둘이 서로 진짜라고 다투게 된다. 결국 아내와 자식도 누가 진짜인지 구별하지 못해 관가에 고소를 하기에 이른다. 이에 두 옹고집에게 족보를 물어 보니 가짜 옹고집이 더 잘 알고 있는 것이 아닌가. 진짜 옹고집은 곤장을 맞고 내쳐진 다음에 거지가 된다. 가짜 옹고집은 집으로 들어가서 아들을 몇 명 더 낳고 산다. 《왕자와 거지》의 이야기와 비슷하다.

진짜 옹고집은 그 뒤에 온갖 고생을 하며 지난날의 잘못을 뉘우치나, 어쩔 도리가 없어 자살하려고 산중에 들어간다. 막 자살을 하려는데 도승이 나타나서 말린다. 바로 월출봉 비치암의 도승이다. 옹고집이 뉘우치고 있는 것을 알고 부적을 하나 주면서 집으로 돌아가라고 한다. 집에 돌아가서 그 부적을 던지니, 그동안 집을 차지하고 있던 가짜 옹고집은 허수아비로 변한다. 아내가 가짜 옹고집과 낳은 자식들도 모두 허수아비였다. 진짜 옹고집은 비로소 새사람이 되고 착한 일을 하면서 행복하게 살아간다.

진짜가 가짜가 되는 이러한 이야기는 현대를 살아가는 우리들의 삶과도 닮아 있다. 요즘은 가짜가 진짜보다 더 진짜처럼 행세한다. 제대로 진짜의 삶을 살려고 하다가는 어리석다고 놀림 받기 일쑤다. 세상은 온통 가짜들의 전성시대라는 생각마저 든다. 음식도 마찬가지다. 한 번 가짜에 맛을 들이고 나면 진짜 음식을 먹으면 오히려 입맛에 맞지 않는다. 그러다 어느 날 문득 진짜가 그리워지는 것이다.

나는 경상도식 된장에 길들여져서 자랐습니다. 집의 거의 모든 반찬은 '지렁'이라고 부르던 조선간장으로 간을 맞췄지요. 그래서 그런지 시중에서 판매하는 개량 된장들은 도저히 입에 맞지가 않습니다.

누군가 인터넷 공간에 '제대로 된 된장이 그리워라'라는 제목으로 게시한 글이다. 이 글을 쓴 사람은 미국에서 살고 있다고 한다. 외국 생활을 하다 보면 '토종'이 그리워진다. 그런데 그 토종은 오히려 토종이 있어야 하는 한국에서도 구경하기가 힘들다. 가짜가 진짜를 대체한 지 오래되었기 때문이다.

누구나 한번쯤 된장이나 청국장을 먹으면서 옛날 맛이 나지 않는다며 '맛타령'을 해 본 적이 있을 것이다. 입맛이 변한 것도 있지만 아마도 진짜가 사라졌기 때문일 것이다. 나이 많으신 어머니가 계신 집안에서도 이제는 된장을 담그지 않는다. 이제 바야흐로 '진짜'가 귀해지는 시대가 된 것이다. '어머니 세대'가 세상을 떠나면 그야말로 진짜는 맥이 끊어진다.

그동안 바쁘게 살아온 우리들은 '진짜 음식'을 외면하며 살아갈 수밖에 없었다. 느긋하게 여유를 즐기며 음식을 먹을 수 없었기 때문이다. 그 사이에 '진짜 같은 가짜'들이 밥상을 수놓았다. 급기야 가짜들이 진짜 행세를 하기 시작했다. 누구나 '원조'를 내세웠다. 하지만 정작 '원조'를 먹을 수 없었고 대신 '원조를 앞세운 가짜 원조'만 먹을 수 있을 뿐이었다. 그래서 이제는 가짜를 진짜처럼, 원조처럼 생각하기 시작했다.

한번은 양평의 한 음식점에서 직접 만들어 파는 된장을 산 적이 있다. 맛이 달짝지근해서 먹기 편했다. 그래서 이 된장이 '오리지널'이냐고 물었다. 뜻밖의 대답이 돌아 왔다.

"재래식 된장이 아니죠. 요즘 사람들 입맛에 맞춰 재래식 된장과 가공 된장을 반씩 섞어서 팔아요. 요즘 새댁들은 재래식 된장을 먹지 않아요. 오히려 섞어 파는 게 더 잘 팔리죠."

이 말을 듣고 여간 실망한 것이 아니었다. '그럼, 우리가 그동안 사 먹은 것이 제대로 된 재래식 된장이 아니었단 말이야?' 그 이후 그 집에 발길을 끊었다.

한번은 시골에 사는 이모가 된장을 보내왔다. 가공 된장은 누런빛이 나는데 이모가 보낸 된장은 카키색을 띠었다. 이모는 이게 진짜 재래식 된장이라고 했다. 아내가 그 된장으로 국을 끓이고는 먹지를 않았다. 가짜 된장 맛에 너무 '오염'이 된 탓에 진짜 재래식 된장의 맛에 적응할 수 없는 것이었다.

음식점은 이제 김치 맛만 일품이어도 맛집으로 문전성시를 이룬다. 더러는 '진짜 음식'을 찾아 '고난의 여행'도 마다하지 않는다. 이제야 거칠지만 독이 없는 진짜가 귀한 시대가 되고 있다. 진짜 같은 가짜, 유사한 가짜보다 '진짜'가 팔리는 세상이 된 것이다.

비단 음식뿐 아니라 '진짜'가 진가를 발휘하는 분야는 얼마든지 있다. 2011년 최고의 화제는 단연 텔레비전 프로그램 〈서바이벌 나는 가수다〉(이하 나가수)다. 가수를 꿈꾸는 일반인들의 무대인 〈슈퍼스타K〉의 인기도 대단했고, 뒤이어 스타 오디션 프로그램 〈위대한 탄생〉이 생겨나 인기를 끌었다. 이들 프로그램의 인기 비결은 바로 '생방송'에 있었다. 생방송에서 가짜는 금세 드러난다. 가창력이 없다면 무대에 설 수도 없다. 생방송은 진짜 가창력 있는 가수들에게조차 '공포의 무대'다. 톱스타로 시대를 풍미한 가수 김건모가 이 경연 무대에서 한 차례 탈락한 뒤 재도전 무대에 섰을 때, 심하게 긴장을 한 탓에 마이크를 쥔 손이 몹시 떨리는 모습이 방영되어 화제가 되기도 했다. 이때 부른 노래가 정엽의 〈유 아 마이 레이디You are my lady〉였는데, 극도의 긴장을 감내하는 20년차 가수의 모습에 시청률(13.7%)이 상승했다.

이 프로그램을 보고 소설가 이경자 씨는 "여자 아이들 나와서 엉덩이 흔드는 것 안 보고 혼신을 다해 노래하는 가수들을 보니, 나 같은 늙은이는 이제 살았다 싶다"고 소감을 밝히기도 했다. 그동안 엉덩이를 흔들며 노래 부르는 흉내를 내는 진짜의 시뮬라크르인 '복제 가수'들에 식상했던 기성세대들은 혼신의 힘을 다해 노래하는 '진짜 가수'의 모습에 가슴 서늘한 감동을 받은 것이다. 또한 이 무대를 통해서 임재범이라는 가수가 재평가 받기도 했다. 가슴에서 뿜어져 나오는 호소력 짙은 가창력이 발군이었던 남진의 〈빈잔〉을 시작으로 방청객의 눈시울을 적셨던 윤복희의 〈여러분〉까지 그의 노래는 연일 화제를 몰며 임재범 신드롬을 불러일으켰다. 이것이 바로 진정성의 위력, 진짜의 위력인 것이다. 임재범 신드롬도 이미지 소비를 피할 수 없지만 진짜 울림으로 느껴지는 진정성의 힘은 이미지의 소비를 압도하기에 충분하지 않을까?

　물론 가창력이란 관점에 따라 달리 볼 수 있다. 걸 그룹을 둔 기획사들은 대중이 가수에게 가창력보다 얼굴과 몸매 등 섹시 코드를 더 원한다고 주장할 수 있다. 노래는 분위기와 이미지로 전달하면 되지 꼭 가창력으로 전달할 필요가 없다고 생각할 수 있을 것이다. 가수 조용필은 한 일간지와의 인터뷰를 통해 '가수의 가창력을 어떻게 이해해야 할까?'라는 질문에 대한 자신의 생각을 밝힌 바 있다.

> 대중가수와 성악가는 다르다. 대중가수의 가창력은 정해진 기준이 없다. 개성 있는 목소리, 감성을 전달하는 능력, 노래하는 스타일 등 이 모든 게 가창력을 판단하는 기준이 될 수 있다.[13]

　좋은 무대는 음악과 진정성이 만든다. 가수에게 진정성이란 가창력을 기본으로 한다는 것은 두말할 나위가 없을 것이다. 프로 가수들이 무대에 나와 혼신을 다해 열창을 하면 꼴찌를 해도 그 자신이나 시청자들도 창피하게 생각하지 않을 것이다. '나가수'는 제작진 임의로 탈락자를 구제한 것이 논란이 돼 담당 PD까지 교체되는 진통을 겪었지만, 이러한 논란에도 불구하고 "가수들이 혼신의 힘을 다하는 무대를 오랜만에 봤다"는 대중의 반응을 업고 시청률 고공행진을 시작했다. 방송된 노래도 각종 음원 차트 상위권을 싹쓸이했다. 김건모의 열창이 있은 후, 방송은 음악과 가수의 존재 의미를 회복시켰다는 평가를 받았다. 당시 다음과 같은 내용이 보도되기도 했다.

> 폭풍과도 같은 감동의 145분이었다. 때로는 부담을, 때로는 열정을 담은 진심 어린 음악은 지난 1주일간의 모든 논란을 순식간에 녹여 버렸다. 1위와 7위의 구별은 필요치 않았다. 음악을 대하는 진정성 앞에서 가수들은 모두가 승자였다.[14]

'나가수'는 시작부터 논란에 시달린 프로그램이었다. 일부 가수들은 "예술에 대한 모독"이라며 비판했다. 문화평론가 진중권은 '나가수'에 대해 "프로그램 자체가 미스컨셉션misconception"이라는 촌평을 내놓기도 했다. 진중권은 트위터에 "서바이벌이냐 리바이벌이냐가 문제가 아니다. 김건모 재도전 논란을 바라보며 가창력으로 신인가수 뽑는 것도 아니고 이미 자기 세계를 가진 예술가들 데려다 놓고 누굴 떨어뜨린다는 발상 자체가 미학적 관점으로 난센스다"라고 했다.
그러나 진중권의 분석처럼 '나가수'가 잘못된 콘셉트일 수는 있어도 진짜를 갈망하는 대중의 욕구를 제대로 반영한 프로그램임에는 틀림이 없어 보인다. '나가수'에서는 '가짜'가 아니라 그야말로 생생한 '진짜'를 볼 수 있기 때문이다. 프로페셔널이라도 기득권에 안주할 수 없기 때문이다. '내가 톱 가수인데'라고 거들먹거리거나 립싱크를 할 수 없기 때문이다. 자신만의 진짜 모습을 보여주어야 하기 때문이다. 이제까지 우리사회에서는 어느 위치에 올라가면 기득권에 안주하는 문화가 있었다. 그런데 '나가수'는 그런 기득권적 질서를 여지없이 무너뜨렸다.

더욱이 노래하는 흉내만 내는 '가짜'들은 무대에 설 수가 없다. 이른바 '걸 그룹'들은 가수의 이미지, 욕망의 판타지로 청각이 아닌 시각을 자극했고 대중에게 가창력이 아니라 이미지의 소비를 강요하다시피 했다. 섹시 코드의 이미지로 가수 흉내만 내는 시뮬라크르들은 전성기를 맞았다. 사회가 욕망의 판타지, 판타지의 욕망에 도취되어 갔다. 그런데 일부에서는 진짜 음악의 묘미에 갈증을 느끼기 시작했다. 가창력 없는 걸 그룹들과 섹시 코드의 춤, 그리고 욕망의 판타지들이 난무하는 과잉 이미지에 시청자들이 식상했기 때문이다.

가창력이 아닌 이미지의 소비에 대중들이 식상할 즈음 '나가수'가 등장했다. 대중은 다시금 가짜가 아닌 진짜, 복제품이 아닌 원본, 이미지가 아닌 실체를 욕망하기 시작한 것이다. 요즘 인기 있는 걸 그룹들은 대부분 무대에서는 '라이브live'로 노래하지 않는다. 실제로 '나가수' 방송을 통해 화제가 된 곡들은 어김없이 음원 차트에서도 큰 인기를 누렸다. 이것은 대중들이 그만큼 라이브의 목소리를 갈구한다는 의미일 것이다.

이것이 바로 '진짜의 힘'일 것이다. 그동안 진짜 같은 가짜에 식상한 시청자들은 이제는 진짜다운 진짜를 찾고 있다. 음식이 그렇고 음악이 그렇다. 진짜의 음식, 진짜의 음악이 다시 대접받는 시대가 온 것이다. 성급할지 몰라도 이른바 '진짜의 르네상스' 시대가 열리고 있는 것이다. 지금까지 우리사회는 진짜를 내세운 가짜, 아마추어 같은 프로페셔널, 무늬만 프로페셔널이어도 대접받을 수 있었다. 진짜들도 진짜끼리 경쟁을 해야 하는 시대야말로 진정 프로페셔널한 시대라고 할 수 있을 것이다. 가창력을 앞세운 가수들은 가수들끼리 경합을 벌이고 진짜 음식의 대가들은 대가들끼리 경연을 벌인다면 그 즐거움, 그 진짜 문화의 수혜자들은 다름 아닌 대중들, 소비자들이다.

반면 걸 그룹들은 현란한 판타지를 제공하지만 가창력과는 거리가 있다. 마치 복제인간처럼 보일 정도로 비슷비슷한 얼굴의 10대 가수들은 노래보다 외모와 춤으로 승부를 거는 것으로 보인다. 노랫말도 잘 들리지 않는다. 오직 욕망의 판타지, 판타지의 욕망을 소비하도록 이끄는 것이 그들의 존재 이유인 것처럼 보인다. "걸 그룹 소녀시대가 9인9색의 매력으로 잡지 표지를 장식했다. 이번 화보 촬영은 '순결한'이란 뜻의 '퓨어pure'를 콘셉트로 진행됐다." 이는 "'9인9색' 소녀시대, '순결함' 뽐내다"라는 제목의 사진기사다. 걸 그룹들은 의도적으로 삼촌 팬들을 매혹하는 이미지를 연출한다.

"음정·리듬·감정·발성 모두 안 좋다. 라이브를 하면 정확한 음을 내는 경우가 별로 없다. 애프터스쿨은 멤버 선발 때 외모 조건이 상당히 까다로웠던 것 같지만 노래 실력에 대해서는 신경 쓰지 않은 모양. 노래라기보다는 춤을 추며 겨우 소리를 내는 듯해 듣는 사람이 불편하다. 보통 어느 정도 가창력이 되는 멤버가 한 명씩은 있는데 이 팀에서는 찾을 수 없다. 각자의 개성을 거의 찾아보기 힘들고 무대에서 노래할 때 어색한 경우가 많다."[15]

이는 한 신문이 보컬트레이너 10명을 대상으로 긴급설문조사를 벌여 아이돌 그룹과 멤버들의 가창력을 분석한 뒤 내린 평가 중 하나다. 어느 걸 그룹의 멤버는 "아무것도 갖춘 게 없다", "몇 초 노래 안 하는데도 참 안타깝다"라는 이야기를 듣기도 했고, "강·약 박자를 구분하지 못하는 게 가장 큰 약점", "초등학생이 책 읽듯이 발음하며 아무런 감정이 담겨 있지 않다", "소리의 이미지를 형상화시키는 방법을 모른다"라는 지적을 받은 가수도 있었다.

한마디로 가창력이 턱없이 부족한데도 '가수'로 활동하고 있다는 것이다. 달리 말하자면 이건 진짜 가수의 모습이 아니다. 진짜 같은 가짜가 진짜 행세를 하고 있는 것이다. '가수의 이미지'만 있는 가수인 것이다. 보드리야르의 표현을 빌면 시뮬라크르의 일종이다. 어느 날 진짜 같은 가짜가 진짜 행세를 하며 오히려 진짜를 밀어내면서 진짜 같은 가짜들이 무대를 독점하기 시작했다. 이른바 '걸 그룹'들은 이러한 가수의 복제품인 시뮬라크르라고 할 수 있다. 이들은 기획사와 미디어, 자본에 의해 이른바 시뮬라시옹 과정을 거쳐 새로운 가수의 이미지를 만들어 냈다. 가수는 반드시 노래만 잘해서는 안 된다, 오히려 비주얼 시대의 가수에게는 노래보다 춤과 몸매 등 섹시 코드가 더 중요하다는 것이다. 결국 가수에게서 가창력 대신 섹시 코드를 요구하게 되고 관객들이 더욱 섹시 코드를 소비하는 풍토로 발전한 것이다.

최근 가창력 중심의 가수들이 다시 인기를 얻고 있고 '세시봉' 등 예전 통기타 가수들이 텔레비전에 다시 등장하는 것은 대중이 시뮬라크르에 식상해 있기 때문이라는 분석이 가능하다. 섹시 코드의 과잉 이미지가 아니라 음악의 진정성이 묻어나는 살아 있는 노래를 하는 가수들을 원하는 것이다. '나가수'와 같은 프로그램은 진짜 가수들이 경연하는 무대라는 점을 인기비결로 꼽을 수 있을 것이다. 복제소녀들의 시뮬라크르에서는 느낄 수 없는 원본의 이미지가 담겨 있기 때문이다.

그래서 전문가들은 이러한 현상을 최근 몇 년간 대중문화계를 장악했던 아이돌 열풍이 꺼질 징후들이라고 해석하기도 한다. "세시봉, '나는 가수다' 등을 통해 가창력 있는 가수의 매력과 힘을 깨달은 사람들이 비주얼만 앞세운 아이돌들을 밀어내고 있는 게 아니냐"고 보고 있다. 그러나 거센 이미지 과잉 시대에 진짜 가수들의 인기가 얼마나 지속될지는 알 수 없다.

이미지 과잉의 시대가 도래한 데에는 복제기술의 발전이 큰 몫을 담당하고 있다. 벤야민이 말한 기술복제 시대에는 예술작품도 그 고유의 아우라를 상실한다. 아우라는 원본만이 가지고 있는 고유한 이미지인데 복제를 거듭할수록 원본의 이미지는 유실될 수밖에 없다. 이른바 '아우라의 붕괴'다. 그러나 아우라의 붕괴는 개인들에게는 소유욕구와 모방을 확산시켜 예술의 대중화를 가져왔다. 예술의 대중화는 아우라 붕괴의 긍정적 측면이다.

그런데 지금은 원본의 복제에 이어 복제를 거듭하면서 오히려 원본을 상실하기까지 한다. 원본을 떠나 버린 가짜 원본이 진짜 행세를 하는 것이다. 이 또한 시뮬라크르인데 현대사회에서는 이 가짜 원본이 난무하면서 오히려 원본을 대체하는 모순이 발생하고 있다. 이른바 하이퍼리얼이다. 더욱이 포토샵과 같은 복제기술로 인해 이미지만 난무하고 실체가 실종된 사진까지 등장하면서 실재를 왜곡하는 지경에 이르고 있다. 이는 아우라 붕괴의 부정적인 측면이다.

유럽에서 '포토샵' 퇴출 움직임은 이러한 부정적 측면과 잇닿아 있다. 유럽 국가들이 잇따라 광고나 잡지사진 속 인물의 얼굴과 몸매를 가공하는 이른바 '포토샵'을 규제하는 법률 제정을 추진하고 있다. 프랑스에 이어 영국 의회도 광고나 신문, 잡지 등에 싣는 사진을 컴퓨터로 가공하지 못하게 하는 법안을 제출했다(《연합뉴스》, 2009년 9월 28일). 이는 여성들이 가공 사진 속의 완벽한 몸매를 가진 모델들 때문에 자신의 외모에 불만을 느끼고 지나친 다이어트에 몰입하고 있다는 우려가 커지는 가운데 나온 것이다. 특히 유럽에서는 최근 섭식장애로 인한 거식증, 폭식증 환자가 급속히 증가하고 있다. 이게 바로 과잉 이미지로 만들어진 가짜 현실이 오히려 역으로 진짜 현실에 영향을 미치는 하이퍼리얼이다.

# 현실의 부도덕성을 은폐하기 위해
# 스캔들은 만들어진다

## 워터게이트는 스캔들이 아니다

흔히 유명인들과 관련한 좋지 못한 일들이 일어나면 이를 '스캔들
scandal'이라고 한다. 매우 충격적이고 부도덕한 사건, 또는 불명예
스러운 평판이나 소문을 뜻한다. 정부나 기타 정치권력과 관련된 대
형 비리 의혹사건은 '게이트gate'라고 한다. 1972년 6월 발생한 미
국의 워터게이트Watergate 사건에서 유래하였다. 미국의 대통령 리
처드 닉슨Richard Nixon 이 재선에서 승리하기 위해 워싱턴의 워터게
이트 빌딩에 있는 민주당 전국위원회 본부에 도청장치를 설치하려
다 발각된 사건이다.

그런데 워터게이트 사건에 대해 흥미로운 분석이 있다. 보드리
야르는 《시뮬라시옹》이라는 책에서 다음과 같이 주장한다. "워터게
이트는 워터게이트 그 자체가 하나의 스캔들이었다는 생각을 주입
하는 데 성공하였다."**16** 혹자는 이게 무슨 뚱딴지같은 소리냐고 할

수 있을 것이다. 워터게이트 사건이 대통령을 사임하게 만든 거대 정치 스캔들임은 이미 명백하게 밝혀졌다. 그런데 스캔들로 주입하는 데 성공했다는 말에는 고개가 갸우뚱해질 것이다. 여기에 더해 보드리야르는 다음과 같이 덧붙인다. "워터게이트는 스캔들이 아니다. 왜냐하면 바로 이것이 모든 사람들이 감추려고 하는 점이기 때문이다." [17] 도대체 무슨 말인지, 마치 횡설수설하는 것 같다.

보드리야르는 역설적으로 "세상은 거대한 모순 덩어리"라는 사실을 강조한다. 닉슨이 행한 도청은 이미 미국의 정치세계에서 공공연한 비밀이었다. 비단 닉슨만 저지르는 불법이 아니었다는 것이다. 존 F. 케네디John F. Kennedy 대통령도 대선기간에 공공연히 상대 진영을 도청했다. 그런데 닉슨 대통령의 도청이 비로소 정치적 '사건'으로 언론에 의해 공개되기 시작한 것이다. 다시 말하자면 닉슨의 도청행위는 닉슨뿐만 아니라 미국 정치인들이 즐겨 쓰던 수법이었다. 선거 캠페인에 공공연하게 활용했지만 그 이전까지는 닉슨만큼 정치적 사건으로 부각되지 않았을 뿐이었다.

## 또 다른 '악'에게 면죄부 주는 '스캔들 효과'

보드리야르는 바로 이러한 아이러니즘을 지적한 것이다. 워터게이트는 닉슨을 부도덕한 정치인으로 만듦으로써, 정부가 구조적으로 부도덕하지 않을 뿐 아니라 닉슨을 제외한 정치인들 역시 도덕적으로 부패하지 않았다는 것을 증명해 주게 되는 것이다. 닉슨 이외의 정치인과 정치세력에게 일종의 면죄부를 주게 되는 셈이다. 달리 말하자면 워터게이트는 여전히 정치세계는 부패하고 부도덕한데도 닉슨만 부도덕하고 부패한 정치인으로 만들었다는 것이다. 그래서 보드리야르는 워터게이트는 미국의 정치인과 정치세계가 부도덕하고 부패했다는 것을 은폐하게 했다고 주장한다. 닉슨 이외의 부패한 정치인이나 정치세력의 스캔들을 감추고 은폐시켜 버렸다는 것이다. 보드리야르는 이를 '스캔들 효과'라고 한다. 즉 "스캔들을 통해서 도덕적, 정신적 원칙을 재생하려고 하는 것"[18]이다. 즉 워터게이트를 정치적으로 부도덕한 사건으로 만들면서 부패가 판치는 정치세계를 다시 도덕적으로 재생시키는 효과를 낳았다는 것이다.

이러한 스캔들을 우리사회에서도 수없이 확인할 수 있다. 그동안 수많은 '게이트'가 있었고 수많은 정치인들이 연루되었다. 그러나 게이트의 리스트에 포함된 정치인 가운데 극히 소수만이 처벌을 받았다. 이때 검은돈을 받았지만 운 좋게 리스트에서 빠져나온 정치인도 있을 수 있다. 리스트에 오르지 않은 채로 게이트가 종결되었거나 올랐어도 무죄판결을 받았다면 그 정치인은 깨끗한 정치인으로 행세할 수 있을 것이다. 또한 이익집단과 정치인들이 검은돈을 받았지만 수사가 이루어지지 않았거나 혹은 은폐를 해서 '게이트'로 터지지 않은 사건도 있을 수 있을 것이다. 보드리야르는 바로 이 점을 지적했다. 정치권력 혹은 정치인들은 예외가 있을 뿐 대부분 부패하다. 정부나 정치권력은 괴물 같고 무원칙한 집단 그 이상도 이

하도 아니다. 닉슨 행정부뿐만 아니라 대부분의 정부가 그렇다는 것이다. 워터게이트는 '도덕과 정치적 원칙'을 되살리려는 필요에 따라 만들어진 스캔들이라고 보드리야르는 비판한다. 도청의 관행을 공공연한 비밀로 묵인할 경우 도덕과 정치질서가 걷잡을 수 없을 정도로 붕괴할 수 있기 때문이다. 워터게이트 사건은 도청이 난무하는 혼란한 정치질서의 임계점에서 발생했고 닉슨은 시기적으로 운이 나빠 걸려든 경우일 뿐이다. 한마디로 정치적 질서 회복을 위해 '본보기'로 당한 것이라는 게 보드리야르의 분석이다.

하이퍼리얼리티는 모든 종류의 얽히고설킨 시뮬라크르들의 완벽한 모델이며, 실제보다 더 실재 같은 파생실재이다. 보드리야르는 파생실재의 예로 워터게이트 사건과 함께 디즈니랜드를 들고 있다. 디즈니랜드는 상상의 세계를 성공적으로 구현하여 군중들을 끌어들이고, 군중들도 그곳이 상상의 세계를 성공적으로 구현했다고 믿지만 사실 디즈니랜드는 상상의 세계를 아기자기하게 구현한 곳이라기보다는 실제 미국 사회를 모방한 축소판이라는 것이다.

> 디즈니랜드는 모든 종류의 얽히고설킨 시뮬라크르들의 완벽한 모델이다. 우선 환상과 공상의 유희이다. 해적, 국경선, 미래 세계 등에서 보이듯이 사람들은 이 상상 세계가 성공적인 작전을 수행한 것으로 간주한다. 그러나 군중들을 끄는 것은 틀림없이 상상보다는 훨씬 더 이곳이 사회의 축소판이라는 사실이다. 실제 미국 사회가 가하는 통제 그리고 그 사회가 제공하는 기쁨을 축소시켜 경험하는 데에서 오는 근엄한 즐

거울이다.[19]

그의 설명에 따르면 디즈니랜드는 '실제'의 나라이며, '실재'의 미국 전체가 디즈니랜드라는 사실을 숨기기 위하여 거기에 있다. 디즈니랜드는 현실의 유치함을 아기자기한 상상의 세계로 구현해놓지만, 사실 미국 사회 전체가 그 유치함으로 점철되어 있다는 것을 감추기 위한 곳이다. 이는 마치 감옥이 사회 전체가 억압적인 곳이라는 사실을 숨기기 위해 있는 것과 같은 것이다. 디즈니랜드는 다른 세상이 실재라고 믿게 하기 위하여 가상적으로 제시되지만 이를 둘러싸고 있는 로스앤젤레스와 미국 전체는 더 이상 실재가 아니며 하이퍼리얼과 시뮬라시옹의 질서에 속한다는 것이다. 마찬가지로 워터게이트 사건도 그것을 매우 특별한 것인 양 '시뮬라크르화' 함으로써 사회 전체적으로 그러한 비리들이 만연되었다는 것을 감춤으로써 파생실재를 만들어 냈다는 것이다.

"디즈니랜드는 실재의 나라, 실재의 미국의 전체가 디즈니랜드라는 사실을 감추기 위해 거기 있다. 마치 감옥이 사회 전체가 그 평범한 어디서고 감방이라는 사실을 감추기 위해 거기 있는 것과 약간은 유사하게."[20] 디즈니랜드에는 호들갑스럽고 유치하고 유아적인 어리석음이 넘쳐난다. 괴짜와 광기, 비합리성, 유혹, 마법으로 둘러싸인 거대한 성이다. 그런데 사실은 디즈니랜드 바깥의 영역에서도 디즈니랜드와 똑같은 일들이 도처에서 재현되고 있다. 하지만 디즈니랜드가 존재함으로써 그 영역 안에서만 비합리적인 일들이 일어나고 디즈니랜드 바깥에서는 합리성이 지배한다고 사람들은 여기게 된다는 것이다. 왜냐하면 사회는 합리적인 통치 권력이 지배하고 있다는 신뢰를 필요로 하기 때문이다. 즉 디즈니랜드는 놀이동산과 같은 유아적 어리석음의 영역 바깥에는 합리성이 존재한다는 사실을 우리에게 확신시키고자 존재한다는 것이다.

보드리야르는 디즈니랜드는 현실이 허구적이지 않다는 것을 사람들에게 재생해 주고자 설치된 것이라며 워터게이트와 같이 하이퍼리얼의 '저지기계'의 역할을 한다고 강조한다. 워터게이트 사건은 감옥과 디즈니랜드와 같이 세상이 온통 디즈니랜드처럼 유치하지 않다는 것을 막아 주는 저지기계인 것이다. 즉 세상이 감옥 같다는 생각을 저지하게 하기 위해 감옥이 필요하다. 워터게이트는 정치집단이 모두 부패집단으로 낙인찍힐 경우 사회적 신뢰를 상실하고 결국 사회 붕괴로 이어질 수 있으므로 이를 저지하기 위해서 '스캔들'이 필요하다. 사회가 비합리적이고 원칙이 없는 곳이라는 사실이 알려지는 것을 저지하고 구분하기 위해 디즈니랜드가 필요하다는 것이다. 하지만 현실은 디즈니랜드의 놀이기구보다 더 유치하고 유아적일 때가 있다.

또한 보드리야르는 하이퍼리얼의 저지기계로 감옥을 비유하기도 한다. 그에 따르면 감옥은 우리가 사회 내에 감금되어 있다는 사실을 은폐한다. 범죄자들을 가두는 감옥이 있기 때문에 우리가 사는 사회를 감옥이라고 생각하지 못한다는 것이다. 미셸 푸코Michel Foucault의 파놉티콘Panopticon 이론에 따르면 사회 자체가 이미 거대한 원형 감옥이다. 푸코는 그의 저서 《감시와 처벌: 감시와 처벌 Surveiller et punir : Naissance de prison》(오생근 역, 나남, 2003)에서 사회 내에는 파놉티콘처럼 작동하는 미시권력이라는 개념을 제시한다. 파놉티콘은 영국의 법학자이자 철학자 제러미 밴담Jeremy Bentham 이 고안한 원형감옥으로 지속적 감시의 효과를 활용한 규율체계를 토대로 한다. 푸코는 파놉티콘 개념을 통해 권력이 위에서 아래로, 직접적, 물리적으로 가해진다는 기존의 전통적 권력개념 대신에 권력은 규율에 따라 모든 주체들 사이를 횡단한다고 주장했다. 규율이란 길들여진 신체를 만드는 여러 다양한 기법과 전술을 통틀어서 의미하는 것이다. 감옥뿐만 아니라 군대, 학교, 병원, 작업장, 가정 등 사회의 다양한 영역들에서 규율이 생산·수행되며, 이를 통해 규율은 복종하고 훈련된 신체, 길들여진 신체를 만들어 낸다. 그런데 감옥이라는 제도를 만들어 범죄자들을 수용함으로써 감옥 바깥의 세상은 감옥이 아닌 것처럼 느끼게 된다. 실은 세상이 모두 감옥이라는 것을 은폐하기 위한 것이 감옥제도라고 보드리야르는 말한다.

세상은 디즈니랜드처럼 유치하고 백치적인 유아기적 세상이어서는 안 된다. 현실이 우스꽝스럽고 괴기적이어서는 안 되기 때문이다. 인간은 이성적인 동시에 만물의 영장이라 일컬을 정도로 고등한 존재이므로, 그에 합당한 수준만큼 이성적이고 합리적이어야 하기 때문이다. 즉 디즈니랜드는 디즈니랜드를 둘러싼 로스앤젤레스와 미국의 모든 것이 사실은 더 이상 현실이 아니며 하이퍼리얼이나 시뮬레이션 질서를 따르는 것에 불과하다는 사실을 감추고, 우리로 하여금 디즈니랜드 이외의 나머지 것은 합리적인 현실이라고 믿도록 상상적으로 제시된 것이다. 즉 세상이 시뮬라크르가 아니라는 것을 드러내기 위해 디즈니랜드를 만들었다. 이렇게 되면 디즈니랜드에 있는 것들만이 시뮬라크르가 된다. 디즈니랜드 바깥의 세상은 시뮬라크르가 아닌 셈이다.

보드리야르는 결론적으로 워터게이트 사건이 '도덕과 정치적 원칙'을 되살리려는 필요에 따라 만들어진 스캔들이라고 비판한다. 이는 낭만적이고 허구적인 성들로 이루어진 디즈니랜드가 성의 바깥 영역에는 합리적이고 이성적인 현실이 존재한다는 것을 재현하고 있다는 것과 같다.

하이퍼리얼의 저지전략에도 불구하고 미국은, 우리가 살고 있는 현실은 점점 더 디즈니랜드를 닮아가고 있다. 디즈니랜드의 유치하고 공상적인 모델(시뮬라크르)을 현실에 재현하고 있는 것이다. 미국은 온통 시뮬라크르 세상이다. 흥미롭게도 디즈니랜드를 창설한 월트 디즈니Walt Disney는 그 자신이 시뮬라크르가 되었다. 그는 폐질환으로 죽음이 임박하자 '냉동인간'이 되는 것을 선택했다. "놀랄만한 우연의 일치로 이 냉동된 어린애 같은 세상은 그 자신도 오늘날 냉동된 사람, 지금 영하 180도에서 부활을 기다리고 있는 월트 디즈니에 의해서 고안되고 실현되었었다."[21]

냉동인간은 1972년 설립돼 미국 애리조나주 스코츠데일에 본사를 두고 있는 알코르생명연장재단에 의해 실제로 운영되고 있다.

2008년 6월 현재, 알코르 재단이 보유하고 있는 회원은 866명이다. 회원들은 40세 전후에 미리 정밀 검사를 받고 자신의 보존과 관련된 준비를 마친다. 이들은 사망하면 곧바로 스코츠데일의 수술실에서 냉각된 뒤 환자 보호실의 '듀어dewer'라 불리는 냉동 보존 탱크 속에 거꾸로 세워 보관된다.[22]

이 같은 '냉동인간' 가설은 물리학자 로버트 에틴거Robert Ettinger의 《냉동인간The Prospect of Immortality》[23]을 원전으로 한다. 인체 냉동 보존을 이론적으로 최초로 제안한 물리학자 에틴거는 50년 전 이미 컴퓨터·생명공학·신경공학 분야의 기술을 사용해 인간의 정신적·신체적 능력을 향상시킴으로써 불멸의 생을 얻을 수 있다는 놀라운 전망을 이론적으로 정립하여 인체 냉동 보존술cryonics의 아버지로 불린다. 1940년대에 개구리의 정자를 냉동시켜 가수면 상태로 유지한 뒤에 소생시키는 실험을 목격한 후 동일한 방법을 인체에 적용할 수 있음을 확신하고 인체 냉동 보존의 아이디어를 생각해 냈다. 그리고 1962년에 그의 아이디어를 과학적으로 정리하여 발표했다.

디즈니는 아직 실재하지 않는 하나의 시뮬라크르로서의 냉동인간이 되기로 그 자신이 직접 선택한 것이다. 디즈니 역시 시뮬라시옹의 질서에 따른 것이다. 즉 현재 의술로는 고칠 수 없는 치명적인 질병을 냉동인간 상태로 보존하면 미래에는 고칠 수 있다는 에틴거의 가설에 따라 그 자신이 시뮬라크르가 된 것이다. 에틴거의 저서가 나온 지 5년이 지난 1967년 미국에서 최초로 인간이 냉동 보존됐고 현재까지 100여 명이 냉동인간이 되어 부활을 기다리고 있다. 그래서 보드리야르는 "세계의 새로운 질서는 디즈니적이다"[24]라고 말한다.

## 스캔들이 부도덕한 자본을 옹호하는 아이러니

보드리야르의 분석은 여기서 그치지 않는다. 심지어 보드리야르는 워터게이트를 파헤쳐 하나의 부도덕한 정치 스캔들로 만든 〈워싱턴포스트Washington Post〉의 밥 우드워드Bob Woodward 등 두 명의 기자를 비판한다. "대중의 도덕성을 회복하려는 누구건 (분개, 고발에 의해서) 이 부도덕한 자본을 위해서 자발적으로 봉사하고 있다. 〈워싱턴포스트〉의 기자들이 그렇다."[25] 보드리야르에 따르면 정치 세계가 일반적으로 부도덕하고 부패한데도 닉슨만 부패한 정치인으로 낙인찍음으로써 다른 부패한 정치인들, 그 정치인에게 뇌물과 검은 정치자금을 건넨 부도덕한 자본과 자본가들에게 면죄부를 주었다는 것이다.

그야말로 언론 자유의 아이러니가 아닐 수 없다. 부조리를 파헤치고 미국의 현직 대통령을 하야시키는 데 결정적인 공헌을 한 언론 자유의 파수꾼에게 이런 '악담'을 가해도 되는 것일까? 그러나 보드리야르는 언론의 자유와 스캔들 보도의 이면에는 분명히 양면성이 존재한다고 역설한다. 하나의 악에 상징적으로 제재를 가하고 벌을 가한 것은 사실이지만 그렇게 함으로써 다른 거대한 악들을 눈감아 주었다는 비판이 바로 그것이다. 참으로 놀라운 혜안과 분석이 아닐 수 없다.

미국산 쇠고기의 광우병 위험을 파헤친 〈PD수첩〉 제작진에게도 마찬가지의 비판이 가해질 수 있을 것이다. 3부에서 하이퍼리얼의 사례의 하나로 분석해 보겠지만, 촛불 시위와 광우병 파동을 이런 시각에서 접근하면 흥미로운 분석을 이끌어 낼 수 있다. 〈PD수첩〉 제작진들은 미국산 쇠고기에 광우병을 낙인찍음으로써 미국의 자본과 자본가에 대해서는 스캔들을 만들어 부도덕성을 주입하는 데 성공했다. 하지만 그 이외의 수입산 쇠고기 즉, 호주나 뉴질랜드 등의 쇠고기에는 상대적으로 광우병에 걸리지 않았다는 이미지를 심어 줌으로써 '안전한 쇠고기' 혹은 '청정 쇠고기'라는 이미지를 광고하게 하는 효과를 낳았고, 결과적으로 호주나 뉴질랜드 쇠고기를 파는 자본과 자본가에게 엄청난 이득을 안겨 주었다. 지금도 호주나 뉴질랜드산 쇠고기는 우리나라 음식점 등에서 아무런 '저항' 없이 팔리고 있다. 오히려 '호주산'이나 '뉴질랜드산'은 '청정 쇠고기'라며 홍보하고 있다.

호주나 뉴질랜드산 쇠고기라고 해서 모두 광우병으로부터 안전하다고 할 수 없을 것이다. 마찬가지로 호주나 뉴질랜드 쇠고기를 파는 자본가들이 모두 도덕적이라고도 말할 수 없을 것이다. 하지만 미국의 자본을 악으로 규정함으로써 상대적으로 호주나 뉴질랜드의 자본은 악으로부터 면죄부를 받을 수 있었던 것이다. 이렇게 보면 보드리야르가 〈워싱턴포스트〉 기자를 비판한 것처럼, 〈PD수첩〉 제작진들 역시 미국의 부도덕한 자본에 메스를 가한 반면에 호주와 뉴질랜드의 부도덕한 자본에게는 면죄부를 주게 된 결과를 초래하고 말았다는 분석이 가능할 것이다.

다시 한번 보드리야르가 말한 하이퍼리얼의 저지기계에 대해 정리해 보자.

> 실재를 시뮬라크르로 대체해 버린 이후에 혹시라도 시뮬라크르가 아닌 고전적 의미의 실제 상황이, 프로그램화하지 않은 우발적 상황이 발생하는 것을 저지하는 전략이다. 또는 모든 것이 시뮬라크르로 대체되어 버린 상황에서 모든 것이 시뮬라크르가 아니라 실제인 척 보이도록 하기 위하여 자신의 부정적인 요소를 조작하는 작업을 이르기도 한다.[26]

즉 하이퍼리얼 저지기계 혹은 저지전략이란, 시뮬라크르가 현실을 대체하고 가짜 실재가 진짜 실재에 영향을 미쳐 하이퍼리얼이 되는 것을 저지하기 위해 만든 장치 혹은 전략이라는 것이다. 감옥이 그렇고 디즈니랜드, 나아가 스캔들이 그렇다는 것이다. 세상이 감옥처럼 숨 막히는 공간이 아니라는 것을 드러내기 위해 별도로 감옥을 만들었다는 것이다. 세상은 이미 우스꽝스럽고 유치하지만 디즈니랜드를 만들어 세상과 구별함으로써 현실의 유치함을 은폐한다는 것이다. 또한 세상이 부도덕하거나 외설적이지도 않다는 것을 보여주기 위해 부도덕하고 외설적인 스캔들을 만들어 낸다는 것이다. 왜냐하면 세상이 감옥같이 숨 막히고 우스꽝스럽고 유치하다면, 또 부도덕하고 외설스럽다면 세상은 '악몽' 그 자체이기 때문이다.

그런데 현대 포스트모던 사회에 대해 극도의 회의론자인 보드리야르에 따르면 우리가 살고 있는 세상은 이미 악몽 그 자체이다. 세상을 뒤숭숭하게 만든 학력위조나 유명인들의 스캔들은 비단 스캔들로만 엿볼 수 있는 것이 아니다. 우리 이웃들 혹은 친구들을 통해 때때로 목격되고 전해 듣는 이야기들이다. 심지어 사회를 뒤흔든 스캔들보다 더한 스캔들도 우리 주위에서 들을 수 있다. "아는 유부남 하나는 두 집 살림을 하려고 부동산을 헐값에 팔아 비용을 마련했대." "어느 유부녀는 버젓이 두 집을 오가며 살림을 하고 있대. 어떻게 남편을 그렇게 감쪽같이 숨길 수 있어!" 이 같은 이야기에 사람들은 혀를 차기도 한다. 디즈니랜드와 같은 유치하고 퇴행적인 이야기들이 우리가 사는 세상의 도처에서 나돈다. 이미 우리들 모두가 사회적 모순 혹은 스캔들의 공범이다.

# '하이퍼리얼 쇼크'가
몰려온다

## 모방자살을 부르는 '베르테르 효과'라는 유령

1974년에 사회학자 데이비드 필립스David Phillips가 쓴 〈자살에 관한 암시의 영향〉이라는 논문은 '자살의 전염성'에 관한 고전적인 연구로 통한다. 그는 1947년에서 1968년까지 〈뉴욕타임스New York Times〉에 자살에 관한 기사가 1면으로 실린 달에는 전국적으로 자살 발생 건수가 증가했다는 놀라운 사실을 발견했다. 필립스는 이 현상을 요한 볼프강 폰 괴테Johann Wolfgang Von Goethe가 1774년에 쓴 소설《젊은 베르테르의 슬픔Die Leiden des jungen Werthers》(박찬기 역, 민음사, 1999)에서 따와 '베르테르 효과'라고 이름 붙였다. '베르테르 효과'라는 말은 바로 필립스의 논문에서 비롯된 것이다. 괴테의 소설을 읽은 일부 젊은 남성들이 주인공과 같은 방식으로 자살을 하는 바람에 이탈리아와 독일 덴마크에서는 이 소설의 출판과 판매를 금지하기까지 했다.

'베르테르 효과'는 픽션의 실체 없는 이미지가 현실에 영향을 미쳐 자살을 충동한다는 점에서 '하이퍼리얼'을 생산한다고 볼 수 있다. 즉 가짜 현실인 소설의 허구적인 스토리가 시뮬라크르로 작용해 자살에 대한 이미지를 만들어 내면서 거꾸로 현실을 구속하고 모방 자살을 불러오게 하는 것이다. 이때 자살에 대한 이미지는 미디어의 뉴스 보도의 행태와 밀접하게 연관을 지닌다. 즉 미디어가 자살자를 미화하는 시뮬라시옹 과정을 거치면 베르테르 효과와 같은 모방 자살을 부를 수 있다는 것이다. 베르테르 효과는 미디어가 만들어 내는 가장 치명적인 '차가운 유혹'이라고 할 수 있을 것이다.

연쇄 자살에는 두 종류가 있다. 《젊은 베르테르의 슬픔》이나 〈뉴욕타임스〉의 1면 기사(이 이야기들은 가공의 것일 수도 있고, 실제적인 것일 수도 있다)처럼 매체의 전염을 통해 작용하는 것과, 자살한 사람과 연결된 사람들 사이에 직접적인 전염을 통해 작용하는 것이 있다. 여기서는 자살과 같은 하이퍼리얼 현상이 미디어에 의해 시뮬라시옹의 과정을 거친다는 점에서 매체의 전염성에 대해 살펴보고자 한다. 미디어가 보도하지 않으면 전염성이 낮아지는 반면 미디어 보도를 통해 자살 사건이 널리 알려지면 이에 대해 충격을 받거나 동조하는 현상이 일어날 수 있다. 특히 미디어가 자살 사건에 동정적이거나 모방심리를 불러일으키는 방향으로 선정주의적인 보도를 할 경우 자살의 전염성을 높이는 효과를 낳을 수 있다.

동일한 사건일지라도 기자가 어떻게 사건을 묘사해 보도하느냐에 따라 독자들이 받아들이는 정도에는 차이가 난다. 저널리스트는 사건에 대한 객관적이고 사실적인 정보를 전달하는 '냉정한 기록자dispassionate recorder'로만 머물 수 없다. 저널리스트도 인간인 이상 그들의 신념과 가치관에 따라 사물을 보는 눈에는 차이가 있게 마련이다. 객관적인 사실만을 전달하는 보도와 주관이 개입된 보도는 질적으로 다를 수밖에 없다. 이게 바로 미디어가 만든 '가공된 현실'이 되는 것이다.

피카드R. G. Picard[27]는 저널리스트가 사건을 보도할 때 묘사하는 수사적 전통을 크게 정보전달information, 선정주의sensationalist, 피처 스토리feature story, 훈시주의didactic 네 가지로 나누었다. 정보전달 위주의 보도는 사건에 대해 감정이 개입하지 않고 객관적으로 설명하는 데 그친다. 훈시(교훈)주의 보도 또한 사건이 어떻게, 왜 일어나게 됐는지에 대한 설명과 교육적인 요소를 강조한다. 거시적으로 사건을 조망해 독자나 시청자들에게 사건의 전후맥락에 대한 이해를 도울 수 있다. 반면 선정주의는 사건을 감각적이고 흥미 있게 보도하려는 경향을 말한다. 어떤 사건에 대한 놀람, 위협, 분노, 격정, 두려움 등을 강조한다. 또한 피처 스토리는 사건에 객관적으로만 접근하는 것이 아니라 주관적인 성격을 가미하여, 흥미 있게 전개한다.

네 가지 수사적 전통 가운데 자살 보도는 전염성을 덜 자극하는 정보전달 보도나 훈시주의 보도에 머물러야 한다. 왜냐하면 매체의 전염성에 대한 우려는 아주 심각한 수준이라는 분석이 있기 때문이다. 미국 질병통제예방센터CDC; Centers for Disease Control and

Prevention는 자살 사건을 알릴 때 가능한 한 정보전달에 그치는 '냉정한 기록자'의 역할에 머물러야 한다고 조언한다. 다음은 미국 질병통제예방센터가 "자살의 전염성을 높일 잠재력이 클 것"으로 평가하는 유형의 뉴스 기사이다.

월요일 존 모 군(15)의 장례식에는 수많은 사람들이 참석했다. 존 모 군은 지난 금요일에 아버지의 엽총으로 머리를 쏘아 자살했다. 시의회 의장 브라운 씨와 주 상원의원 스미스 씨, 시 행정위원회 의장 밀러 씨를 비롯해 많은 명사들이 슬픔에 젖은 부모에게 위로를 전했다. 존 모 군이 왜 자살했는지 그 이유를 확실히 아는 사람은 없지만, 신원을 밝히길 거부한 급우들은 존 모 군이 같은 시의 고등학교에 다니던 여자 친구와 다투었다고 말했다. 그는 또 평소에 판타지 게임에 푹 빠져 지냈다고 한다.

학교는 월요일 정오에 일과를 끝냈고, 장례식에 참석하길 원하는 학생들에게는 버스를 제공했다. 학교 관계자는 거의 모든 전교생인 약 1천 200명이 참석했다고 밝혔다. 도시 곳곳에서는 애도의 뜻으로 조기를 내걸었다. 학교 후원회와 행정위원회 위원들은 학교 앞에 기념 깃대를 세울 계획을 추진하고 있다. 또 존 모 군의 친구들은 이번 일요일 오후 2시에 벌어지는 추모식 때 시립 공원에서 추모 식수를 할 계획이다.

존 모 군은 아더빌에서 태어나 10년 전에 부모와 여동생 앤과 함께 이 도시로 이사 왔다. 지난 봄에는 학교 수영부에 들어가 열심히 활동했고, 만화책 수집을 좋아했다. 지역 청소년 단체에도 가입하여 적극적으

로 활동했지만, 지난 몇 개월 동안 출석하지 않았다.[28]

그리고 다음은 미국 질병통제예방센터가 자살의 전염성을 높일 잠재력이 작은 것으로 평가하는 유형의 뉴스 기사를 다음과 같이 소개하고 있다.

지난 금요일, 메이플우드 거리에 사는 존 모 군(15)이 자기가 쓴 총에 맞아 사망했다. 존 군은 시티 고등학교 2학년에 재학 중이었다.

그는 아더빌에서 태어나 10년 전에 이 도시로 이사 왔다. 장례식은 일요일에 거행될 예정이다. 그의 죽음에 대해 말할 것이 있는 학생들은 학교 상담 교사를 찾길 바란다. 죽은 존 군의 가족으로는 부모와 여동생 앤이 있다.[29]

여기서 핵심은 두 번째 뉴스 기사에서는 첫 번째 뉴스 기사에 포함된 개인적이고 동정심을 유발하는 요소를 모두 뺐다는 것이다. 미국 질병통제예방센터의 지침은 자살사건을 보도하는 뉴스 기사에서 자살을 설명하거나 사망한 소년이 얼마나 좋은 사람이었는지 언급하지 말라고 권고한다. 더욱이 첫 번째 기사처럼 자살한 학생의 기념 깃대를 세우는 등의 행위는 오히려 자살을 고무할 수 있다는 것이다. 자살충동에 빠진 학생에게 이렇게 사느니 차라리 죽어서 기념비라도 남기는 게 더 나을 것이라는 환상을 갖게 할 수 있기 때문이다.

반대로 팩트만 전달하는 냉정한 보도는 자살사건을 줄이는 효과를 낳는다고 한다. 오스트리아의 수도 빈에 지하철이 개통된 것이 1978년인데, 당시 달리는 전동차에 몸을 던지는 자살이 빈발해 1년에 40건에 이르렀다고 한다. 자살 시도의 절반은 앞선 자살에 연이어 발생했다. 빈의 정신과 의사들은 이 사태에 관심을 갖고 기자들과 함께 행동에 나섰다. 즉 기자들은 자살의 전염성을 높일 잠재력이 적은 형식으로 기사를 썼다. 그러자 자살은 연간 6건으로 크게 줄었다.[30]

성인과 달리 10대 청소년은 자살을 모방할 가능성이 높다. 미국 청소년 건강 연구에서 청소년 1만 3천465명을 대상으로 조사한 결과, 자살한 친구가 있는 사람은 자살한 친구가 없는 소년보다 자살을 생각하는 비율이 세 배나 높았고 실제로 자살을 시도하는 비율도 두 배 높았다.[31]

자살의 전염성을 높이는 '친구'가 일종의 미디어로서 작용했다고 가정해 본다면, 미디어와의 접촉이나 노출이 자살의 전염성과 높은 상관관계를 가진다는 결론을 유추해 볼 수 있다.

'베르테르 효과'처럼 소설뿐만 아니라 영화도 자살의 전염성을 높이는 매체로 밝혀졌다. 1950년부터 1990년까지 15~24세의 미국인 중 자살률은 10만 명당 4.5명에서 13.5명으로 증가했다. 흥미로운 점은 같은 기간에 영화 속에서도 자살 전염병이 번졌다는 사실이다. 인터넷 영화 데이터베이스인 IMDB.com에서 영화 내용을 분석한 결과, 자살을 묘사한 영화 비율은 1950년대에는 1퍼센트이던 것

이 1990년대에는 8퍼센트 이상으로 증가했다.[32]

'베르테르 효과'는 달리 말해 동조 자살 혹은 모방 자살 효과로, 유명인이나 모델로 삼고 있던 사람이 자살했을 때 그 사람과 자신을 동일시해서 자살을 시도하는 현상이다. 최근 우리나라의 자살률이 점점 상승한 것은 사회 지도층 혹은 연예인들의 잇단 자살과도 깊은 관련이 있을 것이다. 우연찮게도 2011년 5월 23일에는 스캔들에 시달리던 한 스포츠 아나운서가 자신의 오피스텔에서 투신 자살했는데, 이 날은 몇 년 전 노무현 대통령이 투신 자살한 날과 같은 날로 한창 추모제가 거행되던 와중이었다. 한편으론 자살한 고인의 죽음을 추모하면 할수록 앞으로 투신 자살자의 수는 더욱 늘어날 것이라는 생각마저 든다. 《설국》으로 노벨문학상을 수상한 일본의 가와바타 야스나리川端康成는 동시대의 소설가 미시마 유키오三島由紀夫의 할복 자살에 충격을 받고 1972년 가스를 마시고 모방 자살을 했다. 이 역시 넓게 보면 '베르테르 효과'로 설명할 수 있지 않을까? 즉 자살 사건을 보고 이를 모방해 자살한다면 자살에 덧씌워진 이미지, 즉 시뮬라크르라는 가짜 현실이 진짜 현실을 집어삼키는 전도현상이 일어난 것이다.

청소년의 자살을 소재로 삼은 영화 〈여고괴담5─동반자살〉은 자살충동을 부추긴다는 비판을 받기도 했다. 영화와 같은 허구적인 이야기와 그 이야기가 생성하는 이미지들이 실제로 성적 등으로 고민하거나 우울증에 걸린 청소년들의 의식에 악영향을 미쳐 자살로 이어지게 할 수도 있다는 것이다. 이 역시 가짜 실재가 진짜 실재에 영향을 미치는 하이퍼리얼인 것이다.


## 모방충동을 부추기는 영상미학

한 재혼사이트가 조사한 설문조사에 따르면 '맞선 시 남성의 승용차 차종이나 크기가 호감도에 영향을 미칠까요?'라는 질문에 대해 여성 응답자의 76.1퍼센트가 '(영향이) 아주 크다'(40.4퍼센트)거나 '다소 크다'(35.7퍼센트)는 등 호감도에 영향을 미친다고 답했다. '별로 없다'(18.0퍼센트)거나 '전혀 없다'(5.9퍼센트)고 답한 비중은 23.9퍼센트에 머물렀다. 미혼여성 4명 중 3명이 남자의 승용차를 통해 호감도에 영향을 받는 것이다.

　이러한 내용은 어떻게 이해해야 할까? 보드리야르에 따르면 바로 이러한 예가 본질을 왜곡하는 이미지 소비 시대의 전형이다. 보드리야르는 현대인이 '사물(내용, 질)'이 아니라 '기호(이미지, 껍데기)'를 소비한다고 주장한다. 사물의 본질(기의)을 이해하려 하지 않고 드러나는 껍데기(기표)만을 보고 판단하는 것이다.

　앞서 미혼 여성들이 승용차의 종류를 통해 호감도를 높거나 낮게 느꼈던 것은 고급 승용차가 지위와 부의 상징으로 이미지화되어 있기 때문이다. 고급 승용차를 타고 있으면 멋진 남성, 재력 있는 남성이 되고 이런 남성과 결혼을 해야 결혼생활이 행복할 것이라고 인식하는 것이다. 결코 승용차가 행복의 전제조건이 될 수 없음에도 불구하고 '승용차＝재력 있는 멋진 남자＝결혼 행복'이라는 가짜 등식을 성립시키는 것이다. 이처럼 고급 승용차에는 아니라 사회적 위세나 지위를 상징하는 이미지가 담겨 있다. 이게 바로 이미지의 소비가 낳은 허상이다. 벤츠를 몰면, 또는 BMW를 몰면 유능한 남자라는 광고의 이미지가 사람들의 인식을 장악하고 있다. 물론 고급 승용차를 소유한 남성이 멋진 남자로서의 자격 역시 갖추고 있을 가능성도 있지만 문제는 이를 기정사실화하고 사회적으로 유행시키고 소비하도록 이끈다는 데 있다. 드라마만 봐도 그렇다. 드라마에서 '재벌남'은 언제나 근사하게 나온다. 대중매체가 만들어 낸 이미지대로 재벌남의 근사하고 멋진 시뮬라크르가 형성되는 것이다.

대중매체는 보이는 것에 매혹하게 만들면서 불안을 유포하고 자극한다. 예컨대 10대들의 성 개방 문제를 들 수 있다. 어느 스포츠 신문의 성 칼럼의 경우 요즘 10대들은 100번 정도의 섹스는 성경험으로 여기지 않는다고 '허풍'을 떤다. 그런데 믿기지 않는 이런 이야기가 10대 여학생 사이에서도 '무용담'으로 회자되면서 과잉 이미지를 만든다. 과장된 섹스 무용담은 보드리야르가 말한 하이퍼리얼이라는 유령이 되고, 그 유령이 현실을 지배하는 것이다.

하이퍼리얼이란, 실재하지 않은 현실이 현실을 지배하는 현실로 군림하면서 현실에 영향을 미치는 '현실 위의 현실'을 가리킨다. 미디어에 의해 하이퍼리얼이 확산되면 이내 현실의 문화적 현상이 된다. 성경험을 해 본 적이 없는 10대들에게 성경험을 하지 않으면 스스로 '찐따'라고 생각하게 만드는 우스꽝스러운 현실을 만들어 진짜 현실로 받아들이도록 하는 것이다. 이러한 경향은 영화 〈과속스캔들〉을 통해서도 엿볼 수 있다. 영화라는 미디어가 10대들에게 '조기 섹스' 혹은 '성적 개방주의'를 부추기고 이로 인해 미혼모 문제의 심각성을 희석시키는 것이다.

"흐흐 난 고1때……." 영화 '과속 스캔들'에서 주인공 남현수가 첫 경험(섹스)을 중3때 질렀다고 하자 상대역 황정남이 한 말이다. 남현수가 중3때 성경험을 해서 낳은 자신의 딸에게 이런 말을 한다. 그러자 황정남은 "어렸을 땐 반항을 안 했어. 임신을 했지……."라고 응수한다. 관객들은 '명대사'라며 영화 홈페이지에 올려놓고 있지만 '아찔한' 대사가 아닐 수 없다. 10대들의 '조기 섹스'와 그로 인한 미혼모를 소재로 한 영화에서 미혼모 문제에 대한 진지한 고민을 찾아볼 수 없다. 더욱이 중3 때 한 이웃집 누나와의 섹스가 '근사하게' 그려지고 있다는 생각을 지울 수 없다.

영화 〈과속스캔들〉이 상영되고 있을 때 찾은 영화관은 조조 시간임에도 불구하고 10대 관객들로 만원이었다. 10대들이 이 영화를 보고 이른바 '조기 성경험'에 대해 부정적인 생각을 하거나 교훈적인 메시지를 얻을 수 있을 것이라는 생각이 들지 않았다. 10대들이 이러한 영화를 보고 조기 성경험을 '근사하게' 받아들이게 되면 성 개방 문화가 만들어진다. 물론 이전에도 일부 '논다' 하는 10대들이 성경험을 하곤 했지만 이러한 문화 속에서는 10대들의 성경험이 '대세'가 되고 마는 것이다.

한때 영화를 변혁의 원동력으로 받아들이던 때도 있었다. 벤야민이 영화가 대중운동의 강력한 매개체가 된다고 본 것이 대표적이다. 이와 달리 보드리야르는 영화에서 아무런 희망도 발견할 수 없다고 주장했다. 보드리야르에 의하면, 역사의 격렬함에 의하여 현실로부터 쫓겨난 신화가 그 피난처를 발견한 것이 영화다. 이제는 영화가 역사적 실재를 표현하는 것이 아니고, 영화 속에서 역사가 부활되고 살아나는 것이다. 즉 영화가 역사적 사건을 얼마나 유사하게 재현하고 있는가가 문제가 아니라, 이미 실재하지 않는 역사를 얼마나 영상이미지로 시뮬라시옹 하는가가 관건이다.

보드리야르는 더 이상 영상은 역사적 실재와 관계가 없다고 보고 있다. 이는 최근 드라마나 영화에 등장한 역사적 인물 신윤복을 생각해 보면 쉽게 이해가 된다. 신윤복은 여성이나 남장여자가 아님에도 불구하고 이 같이 묘사된 드라마나 영화를 본 시청자들은 신윤복을 남성이 아니라고 이해하게 된다. 미디어, 즉 영화가 보여주는 것이 바로 현실이 되는 것이다.

영화 〈과속스캔들〉은 무거운 주제를 심각하게 바라보지 않도록 제작되었다. 이 영화가 미혼모 문제를 심각하게 부각시켰다면 흥행에 성공할 가능성은 적었을지도 모른다. 흥행에는 과속 질주했을지 모르지만 10대들에게 모방충동을 불러일으킬 수 있다는 우려를 낳았다. 보드리야르는 텔레비전이나 영화와 같은 영상 미디어는 현실에서 모방충동을 불러일으키면서 원본 없는 원본을 재생산해 낼 수 있다고 경고한 바 있다. 미혼모 20명의 수기를 싣고 있는 《별을 보내다》(대한사회복지회, 리즈앤북, 2009)라는 책을 보면 10대 미혼모 문제가 얼마나 심각한지 엿볼 수 있다.

영화에서 '심각한 미혼모'란 존재하지 않는다. 그렇게 되면 흥행에 실패하기 때문이다. 영화가 지나친 자본의 논리에 빠져 심각하게 여겨야 할 미혼모 문제를 가볍게 생각한다면 이는 자본의 폭력 혹은 죄악이 아닐 수 없다.

우리사회는 미디어에 의해 만들어진 새로운 가짜 현실이 도처에 유령처럼 배회하면서 새로운 현실로 둔갑하고 있다. 바로 지금까지 경험해 보지 못한 '하이퍼리얼 쇼크'를 경험하고 있는 것이다.

# 하이퍼리얼의
## 생성과 소멸

### 시뮬라시옹 된 현실

핵무기는 핵을 보유하는 것만으로 핵전쟁을 억제하는 효과를 가지고 있다. 이게 바로 전형적인 '하이퍼리얼 쇼크'라고 할 수 있다. 핵무기를 사용하면 인류는 멸망할 것이라는 가공할 만한 공포감이 자리 잡고 있는데, 이게 핵이라는 이미지(시뮬라크르)가 만들어내고 있는 하이퍼리얼이다. 이 하이퍼리얼 쇼크로 인해 인류는 핵을 보유하되 핵을 사용할 수는 없는 것이다. 그것은 핵무기를 사용했을 때를 가상한 시뮬라시옹에 따른 것이다.

　우리사회에서 시뮬라시옹은 영어 '시뮬레이션simulation'이라는 단어로 더 잘 알려져 있다. 시뮬레이션의 예로 가상의 적의 침공을 전제로 하는 모의 대피훈련을 들 수 있다. 모의 대피 훈련은 혹시 있을 수도 있는 상황을 대비하여 미리 특정한 포맷을 예비해 둔 것이다. 그러나 실제상황에 돌입하면 시뮬레이션보다 더 그 상황에 잘 맞는 대처가 있을 수 있는데, 시뮬레이션에 벗어날 수 없는 사람들은 이미 프로그래밍된 매뉴얼대로 하면서 실재 현실을 반영하지 못한다. 즉 현실에 맞는 실재적인 행위보다, 시뮬라시옹을 통해 생성된 가짜(시뮬라크르)가 현실에서 더 큰 영향력을 발휘하는 것이다.

드릴로의 소설 《화이트 노이즈》에는 유독가스에 중독되었음에도 시뮬라시옹에 따라 이를 처리하려는 인물들이 등장한다. 유독가스 공중유출사건이 발생하자 재난 대피는 실재 상황을 반영하며 처리되는 게 아니라 재난에 대비해 산출된 시나리오인 주정부의 '모의대피 프로그램'에 따라 이루어지는 것으로 드러난다.

(완장에 쓰인 말을 가르치며) "씨뮤백SIMUVAC은 무슨 뜻이죠? 중요한 말인 것 같네요."

"모의대피simulated evacuation의 약자입니다. 재원확보를 위해 분투중인 새로운 주정부의 프로그램입니다."

"하지만 이번 대피는 모의가 아니잖습니까? 이건 실재인데요."

"알고 있습니다. 하지만 이번 사건을 모델로 이용할 수 있을 거예요."

"일종의 훈련으로 말입니까? 모의훈련을 위해 실제 사건을 이용할 수 있다고 생각하는 말씀인가요?"

"우린 곧바로 실전에 적용해봤어요."

"어떻게 되어가고 있습니까?"

"삽입곡선 그래프가 우리가 원하는 만큼 매끄럽지는 않습니다. 확률 오차가 있으니까요. 게다가 실제 모의훈련이라면 희생자들을 눕혀두었을 그런 장소에 희생자들을 눕혀놓지도 못하고 있습니다. 달리 말하자면, 희생자들을 있는 그 자리에 둘 수밖에 없다는 것이지요. 우린 급증하는 컴퓨터 소통량을 감당하지 못했어요. 유독물질이 갑자기 유출되어 이 지역 전체에 삼차원적으로 흘러넘친 겁니다. 오늘밤 목격하는 모든 일이 실제 상황이라는 사실을 고려해서야만 합니다. 아직 해야 할 마무리 작업이 남아 있어요. 하지만 그런 걸 하는 게 바로 이 훈련입니다."

"컴퓨터는 어떻습니까? 지금 시스템을 통해 운용하고 있는 것은 실제 데이터 입니까, 아니면 훈련용 자료일 뿐입니까?"[33]

유독가스 유출사건이 발생하자 실제 상황에 따라 가장 적절한 조치를 취하는 게 아니라 재난이 일어날 것을 가정하고 미리 만들어 놓은 컴퓨터의 모의대피 프로그램에 따라 대처하고 있는 것이다. 소설 속 주인공 글래드니가 유독가스에 노출된 것을 알고 현장에 있던 요원에게 가서 자신의 상태에 대해 문의를 하다 이러한 사실을 발견한다. 실제 사건이 모의 프로그램에 따라 처리되는 것이다. 유독가스를 마실 수도 있는 위기상황에서 현장에 있는 사람들이 가장 궁금해 하는 것은 자신이 유독가스에 노출됐는지와 그에 맞게 생명의 위협을 초래하지 않게 적절한 응급조치를 곧바로 받는 것이다. 그런데도 모의 대피프로그램에 따라 '순서대로' 느슨하게 조치를 취하는 일이 발생한 것이다.

여기서 보드리야르가 말한 시뮬라시옹이 실재보다 선행하고 있다. 실재가 시뮬라시옹을 만들어내는 것이 아니라, 거꾸로 시뮬라시용에 따라 실재를 만들어내는 것이다. 그래서 가상대피 프로젝트의 담당자들은 실제 사건을 자신들의 모의대피 계획의 자료로 이용하고, 단지 그런 관점에서 의미를 부여할 뿐이다. 이들에게 개인의 목숨과 안위는 하나의 데이터이거나 혹은 모의 대피 훈련 수행을 방해하는 부수적 피해 정도로 인식되는 것이다. 이렇듯 물화되고 가상화된 현실 속에서 유독가스에 노출된 인물들은 죽음에 강박되는 것이다.

실제 사례를 찾아 보자면, 우리나라에서 남대문 화재를 예상해 만들어 놓은 매뉴얼을 들 수 있다. 남대문 화재가 발생할 경우에 대비해 어떻게 대처할 것인가를 가상해서 프로그램으로 만든 게 남대문 화재시의 '매뉴얼'이다. 화재가 발생하면 화재 현장의 실제 상황에 따라 대처하는 것이 아니라 화재를 예상하고 만든 가상의 매뉴얼에 따라 화재 진압에 나선다. 실제 남대문 화제에서 가상의 프로그램으로 만든 매뉴얼에 집착하다 결국 남대문은 전소되고 말았다. 이게 모델이 실재를 선행하는 경우다.

다시 말하자면 남대문 전소사건은 실재가 아닌 매뉴얼을 맹신했기 때문에 발생한 비극이었다. '메뉴얼의 참화'였던 것이다. 당시 매뉴얼에 집착한 나머지 불이 계속 번져 가는 데도 이에 제대로 대처하지 못했고 결국에는 화재가 발생 5시간 20분 만에 전소되고 만 것이다. 다시 말하면 5시간이 넘도록 우왕좌왕 했다는 말이다.

국보급 문화재의 경우 소방방재청은 문화재청과 '협의'하에 진화작업을 하도록 되어있는데 이 역시 문제가 있다. 또 문화재 도면은 문화재를 관리하는 지방자치단체에서 가지고 있지 않다는 것도 문제이다. 대전에 있는 문화재청 관계자가 숭례문의 도면을 갖고 현장에 도착한 것은 화재가 발생한지 2시간여가 지난 후였다. 더욱이 문화재청이 지붕 철거 문제로 소방방재청과 협의를 마친 것은 이보다 50분 정도 지난 시점이었다. 즉 화재 발생 후 3시간동안 매뉴얼대로 기관끼리 협의만 하다 시간을 허비한 것이다. 현장에서는 불이 계속 번지고 있는데도 '협의'에 묶여 화재진압을 못했던 것이다. 그야말로 본말이 전도된 것인데, 이게 바로 매뉴얼의 함정이다. 매뉴얼은 말 그대로 어떤 일이 발생할 것을 가정해 임의로 만든 프로그램이다. 실재에서 실재하지 않는 하이퍼리얼을 산출하는 시뮬라시옹의 질서에 의해 만들어지는 것이다.

2011년 3월 발생한 일본 대지진과 쓰나미 이후 일본의 대처상황을 보고 한국과 전 세계인들은 일본의 침착한 대응에 깊은 인상을 받았다. 다음은 한 일간지의 기사인데 지진이후 매뉴얼에 따른 일본의 대처를 보면서 우리나라의 매뉴얼 부재를 꼬집고 있다.

> 흔히 일본을 '매뉴얼 사회'라 한다. 안전에 관한한 일본만큼 완벽한 매뉴얼을 만들어 위기 상황에 대처하는 사회가 드물다고 할 정도다. 지진과 해일로 인한 대재앙을 당한 지 엿새가 지난 지금까지 그들이 질서를 유지하고 있는 것도 재난대비 매뉴얼에 따른 결과로 평가되고 있다.[34]

그러나 일본은 지진과 쓰나미에 대처하면서 매뉴얼의 한계 또한 여실히 드러냈다. 매뉴얼에 따라 조치를 취하다 원전 방사능 유출을 초래했다는 지적을 받는 등 세계적으로 비난을 샀다. 일본인들은 매뉴얼에 따라 조치를 취하지만 매뉴얼이나 명령이 없으면 응급 상황을 대처할 수 없는 치명적인 약점을 지녔다는 것이다. 매뉴얼에 명시적으로 규정하지 않으면 조직(관료)은 움직이지 않는다고 한다. 그래서 일본인들은 조직이 움직이지 개인들은 로봇에 불과하다고 말하기도 한다.

다음은 웹사이트(www.popome.com)에 있는 '일본은 매뉴얼 국가'라는 제목의 글이다.

과거 일본과의 업무가 많아서 반 년 이상 일본에 거주한 적도 있었는데 시간이 갈수록 정말 우리와는 너무나도 다른 사고방식이라는 점을 느낄 수 있었다. 지진피해에 대한 복구도 모든 게 매뉴얼대로 진행하다 보니 긴급 상황에 대처하지 못하는 문제가 많은 듯하다. 도로가 막히면 물품 투하방식으로라도 지원하는 게 일반적 상식이지만 일본은 이게 매뉴얼에 나와 있지 않다. 그래서 비상 물품조차 길이 소통될 때만을 기다리는 게 보통이다.

자원봉사를 신청해도 매뉴얼에 있는 자원봉사자의 조건에 맞지 않으면 모두 되돌려 보낸다. 많은 국가가 물품 지원을 보내도 자신들의 규정에 맞는지 검사와 운송을 매뉴얼대로 먼저 해야 한다.

일본에서 겪었던 실제 사건인데. 영화를 보고나서 영수증을 달라고 하니까 직원이 10여분을 뒤져서 일단 매뉴얼을 찾아왔다. 매뉴얼을 한참

넘기니 영수증에 관련된 내용이 있었다. (매뉴얼에 나온 대로)영수증 내용은 금액을 적고 도장을 찍어주는 것이었다. 그 한 장을 받기 위해서 거의 20분정도 기다렸던 것이다.

일본 정부가 재난 초기에 스스로 문제를 해결하려다가 기회를 놓쳐 전 세계에 방사능 공포를 안겼던 것도 매뉴얼 국가였기에 비롯된 결과라고 풀이할 수 있다. 아울러 독도 문제 등 역사교과서 왜곡 문제가 해결되지 않는 것도 매뉴얼에 따라 움직이는 일본 관료사회의 특징과 잇닿아 있다는 분석도 나왔다.


## 교전규칙과 현실의 부조화

2010년 연평도 사건에서 문제가 된 것이 '교전규칙'이다. 또 연평도 포격 당시 국방부장관이 상황보고라는 형식적 단계에 발목이 잡혀 국회에서 30분 이상 발이 묶여 있었다는 기사가 있었다. 교전을 가상하고 산출된 교전규칙이 진짜 사건이 되었는데도 가짜 현실에 묶여 있었던 것이다. 즉 교전규칙이라는 '시뮬라시옹 된 현실'이 우리 군으로 하여금 즉각적인 공격을 못하게 했을 뿐만 아니라 자칫 북한군의 오판을 불러 전면전으로 치달을 수 있는 위험성을 드러낸 것이다. 아울러 교전규칙이라는 시뮬라시옹 된 현실은 장기적인 남북대치 상황과 지난 10년간의 남북 화해 무드 분위기와 함께 이제 전쟁은 일어나지 않는다는 느슨한 안보의식을 낳았다. 이게 바로 교전규칙이라는 시뮬라시옹 된 현실이 가져온 파생실재의 생성이라고 하겠다.

교전규칙이란, 북한군이 공격을 해 올 경우를 가상해서 대비책을 프로그램화해 놓은 것이다. 대표적인 규칙으로는 북한군의 도발 시 그들이 가한 공격 량의 2배 이상의 응징을 즉시 가한다는 내용을 들 수 있는데, 이 때 '2배 이상의 응징'이라는 수치적 개념에 집착하게 되면 바로 대응하지 못하고 그 공격량을 계산해야 하는 것이다.

연평도 포격 때 '사건 발생 시 대응은 하되 확전은 막으라'는 교전규칙에 따라 우리군의 대응은 즉각적이거나 실효적이지 못했던 것으로 드러났다. 실제로 사건이 일어나는 현실보다는 현실에 대비해 만들어진 가상의 교전규칙에 얽매인 것이다. 교전규칙은 일종의 프로그램화된 시뮬라시옹이다. 북한의 공격이라는 현실이 발생하면 즉각적으로 대응을 해야 하는데 매뉴얼에 종속되어 반응하다 보니 대응이 적절치 못하였다는 것이다. 즉 북한의 포격 당시 우리 군에서는 F15 전투기가 출격해 공격명령을 기다리고 있었지만 교전규칙에 따른 명령을 기다리느라 결국은 공격하지 못했다고 한다. 민간인이 공격당하는 급박한 상황에서도 교전규칙에 얽매여 우리 군의 대응이 미흡했던 것이다.

# 천안함 사건은 일어나지 않았다?

보드리야르는 탈근대의 대중매체들은 실재가 아닌 모방물인 시뮬라크르를 생산하고, 개인은 실재와는 관계가 없는 기호와 매체가 만들어 내는 모방물의 상상적인 우주 속에 살게 된다고 지적한다.

"걸프전은 일어나지 않았다." 이는 1991년 미국이 치른 이라크 전쟁을 두고 보드리야르가 한 말이다. 미군 당국의 보도 통제와 검열로 전쟁에 대한 보도는 물론 사실 자체를 은폐했다는 점에서 장 보드리야르는 '걸프전은 일어나지 않았다' 고 했다.

2001년 9월 11일 9·11사건이 일어난 뒤 2002년 1월 미국은 이라크를 상대로 전쟁을 벌였다. 그런데 세계인들이 이라크전쟁에서 본 것은 CNN이 중계하는 전폭기 조종사의 모니터에 비친 영상뿐이다. 미리 프로그래밍 된 시나리오에 따라 폭격기의 모니터를 통해 전황을 통제하면서 버튼 하나로 이라크 지상에 폭탄이 투하된다. 거기서 컴퓨터게임 이상의 실재성을 느끼기란 어렵다. 과거에 전쟁의 이미지가 쟁의 참혹한 현실을 그대로 재현했다면, 오늘날 전쟁의 이미지는 현실을 감추고 나아가 사라지게 만든다. 다만 미디어를 통해 보도되는 전쟁에서는 참혹함이 없는 이른바 '깨끗한 전쟁'인 것이다. CNN을 통해 생중계 되는 이라크전쟁을 보면서 사람들은 전쟁의 참혹성과 잔인성에 경악을 금치 못하는 것이 아니라 영화와 같은 장엄한 광경을 목격했을 뿐이다. "보드리야르가 피와 살이 찢겨나가고 수많은 희생자를 낳은 실재의real 걸프전을 부정한 것은 아니다. 그가 '걸프전은 일어나지 않았다'를 통해 급진적으로 묻는 것은 실재의 걸프전이 미디어에 의해 어떻게 매개되며, 이것이 어떤 방식으로 현실을 생산/규정/대신하는지에 관한 것이다."[35]

즉 영화가 시나리오에 따라 연출하는 것처럼 전쟁도 미리 예정된 프로그램에 따른 일종의 시뮬라시옹으로서 행해지고 있다는 것이다. 전쟁의 참상은 사라지고 잔영만이 이미지로 존재하게 된 것이다. 사람들은 사진 속에 나타난 스펙터클로서 전쟁의 참상을 목격하게 된다. 실재하는 무기를 드는 대신 미리 프로그래밍된 제어기의 화면상으로 다만 버튼을 누를 뿐이다. 이는 마치 화폐 대신 인터넷 뱅킹상의 숫자가 이전하는 것으로 거래를 처리하는 것과 같다. 전자 결재를 통한 숫자만이 거래의 현황을 보여주는 것이다.

"천안함 사건은 일어나지 않았다." 보드리야르의 논법대로 하자면 천안함 사건은 일어나지 않았다. 천안함이 스스로 좌초되지 않았다면 북한군에 의해서든 또는 누군가에 의해서든 미리 프로그래밍 된 시나리오에 따라 천안함은 폭파되었고 침몰했다. 이는 아주 은밀하게 전자화된 계산과 프로그래밍된 시나리오가 있었기에 가능했다.

한 일간지에 실린 칼럼[36]은 '걸프전은 일어나지 않았다'는 보드리야르의 명제를 인용하며 '천안함은 일어나지 않았다'고 주장하기도 했다.

보드리야르는 실재가 사라진 곳을 대체하는 "원본도 사실성도 없는"

이미지들을 일컬어 하이퍼리얼리티라고 불렀다. 지독한 회의주의자인 그는 어떤 실재에 다다를 수 있다고 믿었던 열정, 운동, 이론, 탐구들을 모두 부정하며 어디를 가든지 우리는 이 하이퍼리얼리티로 이루어진 세계를 벗어날 수 없다고 선언한다. 그리고 몇 년 후 중동에서 벌어진 이른바 '걸프전'에 대하여 그는 의미심장한 한마디를 남긴다. "걸프전은 일어나지 않았다." 우리에게는 그저 CNN이 보내오는 영상들만이 존재할 뿐, 그 전쟁에 대해서 알 수 있는 것은 아무것도 없다는 이야기다.

이 칼럼은 이어 보드리야르의 이 이야기를 바꿔서 '천안함은 침몰되지 않았다'고 주장한다.

그런데 천안함 침몰에 대한 하이퍼리얼의 생성은 지배권력을 강화하는 데 활용된다고 볼 수 있다.

이 와중에 진실이 어디 있는가를 묻는 것은 이미 어리석어 보인다. (중략) 이들의 머릿속에는 이 죽음이라는 사건을 진지하게 현실로 받아들이고 그것의 진상을 밝히는 것 대신, 희생자들을 허울뿐인 영웅으로 만들고 그 후광을 뒤집어쓰고자 하는 욕망만이 남아있다. 이들이 주장하는 "보복공격"은 죽음에 대한 보복이 아니라, 자신들의 기반이 되어줄 새로운 사건을 만들어내고자 하는 것에 가깝다. 그 누구보다도 '진정한' 파국을 원하지 않을 이들은 계속되는 위기의 생산만을 원한다.

즉 천안함에 대한 루머와 음모론의 확대재생산과 이로 인한 하이퍼리얼의 생성은 북한에 대한 위기의식을 조장해 체제유지와 지배권력을 강화하고자 한다는 것이다. 즉 천안함은 위기를 생산해서 그를 기반으로 지배 권력을 강화하기 위해 천안함의 시뮬라크르를 만들어내고 있다는 것이다. 천안함 침몰은 음모론과 루머가 확대재생산되면서 오히려 북한의 호전성에 대한 이미지(시뮬라크르)를 새롭게 과잉 증식하고 젊은층이 '안보 보수화'하도록 새로운 계기를 마련해주었기 때문이다. 천안함 침몰 이전에 북한의 호전성에 대해 반신반의하던 젊은층들이 천안함의 진실에 대한 의혹이 증폭하면서 오히려 안보의식을 새롭게 하는 사건이 되었던 것이다. 그동안 남북정상회담과 '햇볕정책' 등에 의해 전쟁은 일어나지 않을 것이라는 하이퍼리얼이 형성되어 있었고 이러한 하이퍼리얼은 안보의식 해이를 낳는 등 현실에 영향을 미치고 있었다. 그런데 이러한 하이퍼리얼이 천안함 사건으로 인해 일부 제거되는 상황으로 이어진 것이다.

보드리야르는 시뮬라시옹 과정에서 미디어가 결정적인 역할을 한다고 했는데 천안함에서도 그대로 적용된다. 미디어가 보도하면서 형성된 이미지들은 북한의 공격에 의해 침몰했다는 이미지를 과잉 증식시키면서 하나의 시뮬라크르가 되었다. 결국 대중들은 천안함이 북한의 어뢰 공격으로 침몰했다는 정부의 공식발표와 이를 보도한 미디어를 통해 천안함 사건을 새로운 현실로 받아들이게 된 것이다.

하지만 천안함은 우리사회에 계속해서 논란을 양산하고 있다. 이는 천안함이 침몰되었다는 것 이외의 침몰원인에 대한 인과관계를 규명하기가 어려운 현실에서 비롯된 측면이 크다. 정부는 북한의 소행으로 결론짓고 '1번'이 적힌 글자를 증거로 내세웠지만, 그것이 과연 진실인지 의문을 품는 목소리도 존재하고 있다. 이로 인해 파생되는 다양한 시나리오 중 설득력이 있는 것이 그 자체로 진실이 되고 있는 것이다. 마치 9·11을 둘러싸고 '루스체인지'라는 영상이 만들어지면서 음모론이 힘을 얻은 것과 궤를 같이한다. 원본이 존재하는지 그렇지 않은지 만큼이나 하이퍼리얼의 형성에서 중요한 것은, 진실이나 정보(사실)보다 미디어가 이를 어떻게 보도하는지에 달려 있다는 것이다. 언론 보도에 따라 시나리오가 다양하게 형성되는 것이고 그 중에서 가장 많은 지지를 얻은 하나의 가설이 대중에게 확산되면서 실재를 뛰어넘는 하이퍼리얼이 되는 것이다. 여기에 미디어가 하이퍼리얼을 산출하는 데 큰 역할을 하는 것이다.

2부

# 우리는
# '만들어진 현실'에
# 살고 있다?

# 시공간을 뛰어넘어서 만나는
## 하이퍼리얼

요즘 우리사회에서 유행하고 있는 이른바 '걸 그룹', 'S라인', '킬힐' 등은 우리 시대의 미디어가 유포하고 소비하는 '욕망의 판타지' 혹은 '판타지의 욕망'들이다. 그런데 욕망의 판타지 역시 자율적인 주체에 의해 생겨난 것이 아니라 미디어에 의한 타자화된 욕망이다. 이는 수많은 여성들에게 욕망의 억압과 배제를 불러일으킨다. 여성의 몸이 지닌 섹슈얼리티를 극단으로 강조하는 이른바 'S라인'은 큰 가슴과 잘록한 허리를 과도하게 강조한 '시뮬라크르'다. 그럼에도 시뮬라크르의 모델이 미디어를 통해 섹슈얼리티의 과잉 이미지를 만들어 내면 여성들의 모방욕구를 자극한다. 나아가 이러한 모델들에 의한 여성들은 억압과 배제를 경험하는 것이다.

미디어가 만드는 하이퍼리얼은 비단 오늘날의 일만은 아니다. 대표적으로 유대인의 세계지배 계획이 담긴 '시온의정서'는 삼류 소설에서 시작돼 표절의 표절을 거듭하면서 만들어진 조작된 가짜 문서다. 이 문서가 유대인의 세계지배 야욕에 두려움을 느낀 서구세계를 구속하면서 유대인에 대한 증오를 불러 일으켰고 아우슈비츠 대학살을 가져왔다. 실체 없는 가짜 문서가 현실에 영향을 미치고 지배하면서 또 다른 현실을 만들어 낸 것이다.

앞서 살펴본 것처럼 괴테의 문학작품이 만든 '베르테르 효과' 역시 실재하지 않는 이미지가 현실에 영향을 미치면서 또 하나의 새로운 실재로 현실을 유령처럼 지배하고 있다. 미디어 테크놀로지가 발달한 현대뿐만 아니라 전근대, 근대 등 시공간을 뛰어넘은 인간사의 전 영역에서 하이퍼리얼이 생성되고 있는 것이다.

우리는 지금 실재하지 않는 시뮬라크르의 이미지에 의한 하이퍼리얼의 사회에 살고 있다. 2부에서는 하이퍼리얼이 얼마나 우리 삶 속에 침투되어 있는지 다양한 사례를 분석하면서 살펴볼 것이다.

# 고찰1. 문명의 충돌이 만들어 낸 이슬람 과격 이미지
—9·11과 이슬람

## 억압은 '보는 것'에서 시작한다

"공포심은 신념보다 더 강하다."

영화 〈셜록 홈즈Sherlock Holmes〉를 보다 이런 대사에 눈길이 멎었다. 순간 이 간략한 두 문장에 세상의 또 다른 법칙이 존재한다는 생각이 들었다. 그것은 다름 아닌 공포심의 위력이다. 공포심은 그 어떤 강고한 신념이나 의지마저 허물어뜨리는 마력을 지닌다. 이 영화에서 명탐정 셜록 홈즈와 대결하는 블랙우드는 마법을 구사하는 컬트cult 조직의 두목인데 살인 혐의로 사형을 당했지만 다시 살아난다.

물론 그의 부활은 마법도 아니고 주술에 의한 것도 아니다. 미리 계획된 각본대로 연출한 것이다. 블랙우드는 비밀 조직을 장악하고 장관과 국회의원마저 자신의 편으로 만들었다. 블랙우드가 마음대로 세상을 조종할 수 있었던 무기는 다름 아닌 공포심이었다. 즉,

"공포심은 신념보다 더 강한 위력을 발휘하고 그 공포심으로 세상을 통치할 수 있다"는 것이다. 정치인들은 그 공포심 앞에 자신의 정치적 신념마저 포기하고 악의 편에 서려고 한다. 누구나 공포 앞에 서는 '자기보존'의 욕구가 발동하고 살아남기 위해 신념마저 포기하기도 하는 것이다. 블랙우드는 공포심을 이용해 세상을 장악하려고 하지만 명탐정 셜록 홈즈에 의해 기만술이 탄로나고 템스Thames 강변에서 최후를 맞는다.

영화 〈셜록 홈즈〉는 공포심이 얼마나 인간을 나약하게 만드는지를 깨닫게 한다. 그렇다면 공포심은 무엇으로부터 출발할까? 바로 눈이다. "일반적으로 눈은 그 '본 바'를 '타자화'하며, 이 타자화는 '차별화'를 전제로 한다. 그리고 이 차별화에는 전체에서 부분을 떼어 내어 그것이 마치 전체인 양 틀 짓는 인식의 작란이 자리 잡고 있다. 이런 작란의 결과물인 차별화는 '타자'를 '욕망'이나 '억압' 아니면 '지배' 대상으로 삼는, 이른바 인식의 '제국주의' 놀이를 감행한다. 차별화를 통해 대상을 타자화할 때 인식의 주체가 남성이면 여성이 주로 주체의 욕망이나 억압의 대상이 된다. 인식의 주체가 강자면 물론 약자가 억압이나 지배의 대상이 된다."[37] 이러한 현상은 서구의 기독교 세력과 아랍의 이슬람 세력 간 대립의 역사에서 잘 드러난다.

# 9·11 이후 만들어진 이슬람 이미지

미국 9·11 테러사건(이하 9·11)은 2001년 9월 11일 오전 9시부터 오후 5시 20분 사이에 항공기를 이용한 테러로 인해 미국 뉴욕의 110층짜리 쌍둥이 빌딩인 세계무역센터WTC가 무너지고, 워싱턴의 국방부 청사가 공격을 받은 대참사를 말한다.

9·11이 일어난 직후 수년간, 카피예(keffiyeh: 아랍 남자들이 쓰는 두건)와 히잡(hijab: 여성들이 쓰는 두건)을 두른 아랍계 사람들은 노골적인 의심의 눈초리를 피할 수 없었다. 사건의 배후가 사우디아라비아 출신의 국제 테러리스트인과 그의 추종 조직인 알 카에다Al-Qaeda 및 다른 이슬람 테러조직들로 지목되면서, 아랍인이라는 이유 하나만으로 경계의 대상이 되었기 때문이다. 이들은 비행기를 타더라도 다른 승객들보다 더 철저히 검문 받아야 했고, 식당에 가거나 대중교통을 이용하는 데에도 큰 불편을 겪어야 했다.

그러나 이러한 상황은 미국 내에만 국한된 것이 아니었다. 전 세계적으로 아랍인들은 테러리스트나 사회불안을 야기하는 불순세력이라는 이미지가 각인되었다. 소수의 급진적인 이슬람 과격분자의 테러와 폭력행위가 전체 이슬람의 모습으로 여겨지게 되었기 때문이다. 세계는 CNN을 통해 9·11의 충격적인 전말을 보았고, 여타의 여러 테러사건의 배후에는 이슬람 무장단체가 있을 것이라는 정보를 지속적으로 접했다. 전 세계인들의 의식 속에서 아랍인은 할리우드 영화 속 테러리스트의 모습으로 대체되었다. 테러의 공포에 휩싸인 세계에서 테러리즘으로 점철된 아랍인의 이미지는 점차 현실이자 실재가 되었다.

2011년 4월 우리나라에서도 개봉된 인도 영화 〈내 이름은 칸 My Name Is Khan〉은 미국 사회를 지배했던 반 이슬람 정서 속에서 어떤 한 남자가 무슬림(이슬람을 믿는 사람, 즉 이슬람교도)이라는 이유로 고충을 겪는 내용을 담고 있다. 지능지수는 높으나 자폐증에 시달리는 칸(샤룩 칸)은 종교가 이슬람교다. 고향인 인도에서 어머니를 여의고 나서 동생이 있는 미국으로 향한다. 이후 그는 동생의 반대에도 불구하고 힌두교도인 만디라와 결혼하게 된다.

영화는 주인공의 삶을 통해 9·11 이후 무슬림이 겪는 차별과 정신적 고통을 잘 묘사하고 있다. 9·11사태가 터지고 무슬림들이 핍박받게 되면서 칸의 가정에도 불운이 찾아온다. 이웃에서 단란하게 지내던 저널리스트가 아프가니스탄 전쟁에 종군기자로 갔다 희생되자 그의 아들이 무슬림인 친구를 적대시하게 된다. 급기야 티격태격 다투다 또래들에게 "오사마 빈 라덴Osama Bin Laden이 너의 영웅이냐"라는 조롱을 듣게 되고 이에 격분해서 싸우다 집단 린치를 당해 급기야 죽게 된다. 결국 행복한 결혼생활도 파국을 맞는다. 힌두교도였던 아내가 이슬람 이름으로 개종한 게 아들의 죽음을 불러왔다며 함께 살 수 없다고 선언한 것이다. 그러면서 대통령에게 나는 테러리스트가 아니라고 말해 보라고 한다. 이 말을 들은 칸은 대통령을 만나기 위한 기나긴 여정에 오른다. 대통령을 만나 이슬람을 향한 미국인의 차가운 냉소와 종교적 오해와 편견을 고발하기 위해서다. 이 영화에서 "내 이름은 칸입니다. 나는 테러리스트가 아닙니다"라는 대사가 반복되는 것은 이 때문이다.

이슬람에 대한 과격 이미지와 테러리스트 낙인은 미디어 보도의 편견이 한몫하고 있다. 대부분 친 서방 미디어들이 이슬람에 대해서는 '과격 테러리스트'라는 시각에 함몰되어 있기 때문이다. 심지어 진보 성향의 버락 오바마Barack Obama 행정부조차 미국 내 이슬람계 미국인들의 급진화를 우려하는 성명을 내놓기도 했다.

9·11 당시 사망한 이슬람계 미국인 청년의 일화는 이를 반증한다. 23세의 모하마드 살만 함다니라는 청년은 2001년 9·11 당시 구급대원으로 활약하면서 구조 활동을 벌이다가 사망했다. 그러나 사람들은 그가 테러리스트들에게 동조한 사람이라고 의심했으며 심지어 그가 테러리스트들과 손잡고 있다는 소문을 낸 사람들도 있다고 한다. 이는 무슬림 최초로 미국 연방 하원의원으로 선출된 케이스 엘리슨 의원이 청문회에서 밝힌 내용이다. 미국인들이 이슬람교와 테러를 같이 생각하는 오해나 편견 문제는 대부분 미디어 보도의 영향 때문이다.


## 기억의 정치와 집단적 증오

여기서 잠시 아랍과 이슬람에 대해 살펴보자. 미국인들은 대부분 아랍 세계와 이슬람 세계를 한 묶음으로 생각한다. 그러나 아랍은 지리적인 개념으로써 종교적인 개념인 이슬람의 일부분이다. 한국 사회의 내로라하는 지식인들조차도 이슬람과 아랍 그리고 중동의 차이를 정확히 알지 못하고 이 단어들을 혼용하여 쓰곤 한다. 이슬람과 아랍의 이미지에 대해서 살펴보기 이전에 이슬람, 아랍 그리고 중동이 각각 어떤 의미를 지니고 있으며 어떻게 다른지에 대해 살펴볼 필요가 있다.

아랍이란 아랍어를 사용하고 이슬람을 국교로 정한 나라들의 집합체를 의미한다. 아랍연맹에 속해 있는 22개국이 이 세계를 구성하고 있으며 이들 국가는 언어적, 정치적으로 결속되어 있다. 아랍은 민족을 가리키는 말이고 이슬람은 종교를 가리키는 말이다. 아랍민족은 7~12세기에 아시아, 아프리카, 유럽에 걸치는 세 대륙의 광대한 영토를 정복하고 사라센 제국을 건설했던 민족이다. 이슬람 세계란 이슬람을 국교로 정한 나라와 무슬림이 다수파를 차지하고 있는 모든 나라의 집합을 의미한다. 현재 이슬람 기구 소속 56개 국가 약 13억 인구가 포함되어 있으며, 이 중 아랍인은 약 3억 정도다. 이슬람 세계는 중동 지역을 포함하여 동남아 지역과 동유럽 일부 및 아프리카 지역에 분포되어 있다. 이들 국가들은 경제적으로 일부 산유국을 제외하고 거의 대부분 빈국에 속하며, 정치적으로도 제3세계 민족주의 이념을 내세운다.

서구가 주도하는 국제 매스미디어는 이스라엘에 대해서는 우호적인 시각을 투영한 반면, 팔레스타인인들에 대해서는 평화를 파괴하는 민족으로 편향 보도하는 측면이 있었다. 이스라엘 지도자에 대해서는 테러리스트의 전력이 있음에도 테러리스트의 낙인을 거두는 반면, 팔레스타인 해방기구PLO를 이끈 야세르 아라파트Yasser Arafat 등 팔레스타인 지도자들에 대해서는 중동의 평화를 위협하는 불순분자로 묘사해 왔다.

이스라엘 지도자들은 팔레스타인에 대한 서구 언론의 표현을 그대로 사용하면 대부분 건국 이전 독립투쟁, 즉 테러활동을 한 전력이 있고 이념적으로는 우익 내지 극우 성향을 지닌다. 아라파트와 평화협상을 주도해 노벨평화상을 공동 수상한 이츠하크 라빈Yitzhak Rabin은 19세 때 영국 지배에 맞서 게릴라 조직인 '팔마흐Palmah'에 가담해 무장투쟁의 길을 걸었다. 항상 강경노선을 추구한 매파로 1987년 '인티파다(Intifadah: 팔레스타인인들의 반이스라엘 봉기)' 때 강경 진압을 하기도 했다. 이스라엘 7대 총리를 지낸 이츠하크 샤미르Yitzhak Shamir는 '레히Lehi'라는 무장조직을 결성했고, 1948년 9월에는 이스라엘에 파견된 유엔의 첫 중동평화 특사인 스웨덴의 폴케 베르나도트Folke Bernadotte 백작의 암살을 사주한 것으로 알려져 있다. 그의 조직원은 특사에게 기관총 6발을 난사했다.

아라파트는 팔레스타인 지역에서 강제로 쫓겨난 팔레스타인 민족의 입장에서 보면 결코 테러리스트일 수 없지만 이스라엘과 미국 등 서구의 입장에서 보면 존재의 정당성을 인정할 수 없는 테러리스트이다. 하지만 1990년대에 접어들면서 미국은 아라파트를 불법적인 폭력주의자나 테러리스트가 아니라 합법적인 정치가로 인정하기에 이르렀다. 미국이 팔레스타인과 이스라엘 간 평화협정의 중재자로 나서면서 아라파트는 평화 파괴자의 낙인을 지우고 국제 정치무대에 합법적인 정치가로 서게 되었다. 그는 1994년 노벨평화 상을 수상했다.

서구 언론의 보도행태는 힘의 논리에 따른 국제 정치 질서와 이들이 지배하는 국제 정보 질서에서 기인한다. 제3세계의 시각에서 볼 때에 서방 편중이라는 비판이 제기되는 것은 바로 이 때문이다. 특히 중동정책의 경우 서방의 중동정책에 대한 프로파간다 propaganda 의 역할에 서방 언론이 적극 협조하는 경향을 띠고 있음은 부인할 수 없다.

미국의 대표적 마이너리티 지성인 노암 촘스키 Noam Chomsky 는 미국 언론이 서방의 중동지역에 대한 침략역사를 완전히 외면하고 있으며 아랍 민족들의 제국주의에 대한 저항을 '테러리즘'으로 묘사하고 있다고 비판했다. 특히 이스라엘의 시리아 골란 지역 병합 및 팔레스타인 주거지역인 웨스트 뱅크와 가자지구, 레바논 지역을 10퍼센트나 점령한 행위는 이라크의 쿠웨이트 침공보다 더 많은 인명 피해와 현지인 저항을 유발하고 있음에도 전혀 '침략'이라는 관점에서 다루지 않고 있다는 문제점을 제기했다. 촘스키는 "강자와 부자는 재생산되고, 전문가란 강자와 부자의 논리를 가장 잘 알고 이를 대변하는 사람"이라고 말한다. 정책결정자와 저널리스트도 전문가에 포함될 것이다. 테러리즘에 대한 사람들의 인식은 전문가나 미디어가 사용하는 용어와 낙인찍기, 즉 꼬리표 붙이기 labeling 에 따라서 영향을 받을 수 있으며, 극악한 범죄를 저지른 테러리스트들을 합법적인 정치인들로 수용하는 것을 가능하게 한다.

그러나 '기억의 정치'라는 개념에서 볼 수 있듯 테러리즘은 과거 증오의 기억에서 비롯된다는 사실을 간과해서는 안 된다. 테러를 자행하는 민족의 과거를 들추어 보면 대부분 과거 어느 때에 현재 표적이 된 국가나 민족으로부터 억압과 살상의 역사적 경험을 가지고 있는 것이다. 정치적 목적의 테러사건은 바로 이러한 기억의 역사에 그 출발점을 두고 있다.

허버트 허시Herbert Hirsch는 그의 저서《제노사이드와 기억의 정치Genocide and the Politics of Memory》(강성현 역, 책세상, 2009)에서 기억의 정치란 곧 기억의 조작, 정치적 신화의 창조와 같은 것이라고 말한다. 그것은 집단적 기억의 망각과 왜곡·부인·조작의 정치를 말한다.

집단적 증오가 영속화되는 것은, 여러 가지 정치적이고 이데올로기적인 제도들을 통한 사회화라는 과정 속에서 다른 집단에 대한 파괴의 이념이 집단적 기억으로 지속되기 때문이다. 이것이 폭력과 그 절정으로서 제노사이드(genocide: 대량 학살)의 악순환을 초래한다.

기억의 정치에 의한 집단적 증오는 미디어의 보도를 통해 강화된다. 9·11에서 두드러진 특징 중의 하나는 미국의 위성뉴스방송인 CNN의 위력이라고 하겠다. 전지국적으로 송신되고 있는 하나의 텔레비전 채널이 지구촌을 하나의 'CNN 네트워크'로 만들었고, 또 동시에 전율하게 만든 것이다. 이러한 글로벌 미디어의 가장 큰 특징은 서구의 이익을 반영한 자본의 논리에 충실하다는 것이고, 미국 등 서구 중심적 퍼스펙티브(perspective: 관점, 시각)와 지배논리를 그대로 반영하고 있다는 점이다. 다시 말하자면 미디어의 서구 중심적 보도는 이슬람에 대한 집단적 증오와 종교적 편견을 강화하는 촉매제가 되는 것이다.


## '아랍＝테러리스트' 이미지의 생성과정

테러리스트로서의 아랍인들의 이미지는 수많은 할리우드의 영화와 매체를 통해 시뮬라시옹을 거치면서 더욱 더 강렬하게 구축된다. 시뮬라시옹 과정을 거치면서 현실을 압도하는, 더 현실적인 재현, 원본보다 더 원본의 행세를 하는 시뮬라크르가 만들어진 것이다. 그러나 사실 테러리스트라는 아랍인의 이미지는 9·11로 새롭게 떠오른 이미지가 아니었다. 오랜 시뮬라시옹을 거쳐 만들어진 시뮬라크르였던 것이다. '아랍＝테러리스트'라는 시뮬라크르가 생성되는 과정을 보드리야르가 제시한 이미지의 연속적인 단계에 따라 살펴보자.

첫째, 이미지는 깊은 사실성의 반영이다. 1972년, 전 세계를 공포에 몰아넣었던 뮌헨 올림픽 테러사건이 일어났다. 이 사건은 전 세계에 텔레비전으로 생중계되었다. 전 세계가 엄청난 충격과 혼란에 휩싸인 상황에서 팔레스타인 무장조직 '검은 9월단'은 인질로 잡았던 이스라엘 선수단 11명을 무참히 살해했다. 이 사건으로 인해 아랍인은 곧 테러리스트라는 연결고리가 생기게 되었다. 애초에 테러리스트 아랍인이라는 인식은 사실성이 반영된 이미지였던 것이다.

둘째, 이미지는 깊은 사실성을 감추고 변질시킨다. 분명 아랍인들 모두가 테러리스트는 아니다. 전 세계에서 일어나는 각종 테러들은 전체 이슬람에서 극히 소수를 차지하는 급진 과격분자들의 소행이었을 뿐이었다. 그러나 이 사실은 감춰지고, 그들의 이미지는 극단으로 치닫는다.

미국은 1990년대부터 할리우드 영화를 통해 '아랍, 이슬람=테러'라는 이미지를 심어 왔다. 이는 냉전이 종식된 후 다른 정치세력과의 대립관계 구도를 설정할 필요가 있었던 미국이 선택한 일종의 '와일드 카드'였다. 사회주의가 몰락한 뒤 공적이었던 공산주의자들을 대체할 수 있는 유일한 대안은 아랍의 테러리스트들이었던 것이다. 1994년에 개봉한 〈트루 라이즈True Lies〉, 1997년의 〈피스메이커The Peacemaker〉, 1998년의 〈비상계엄The siege〉 등이 이러한 허상의 이미지를 이용한 대표적인 영화들로, 모두 무슬림을 테러리스트 곧 세계 치안의 적이자 악으로 단정 짓고 있다.

셋째, 이미지는 깊은 사실성의 부재를 감춘다. 9·11 사건이 발생한 직후, 이슬람의 이미지는 테러리즘으로 직결되기에 이르렀다. 현실 속에서 세계무역센터가 붕괴되는 스펙터클은 영화 속에서의 만들어진 스펙터클과는 차원이 달랐다. 중동에서 일어난 4차례의 전쟁, 팔레스타인 지역에서 거의 매일 반복되는 자살폭탄 테러, 유혈충돌, 투쟁과 같은 사건들로만 이슬람을 접해왔던 사람들에게 그 장면은 이슬람 테러의 대표 이미지로서 뇌리에 박힐 수밖에 없었다. 그것이 이슬람의 전부가 아님에도 불구하고, 이미 서구 언론 속 폭력적인 이슬람의 이미지가 이슬람 그 자체가 되어 버린 것이다.

넷째, 이미지는 그것이 무엇이건 간에 어떠한 실재와도 무관하다. 9·11 사건 이후 신문, 방송, 영화, 사진, UCC 등 각종 매체 속에 나타나는 무슬림은 테러리스트이다. 어디서든 납치를 자행하고, 테러를 일삼으며, 비인간적이기까지 하다. 수단과 방법을 가리지 않고 폭력과 테러를 일삼는 그들에게 현재 서방세계의 가장 위험한 적이라는 이미지가 유령처럼 덧씌워져 있다.

다섯째, 이미지는 자기 자신의 순수한 시뮬라크르이다. 사실의 논리, 이성의 질서와는 무관한 시뮬레이션의 논리에 따르는 현대사회에서 '이슬람=테러리스트'의 이미지는 실재보다 더 강력한 힘을 가지게 되었다. 물론 이러한 이미지 전부가 실재와 대립하는 것은 아니다. 일부의 무슬림들이 과격 테러리스트로 활동하므로 허위적인 것이 아니지만 진실하지도 않다. 일부의 사실을 전체의 사실로 둔갑시키기 때문이다. 실재를 분해하고 실재를 희미하게 하는 과정을 통해 무슬림은 전체가 테러리스트가 된 것이다.

서구 언론과 할리우드의 영화를 통해 만들어져 온 무슬림의 시뮬라크르로 인해 이슬람의 실재는 해체되어 점점 더 소멸되어 가고 미국과 서구에 의해 만들어진 시뮬라시옹된 현실, 즉 하이퍼리얼만 남게 된다. 우리가 보고 인식하는 것은 서구가 만들어 놓은 이슬람 세계의 폭력성과 테러리즘에 대한 과도한 이미지의 증식, 즉 시뮬라시옹 된 현실일 수가 있는 것이다.

　이와 같이 이슬람에 덧씌워진 과격 테러리스트 이미지는 실재를 대체하는 또 하나의 현실이 되고 있다. 이게 하이퍼리얼이라고 할 수 있다. 빈 라덴은 바로 과격 테러리스트를 상징하는 시뮬라크르가 된다. 이는 미국의 반이슬람 미디어 보도를 통해 시뮬라크르 자전이 되면서 과격 이미지를 증식하게 된다.

　원본이 없지만 원본처럼 행세하고 가짜이면서도 진짜처럼 광범위하게 인식되는 가짜 현실들은 새로운 현실로 자리 잡게 된다. 그 중심에는 과잉 이미지를 확산하는 미디어가 자리 잡고 있다. 즉 하이퍼리얼은 실재가 사라진 곳을 대체하는 '원본도 사실성도 없는' 이미지들이 실재보다 더 실재처럼 보이게 되는 것으로 제시한 개념이다. 원본이 존재하지 않음에도 미디어에 의해 실제보다 더욱 강렬한 존재감을 가지게 되는 허구 그 자체를 하이퍼리얼로 생각할 수 있겠다.

　그렇다면 이슬람에 대한 과격 이미지, 테러리스트를 떠올리게 하는 이미지는 서구 중심의 미디어가 만들어 낸 과잉 이미지의 산물이라고 할 수 있다. 우리나라 사람들 역시 미국 중심의 미디어 보도를 여과 없이 보도하면서 이슬람에 대한 이미지 역시 미국인들과 별로 차이가 없다.

## 영화 속 무슬림 테러리스트의 시뮬라크르

2001년 9월 11일 세계무역센터에 대한 공격은 전 미국 사회, 더 나아가 전 세계에 격변을 가져왔다. 우선 미국 조지 W. 부시 George W. Bush 정부가 전 세계적인 '테러와의 전쟁'을 선포했다. 이들은 테러로부터 자유를 수호한다는 명분을 내세워 북한, 이라크, 이란을 '악의 축'으로 규정하고, 아프가니스탄과 이라크를 공격해서 전쟁을 일으켰으며, 애국법 Patriot Act을 내세워서 테러 혐의만 있다면 시민들의 개인정보를 아무런 제제 없이 알아볼 수 있게 했다.

그러한 '테러와의 전쟁'에서 가장 피해를 많이 본 사람들은 무슬림들일 것이다. 그들이 입은 피해에는 물론 직접적인 피해도 있다. 하지만 그것보다 더한 종류의 피해가 있다. 무슬림들에게, 이슬람권 전체에 덧씌워진 '테러리스트'라는 이미지다. 9·11 이후, '이슬람'과 '테러리스트'는 거의 동의어에 가까운 관계로 인식되었다. 미국 정부와 미디어에 의해 이슬람에 대한 전면적인 시뮬라시옹이 이루어졌던 것이다. 텔레비전 뉴스에서는 이슬람 인들이 얼마나 위험한지에 대한 앵커의 코멘트가 이어졌고, 신문에서는 또 다른 '이슬람 테러리스트' 조직이 보도되었다. 인터넷에는 테러리스트에게 잡힌 인질의 참수 장면을 담은 비디오가 나돌았다. 현실의 무슬림들이 어떤 사람들인지, 실제 이슬람 국가가 어떤 나라들인지에 대해서 정확한 정보를 전달하는 주류 미디어는 거의 없었다. 그런 식으로 '무슬림 테러리스트'라는 시뮬라크르가 시뮬라시옹(시뮬라크르하기)되었으며, 이는 9·11 이후 현재까지도 어느 정도 이어지고 있다. 하이퍼리얼이 형성된 것이다.

현대의 디지털 미디어 사회에서 우리는 수많은 시각 매체들에 눈을 빼앗기면서 살아가고 있다. 현대의 미디어는 점점 더 시각적 이미지의 활용을 극대화하는 방향으로 나아가고 있는 중이다.

영화와 게임, 그중에서도 액션action 영화와 액션 게임은 이러한 시각 매체의 특성을 가장 대중적인 형태로 가장 적나라하게 보여주는 미디어들이다. 우선 '액션'이라는 장르는 거의 필연적으로 스펙터클을 동원하게 되어 있는 장르다. 총을 쏘고, 무언가가 폭발하고, 사람들이 피를 흘리는 등 아드레날린을 뿜어내게 만드는 말초적인 이미지들을 최대한 활용하는 장르가 바로 액션이다. 이러한 스펙터클을 소비하는 대중들에게는 성찰을 할 여지가 주어지지 않는다. 대신 대중이 하게 되는 일은 바로 몰입과 중독이다. 액션 영화를 보면 볼수록, 액션 게임을 플레이하면 플레이할수록, 더 화려하고 웅장한 폭발, 더 치열하고 격렬한 전투, 더 잔인하고 극단적인 폭력을 갈구하게 되는 것이다.

이런 상황에서 액션 영화, 그리고 액션 게임이 이슬람을 소재로 다룬다고 생각해 보자. 이슬람 문화의 진짜 모습, 무슬림들의 실제 현실이 액션 영화와 게임에서 다뤄질 확률은 매우 낮을 것이다. 그 자리를 대신해서 '무슬림 테러리스트'라는 적에 대한 폭력이 화면을 가득 메울 것이다.

영화와 게임이라는 장르는 보드리야르가 정의한 시뮬라시옹을 현대사회에서 가장 충실하게 수행하는 매체라고 할 수 있다. 보드리야르는 영상이 역사적 실재와 관계없이 자기 자신에게 매혹되어 스스로를 반복적으로 재생산한다고 규정했다. 그는 "영화는 스스로를 표절하고, 스스로를 복사하며, 자신의 고전을 다시 반복한다"[38]면서 그렇게 재생산된 이미지들이 거꾸로 현실을 구속하게 된다고 주장했다.

기술 발전이 급속도로 이루어지고 있는 현대사회에 이러한 파생실재를 만들어 내는 작업은 훨씬 더 사실적이고 정교한 형태로 이루어지고 있다. 그러한 작업을 주도하고 있는 미디어가 바로 영화와 게임이다. 두 미디어 모두 시각적·청각적 이미지 형성의 방법론이 최고로 발달한 매체들이기 때문이다. 영화 제작자들은 어떻게 하면 눈앞에서 실제로 벌어지는 것 같은 생생한 화면과 음향을 만들어 낼 수 있을까에 대해서 고민한다. 게임 제작자들은 어떻게 하면 현실 속에서 실제로 즐기는 것 같은 게임을 만들어 낼 수 있을지에 대해서 고민한다. 이렇게 극한의 '현실성'을 추구하는 미디어일수록 시뮬라시옹의 강도도 강할 수밖에 없다. 이 두 미디어가 만들어 낸 이미지는 '현실'이 아닌 '현실 같은 것', 곧 파생실재지만, 영화와 게임을 즐기는 사람들이 그것을 알아내기란 쉬운 일이 아니다.

즉, 액션 영화와 액션 게임은 화려한 스펙터클과 극한의 사실성으로 시뮬라시옹을 수행하는 데 있어 최적의 조건을 갖춘 미디어들이다. 그리고 이 두 미디어는 9·11 이후 이슬람권, 그리고 무슬림들에 대해서 '테러리스트'라는 시뮬라크르를 만들어 내는 데 중요한 역할을 수행했다.

이번에는 영화 〈킹덤The Kingdom〉과 게임 〈콜 오브 듀티 4: 모던 워페어Call of Duty: Modern Warfare〉를 예로 들어 무슬림에 대한 시뮬라시옹 과정을 살펴보겠다. 먼저 영화 〈킹덤〉이 어떻게 무슬림 테러리스트를 이미지화하는지 살펴보자. 〈킹덤〉은 피터 버그Peter Berg가 감독을 맡은 액션 영화로 2007년 9월 미국에서 개봉했으며, 미국 박스오피스 2위에 오른 흥행작이다. 전 세계적으로는 8천600만 달러의 수익을 냈다. 흥행에 성공한 만큼이나 '무슬림＝테러리스트'라는 시뮬라크르를 강렬하게 각인시킨 영화라고도 볼 수 있다. 다시 말하면 미국인들에게 이슬람에 대한 과격 테러리스트 이미지를 심어주는 데 큰 역할을 한 영화라고도 할 수 있다.

9·11 이후, 무슬림 테러리스트들은 미국인에게 가상의 적이 아니라 진짜 공포의 대상, 그리고 증오의 대상이 되었다. 이런 상황에서 〈킹덤〉은 비교적 현실적인, 진짜로 '있을 법한' 이야기를 소재로 만들어진 영화다. 하지만 자세히 살펴보면 이 작품이 결코 객관적이고 사실적인 영화가 아니라는 것을 알 수 있다. 이 영화는 '무슬림＝테러리스트'라는 시뮬라크르를 의도적으로 시뮬라시옹하고 있다.

영화 초반, 미국 정유회사의 직원들과 그들의 가족들이 거주 지역인 사우디아라비아의 리야드에서 소프트볼을 하면서 평화로운 한때를 보내고 있다. 이러한 평화는 사우디 경찰로 위장한 무슬림 테러리스트들에 의해서 깨지게 된다. 테러리스트들은 지프를 타고 미국인 거주 지역을 휩쓸면서 그들에게 총을 난사한다. 그들을 피해서 대피하는 미국인들을 유도하던 사우디아라비아 경찰이 갑자기 "알라는 유일신이며 무함마드는 알라의 사자다"라고 말하면서 수류탄으로 자폭한다. 밤이 되어 아수라장이 된 거주 지역에 구급차와 경찰 등 구조를 위한 인력들이 모여들고, 그들을 겨냥한 2차 폭탄 테러가 다시 발생하게 된다. 사우디아라비아 경찰조차 폭력적인 집단으로 그려지는 것이다.

영화 초반의 시퀀스는 매우 '사실적으로' 그려져 있다. 이 장면을 보면서 정말로 이런 식으로 테러가 일어날지도 모른다는 인상이 관객들의 뇌리에 각인된다. 여기에 흔들리는 카메라와 빠른 장면전환을 통해서 긴박감을 극대화하고 스펙터클을 증대시킨다. 또한 아이가 보는 앞에서 아버지가 테러리스트의 총에 무참히 살해되는 장면을 넣음으로써 무슬림 테러리스트의 잔인성을 부각시키고, 자폭하기 직전 아랍어로 신에 대한 기도를 올리는 장면을 넣음으로써 테러리스트의 종교적 광신을 강조한다. 영어로 진행하다 갑자기 튀어나오는 낯선 아랍어는 관객(미국인)들에게 아랍민족에 대한 이질감과 거부감을 높이는 효과를 낳는다.

하지만 사실 이러한 테러 장면은 무슬림 테러리스트를 향한 전형적인 시뮬라시옹의 예라고 할 수 있다. 이 테러 장면은 실제로 발생한 일이 아니라, 우리의 머릿속에 막연하게 들어 있는 '무슬림 테러리스트가 저지르는 테러'라는 이미지, 혹은 이미지로 덧칠된 아랍에 대한 껍데기뿐인 기호(기의가 배제된 기표), 즉 기존에 서구 미디어에 의해 증식된 시뮬라크르를 매우 생생하게 그려 낸, 시뮬라시옹일 뿐이다.

할리우드 영화에서는 무슬림에 대한 그야말로 폭력적인 이미지를 과잉 증식하면서 시뮬라크르를 만들어 내고 시뮬라시옹된 현실(영화)을 전 세계적으로 수출한다. 이를 본 관객들은 미국 영화에 의해 시뮬라시옹된 현실을 고스란히 믿게 되는 것이다.

〈킹덤〉은 테러 장면이나 무슬림 테러리스트의 모습 등을 매우 사실적으로 그려내고 있는 영화다. 하지만 그 '사실성'은 실제 무슬림들, 실제 이슬람 문화를 묘사하고 있지는 않다. 그 대신 이 영화의 사실적인 이미지가 묘사하고 있는 무슬림의 모습은 '무슬림은 극단적인 광신자이며 테러리스트다'라는, 하나의 거대한 하이퍼리얼이다. 그런 식으로, 이 영화는 무슬림 테러리스트 이미지를 만들어 내고 있다.


## 게임 속 무슬림 테러리스트의 시뮬라크르

다음으로 게임 〈콜 오브 듀티 4: 모던 워페어〉(이하 〈모던 워페어〉)가 무슬림 테러리스트의 이미지를 어떻게 만들어 내는지를 살펴보자. 〈모던 워페어〉는 북미에서만 300만 장이 팔려 2007년 미국에서 세 번째로 많이 팔린 게임으로, 2009년에는 전 세계적으로 1천300만 장이 판매된 것으로 집계되고 있다. 상업적인 실적뿐만 아니라 비평적으로도 매우 좋은 성과를 거뒀으며, 많은 게임 관련 언론에서 그해 최고의 게임으로 선정되기도 한 게임이다.

1인칭 슈팅 게임인 〈모던 워페어〉는 게이머gamer가 마치 자신이 게임 속에서 쏘고, 엄폐하고, 총알을 피하는 것처럼 활약할 수 있다. 따라서 액션 장르 중에서도 몰입도가 가장 높은 장르 중 하나고, 극도의 시각적·청각적 사실성과 스펙터클을 추구하는 장르다. 이 말은 시뮬라시옹이 일어나기에 적합한 장르라는 뜻이기도 하다.

이 게임의 대략적인 줄거리는 다음과 같다. 중동의 한 가상 국가에서 이슬람 근본주의자인 알-아사드 장군이 쿠데타를 일으키고, 이를 저지하기 위해서 미군이 출동해 이 국가를 공격하고 알-아사드를 체포하기 위해 나선다. 하지만 수도를 점령하는 과정에서 거대한 핵폭발이 일어나고 대부분의 부대가 전멸하게 된다. 그리고 사실 이 쿠데타는 러시아 국수주의자인 이므란 자카예프의 사주로 미국의 눈을 돌리기 위해서 일어났다는 사실이 밝혀지게 된다. 자카예프는 러시아를 옛 소련 시절로 되돌리고 미국에 핵공격을 가하기 위한 음모를 꾸미고, 이를 막기 위해서 영국 특수부대인 SAS가 나서게 된다.

게이머는 이 게임에서 중동 국가를 공격하는 미군 병사의 시점에서, 그리고 SAS 요원의 시점에서 게임을 플레이하게 된다. 이 게임의 줄거리는 실제 사실에 기초하고 있는 것이 아니라 할리우드 영화에서 흔히 볼 수 있을 법한 이야기다. 그렇게 만들어진 이야기는 현실 세계에서 실제로 일어나고 있는 분쟁과는 전혀 상관이 없다.

그저 게임 플레이의 재미를 위해서 만들어진 가상의 배경으로서만 작용할 뿐이다. 원본도 사실성도 없는 실재, 다시 말해서 파생실재인 것이다.

이러한 시뮬라시옹은 게임 내의 이슬람에 대한 묘사에서도 똑같이 나타난다. 게임 초반, 3번째 스테이지stage인 '더 쿠The Coup'에서 게이머는 대통령의 시점으로 게임을 진행하게 된다. 대통령은 쿠데타 군에게 잡혀서 차에 강제로 태워진 뒤 어딘가로 끌려가게 된다. 라디오에서는 쿠데타의 주역 알-아사드 장군이 지금의 대통령은 개인의 이익을 위해 서방에 나라를 팔았고, 알-아사드 자신은 그러한 노예 상태에서 벗어나기 위해서 쿠데타를 했다고 연설한다. 그는 광신적인 이슬람 신자이자 극렬한 국수주의자로 그려진다. 비록 테러리스트는 아니지만, 게임 내에서의 악역 중 한 사람이 이런 캐릭터라는 것은 결국 이슬람에 대한 부정적인 인상을 심어 주는 결과를 낳게 된다. 대통령은 알-아사드에게 처형당한다.

그리고 나서 게이머가 접하게 되는 무슬림은 그냥 적밖에 없다. 게이머는 다섯 번째, 여섯 번째, 아홉 번째, 열 번째 스테이지에서 미군 병사인 폴 잭슨 하사로 진행하게 되는데, 계속해서 무슬림 쿠데타군을 상대하게 된다. 여기서 무슬림 병사는 게이머가 게임을 진행하기 위해서 죽여야 하는 적일 뿐, 그 이상도 이하도 아니다. 이러한 묘사는 적으로서 섬멸해야 하는 이슬람 이미지를 낳기에 충분하다.

무슬림 병사들, 그리고 게이머가 이들과 치르는 전투는 발달한

3D 기술에 힘입어 매우 사실적으로 그려진다. 게이머는 마치 직접 전장에서 구르는 듯한 긴박감을 느낄 수 있다. 그러나 이러한 게임 속 세계는 현실 세계와 철저하게 차단되어 있다. 게임 속에서 현실의 이슬람, 그들의 역사와 문화 같은 것들은 철저하게 거세되어 있다. 오직 '합성 영상'만으로 이루어진 세계는 게이머의 시각적·청각적 쾌락을 위해 봉사할 뿐이다. 게임의 시뮬라시옹 과정에서 '이슬람 테러리스트'의 이미지는 강화되고 또 하나의 현실로 하이퍼리얼이 되는 것이다.


## '사유의 존재론적 구속'과 영상미학

이슬람 테러리스트를 그린 예외적인 영화가 있다. 스티븐 스필버그 Steven Spielberg 감독이 만든 영화 〈뮌헨München〉(2006)은 1972년 뮌헨 올림픽에서 벌어졌던 팔레스타인 무장조직 '검은 9월단'이 이스라엘 측 올림픽 선수들을 납치해서 인질극을 벌이다가 11명을 전부 사살한 사건을 발단으로 시작한다. 그 후, 분노한 이스라엘 측에서 비밀조직을 결성, 똑같이 팔레스타인에게 복수를 감행하고, 그 와중에서 주인공들이 겪게 되는 인간적 고뇌, 번민, 갈등을 그린 영화다.

 "Home is everything." 이 영화에서 나오는 이 대사야말로 함축적인 의미를 지닌다. 이스라엘은 자신들의 조상이 살던 땅이라는 명분으로 중동전쟁을 일으키면서 팔레스타인 사람들이 살고 있던 땅을 이스라엘의 땅으로 만들어 버렸다. 그 와중에 집을 잃은 팔레스타인 사람들은 갈 곳을 잃고 방황하게 된다. 집을 뺏은 자들이나 집을 뺏긴 자들 모두에게 보내는 메시지가 "Home is everything." 이다.

모사드Mossad의 요원이었던 아브너가 뮌헨 테러 주도자들을 암살하기 위해 다른 요원들과 함께 암살단을 이끌게 되고 팔레스타인 테러 용의자들을 암살하는 과정을 그린 이 영화는 단순히 '악'에 대한 '선'의 응징으로 이 사건을 담고 있는 것이 아니라, 무엇이 악이고 선인가를 묻는 방식으로 이루어져 있다.

팔레스타인의 독립을 위해 싸운다는 아랍인 알리와의 대화를 통해 아브너는 무엇이 이성이고 비이성인지에 대한 혼란에 휩싸이게 되고 함샤리를 암살하는 과정에서 딸까지 살해할 수도 있는 긴박한 상황에 놓이면서 도덕적으로도 갈등하게 된다. 결국 이스라엘의 암살단들은 테러 용의자를 암살하는 과정에서 그들 스스로가 누군가에게 또 다른 '악'이 되어 보복의 대상이 되는 역설적인 결과에 부딪치게 된다. 반면 암살된 테러 용의자들의 자리는 더 폭력적인 후임자에 의해 메워지게 되면서 이 복수의 연결고리는 뫼비우스의 띠처럼 안과 밖, 정의와 부정의를 알 수 없는 형태로 반복된다.

'사유의 존재론적 구속'이라는 말이 있다. 끝없이 확장될 것만 같은 우리의 사고는 사실 우리의 존재 안에 갇혀 있다. 내가 사는 곳, 내가 먹는 음식 등 나의 일상 안에서 사고의 영역은 축소된다. 아는 만큼 보인다고 했지만 실은 아는 것만 보게 된다는 말이 더 맞을 것이다. 그리고 그 앎이라는 것 역시 우리의 존재적 틀 속에 갇혀 있다. 어떤 영화나 책, 어떤 광고를 접하느냐에 따라 사고에 울타리가 생기거나 이미 만들어진 울타리가 사라진다. 나아가 우리가 접하는 미디어는 누군가의 시각에 의해 만들어진 변형된, 사실을 가장한 허구일 수도 있다. 영화 〈뮌헨〉 역시 '사유의 존재론적 구속'에서 자유로울 수 없었던 것은 아닐까?

## '폭력적 미국'을 은폐하는 과격한 이슬람 이미지

보드리야르는 시뮬라크르로 이루어진 디즈니랜드를 통해 디즈니랜드는 미국 전체가 시뮬라크르가 아니라는 것을 보여주기 위해 존재하는 가짜 장치라고 주장한다. 이를 '하이퍼리얼의 저지기계' 또는 '저지전략'이라고 불렀다. 마찬가지로 감옥이 존재하는 이유는 세상이 감옥이 아니라는 것을 위장하기 위한 것이라고도 했다. 세상이 모두 감옥이라면 사람들은 살맛을 잃게 되고 사회 전체가 활력과 동력을 상실하기 때문이다.

　미국은 9·11 이후 이슬람 테러리스트들에 의해 공격을 받았다며 아랍과 이슬람교도들에게 과격 이미지를 씌웠다. 그 결과 아랍인들과 이슬람교도들은 마녀사냥에 시달려야 했다. 아랍인들은 사회질서를 파괴하는 악의 세력이라는 식이다. 그런데 이를 보드리야르의 하이퍼리얼 저지기계(전략)로 들여다보면 흥미로운 분석이 나온다. 바로 미국의 파괴적이고 폭력적인 모습을 은폐 혹은 저지하기 위한 전략으로 이슬람의 과격 이미지를 대대적으로 활용했다고도 볼 수 있는 것이다. 미국 혹은 미국인은 선량하고 이슬람만이 평화를 방해하는 세력일까? 이분법적으로 선과 악을 명쾌하게 구분할 수 없다. 미국인들은 아랍인들보다 더 평화적이라고 감히 말할 수 있을까? 9·11 이후 아랍과 이슬람 세력에 대해 과격한 이미지, 세계 평화를 파괴하는 세력으로 몰아감으로써 미국인들과 서구인들은 평화 세력이 된 것이다. 미국이 과격하고 폭력적인 국가라는 이미지를 저지하기 위해 과격하고 폭력적인 이슬람 세력을 만든 것은 아닐까?

파괴적이고 폭력적인 것은 미국인도 예외가 아니다. 바로 9·11 이후 '탄저균 테러'와 그 이전의 오클라호마시티 연방청사 테러는 다름 아닌 미국인들이 저지른 테러였다. 그때 미국 언론과 수사당국은 그 배후로 이슬람 세력을 꼽고 대대적으로 조사했다. 그러나 수사 결과 범인은 바로 미국인이었다. 2008년 8월 7일 미국 당국이 발표한 조사 결과에 따르면 2001년 9·11 테러 직후 미국인을 공포에 떨게 했던 '탄저균 테러'의 범인은 알 카에다 같은 반미 세력이 아니라 미국 육군 소속 생물학자인 브루스 아이빈스Bruce Ivins로 밝혀졌다. 미국 법무부는 수사망이 좁혀오자 2008년 7월 29일 자살한 브루스 아이빈스가 단독 범인이라고 발표했다. 수사당국은 범행에 사용된 탄저균의 DNA 지문을 조사한 결과 아이빈스 실험실의 탄저균과 동일하다는 사실을 밝혀냈으며 당시 탄저균이 묻은 편지를 부친

시간에 아이빈스가 혼자 실험실에 있었던 사실도 확인했다.

탄저균 테러는 2001년 10월 5일 대중지 〈더 선The Sun〉의 사진부장과 우편물 관리자가 탄저병에 감염된 것으로 밝혀지면서 9·11에 이은 반미 테러집단의 추가공격으로 오인돼 미국을 공포에 떨게 했다. 이후 톰 대슐Tom Daschle 미국 상원의원, NBC 뉴스앵커 톰 브로코Tom Brokaw 등 미국 의회와 주요 언론기관에 탄저균이 묻은 우편물이 배달됐으며 모두 5명이 숨지고 17명이 감염됐다. 조지 W. 부시 미국 대통령은 사건 발생 한달 후 "알 카에다가 화생 및 핵무기 테러를 시도하고 있다"며 알 카에다 연루설을 시사했고, 이스라엘은 사담 후세인 당시 이라크 대통령이 연루돼 있다고 주장했었다.

탄저균 테러는 미국언론이 자국 내 테러사건이 일어나면, 우선 아랍인이나 이슬람 계와 연관 지어 온 오랜 편견이 얼마나 견고하게 자리 잡고 있는가를 보여준 단적인 사건이었다. 미국 조지타운대학교 교수로 이슬람·기독교 화해연구소장인 존 에스포지토는 '이슬람의 위협'을 강조하는 미국 언론에 강하게 항의하며 미국 언론의 이슬람에 대한 잘못된 인식과 단순화된 편견의 위험성을 경고하고 있다. 그는 이슬람에 대한 가장 잘못된 편견으로 이슬람을 지나치게 단순화, 일반화하는 것이라고 지적한다. 이슬람을 '이슬람 근본주의자', '이슬람 과격파' 등으로 단순화함으로써 이슬람 세계의 다양성과 포용성을 없애버리고, 이슬람을 서방의 기독교 문명과 대립관계에 둔다는 것이다.

미국 언론과 서구 언론은 탄저균 보도에서도 편향된 시각을 고스란히 보여주었다. 1995년 4월에 미국 오클라호마시티 연방청사 테러에서 미국 수사당국은 처음부터 과격 이슬람 테러분자를 의심했으나 결국에는 미국 내 극우주의자인 티머시 맥베이Timothy J. McVeigh의 소행으로 밝혀졌다.

범인 티머시 맥베이는 연방정부의 불법무기 소지 단속에 분노했고 연방정부는 개인의 자유를 억압하는 거대한 권력이라며 폭파를 결행했다고 한다. 미국에서는 매년 총기 난사사건으로 무고한 사람들이 목숨을 잃는다. 그만큼 폭력이 미국 전체를 병들게 하고 있다.

오클라호마시티 연방정부 건물에 폭파사고가 났을 때, CNN 등 미국의 주요 텔레비전 방송 기자들은 이슬람 전문가인 존 에스포지토에게 "오클라호마 지역에 어떤 이슬람 근본주의자들이 있는가?"라는 질문을 던졌다. 이것은 테러는 당연히 이슬람교도들에 의해 저질러진 것이고, 이슬람은 과격한 근본주의자 종교라는 등식으로 세상을 보고 있다는 단적인 예다. 그러나 유대인이 헤브론 사원에 폭발물을 던져 25명의 팔레스타인인을 살해했을 때, 아무도 유대인들을 과격한 근본주의자 집단으로 보지 않았다고 지적한다. 9·11 이후 탄저균 테러 소동에서도 예외는 아니었다. 단서나 드러난 혐의점이 없었음에도 불구하고 미국 수사당국이나 언론은 이라크나 알 카에다 등에 혐의를 두고 집중 보도했다. 이는 이슬람에 대한 편견을 갖고 있는 미국 언론이 이슬람에 대한 테러를 저지르는 것과 마찬가지다.

이러한 시각에서 그는 새뮤얼 헌팅턴의 문명 충돌론에 매우 비판적이다. 문명 충돌론도 '우리'와 '그들'이라는 이분법으로 세계를 보는 냉전식 사고의 산물이며, '근대화＝서구화'라는 잘못된 근대화론에 바탕을 두고 이슬람을 기독교 문명의 대칭점에 있는 반서구적, 전근대적인 것으로 본다고 강조한다.

〈킹덤〉과 〈모던 워페어〉를 통해서 영화와 게임이 어떻게 이슬람, 그리고 무슬림에 대한 인식을 시뮬라시옹하는지 살펴보았다. 영화와 게임의 시뮬라시옹은 비단 이슬람에만 국한된 것이 아니다. 이 두 미디어의 시각적·청각적 기술력은 이미 현실과 구분이 어려울 정도로 사실성을 추구하고 있으며, 그 대중적 영향력도 상당하기 때문이다. 많은 현실의 사건들이 영화와 게임에 의해 본래의 현실에서 떨어져 나와 이미지의 집합으로 재구축되고 나아가 또 하나의 새로운 현실, 즉 하이퍼리얼이 되고 있다.

이러한 상황에서 현대사회의 대중은 그러한 파생실재가 결코 진짜 현실과 연관이 없고 다만 실재와 상관없는 이미지들로 이루어져 있다는 사실을 확실하게 파악해야 할 것이다. 현실은 영화와 게임에서 나타나는 이미지와는 전혀 다르다. 이 사실을 깨닫지 못하는 사람은 미디어가 만들어 낸 파생실재에 갇혀 허상을 진실로 믿게 될 것이다.

## 고찰2. 삼류 소설이 아우슈비츠 대학살을 부르다

— '시온의정서'의 진실

.

### 소설에서 시작된 '시온의정서'

앞서 살펴본 서구 세계의 이슬람에 대한 과격 이미지는 미국을 지배하고 있는 유대인들이 이슬람 세력에 투영한 만들어낸 하이퍼리얼이라고 할 수 있다. 이른바 이슬람 일부 근본주의 세력이 급진적인 정치적 폭력행위를 주도하자 이를 빌미로 이슬람 사회 전체를 폭력적인 사회, 테러를 일삼는 불량국가로 일반화하면서 이슬람 세력을 악의 세력이라는 '주홍글씨'로 낙인찍은 것이다. 이 역시 실체가 없는 이미지에 불과한 데도 거꾸로 현실에 치명적인 영향을 미치면서 이슬람 사회에 편견을 덧씌운 사례이다. 이슬람 세계의 정치적 폭력행위는 바로 이스라엘이 팔레스타인을 점령해 유대인 국가를 수립한 데서 비롯되었다. 즉 이슬람의 과격성은 유대인들이 점령한 팔레스타인을 되찾기 위해 시작한 것이다.

그런데 유대인 역시 하이퍼리얼로 치명적인 역사를 경험해야 했다. 유대인의 세계 지배 음모가 담겨 있다는 '시온의정서'가 유대인에 대한 인종주의적 경계 심리를 극대화했고 이로 인해 유대인들의 아우슈비츠 대학살을 부른 것이다. 실재하지 않은 가짜의 유대인 이미지가 현실을 집어 삼켰던 것이다. 게오르크 헤겔George Wilhelm Friedrich Hegel의 말처럼 역사는 비슷하게 반복되었고, 한번은 유대인이 또 한 번은 이슬람 인들이 만들어진 이미지로 인해 민족적 고난을 당한 것이다.

시온의정서는 오늘날 전 세계적으로 진실처럼 받아들여진다. 2천 년을 넘게 고향인 팔레스타인에서 쫓겨난 이후 유럽과 러시아 등지에서 핍박을 받아온 유대인들이 세계를 지배하기 위해 100년에 한 번씩 베른의 유대인 공동묘지에서 회합을 하는데 여기서 시온의정서를 만들었다는 것이다. 즉 시온의정서는 '시온 장로단'이라는 비밀조직이 신참 장로에게 행동 강령을 교육시키기 위한 지침서 형식으로 되어 있고, 24개 행동 강령의 목표는 전통사회를 붕괴시키고 언론매체와 금융시장을 장악함으로써 세계를 지배하는 데 있다는 것이다.

이것이 빌미가 되어 유대인들은 집단적인 증오의 대상이 되었고 결국 아우슈비츠 비극을 초래했다는 것이다. 이게 과연 진실일까? 그런 모임이 역사적으로 존재했고 또 문서가 사실이라면 유대인들에게 새겨진 '주홍글씨'라고 할 수 있을 것이다. 그러나 시온의정서는 실은 존재하지도 않은 날조된 것으로 1868년 처음 삼류 소설에 등장한 내용인데 이후에 모리스 졸리Maurice Joly 등 작가들에 의해 표절되면서 마치 실제로 존재하는 문서처럼 굳어져 버렸다고 한다. 이야말로 실재하지 않는 가짜의 현실이 진짜 현실이 된 것이다. 더욱이 그 가짜의 문서가 거꾸로 현실에 영향을 미치면서 결국 아우슈비츠의 비극을 초래했다. 즉 소설에서 시작된 가짜의 실재가 이미지를 증식하면서 시뮬라크르가 되었고 또 다른 작가들에 의해 시뮬라시옹 과정을 거치면서 '시온의정서'는 정식 문서가 되었다. '시온의정서'는 유대인이 세계를 지배한다는 광범위한 하이퍼리얼을 낳았고 결국 이게 유대인 대학살로 이어졌다는 것이다. 그야말로 가짜 실재가 진짜 실재를 삼켜 버린 일이 벌어진 것이다. 보르리야르가 말한 실재 없는 실재의 과잉 이미지에 의해 시뮬라시옹된 현실이 하이퍼리얼을 생성한 것이다.

독일의 베를린공과대학 반유대주의연구소 소장인 볼프강 벤츠 Wolfgang Benz가 쓴《유대인 이미지의 역사Bilder vom Juden》(윤용선 역, 푸른역사, 2005)에는 '유대인의 세계 지배 음모-시온산 현인들의 의정서'[39]에 대한 자세한 내막이 소개되어 있다. 벤츠는 이 책을 통해 이성적으로 보이며 실제로도 매우 합리적인 유럽이 사회적 소수자에 대한 근거 없는 편견에 사로잡혀 가해를 일삼는 존재라고 고발한다. 특히 유대인에 대한 서구 사회 전체가 집단적으로 실체 없는 조작과 함께 증오를 드러내면서 결국 광기 상태로 변해 아우슈비츠 대학살을 저질렀다고 분석한다.

벤츠의 연구에 따르면 '시온산 현인들의 의정서'는 유대인의 세계 지배 음모론을 증명하는 증거 문서를 상징하는데, 정작 이 의

정서는 반유대주의자인 헤르만 괴트셰Hermann Gödsche의 통속 소설에서 비롯되었으며, 여러 차례의 왜곡이 가미된 표절을 거쳐 '시온의정서'라는 하나의 문서로 위조되었다는 것이다. 즉 벤츠는 시온의정서가 가공의 문서라고 주장한다. 괴트셰가 유대인의 세계 지배 음모론을 만들어 낸 것은 아니지만 무한하게 이용될 수 있는 문학적 원형을 창조함으로써 음모론을 대중화시키는 데 커다란 기여를 한 것이라고 벤츠는 주장한다. 즉 유대인 세계 지배 음모론을 문학적으로 가공을 했고 이게 문서 위조자에게 '원형'의 역할을 제공했다는 것이다.

괴트셰는 독일의 소설가이자 반유대주의자로 유대인의 세계 지배 음모를 퍼트리는 데 원조가 된 인물이다. 괴트셰(필명 존 리트클러프)는 프로이센의 극보수주의 신문의 편집장 출신으로 통속문학을 쓴 소설가였다. 그는 소설을 통해 반계몽주의적, 반자유주의적 신념을 독자층에게 불어넣었다. 보수주의적 기독교 신문의 독자들을 대상으로 호감 가는 문체로 반동적 선동을 시도했다는 평가를 받았으며 당대에 역사와 정치소설 35권을 출간했다. 그는 1878년 숨을 거두었는데 자신의 문학과 함께 잊혔다가, 작품의 일부가 프랑스 잡지 등에 표절되면서 다시금 사람들의 주목을 받았다. 표절된 부분은 프라하 유대인 공동묘지가 배경인 장면으로《비아리츠Biarritz》(1868)라는 소설에 나온다. 괴트셰가 소설에 쓴 이 장면은 당시 사람들이 기독교 교리나 종교 수업에서 얻은 지식을 종합한 것이었다고 한다.

괴트셰가 소설에서 묘사한 내용은 이스라엘의 12지파, 유대인 대표회의, 유대민족의 선민사상, 카발라(Kabbala, 유대인 밀교) 비술 등과 같은 구전된 반유대적 이야기를 모은 것이었다. 소설에서 12지파의 대표는 음모를 획책하기에 알맞은 신비스러운 어둠이 내리면 프라하에 있는 '카발라의 대가' 지메온 벤예후다의 무덤에 모인다. 100년에 한 번씩 열리는 이 회합에서 대표들은 유대인의 세계 지배 현황과 상황을 논의한다. 회의에서 이스라엘의 12지파에게는 세계 지배의 상징으로 근대 유럽의 대도시 명칭이 부여되며, 이를 통해 작자는 유대인이 세계 곳곳에 침투해 있음을 보여준다. 소설에서는 2명의 기독교인이 유대인의 심야 회합을 목격한다. 이 모임에서 레위지파 출신의 의장은 유대인이 세계를 지배해야 하는 당위성에 대해 다음과 같이 연설한다.

우리 민족의 현인들은 아주 오랫동안 투쟁을 지도하고 있다. 이스라엘 민족은 점차 수렁에서 벗어나고 있으며 엄청난 권력을 공개적으로 혹은 비공개적으로 왕과 백성들에게 이미 행사하고 있다. 왜냐하면 아론이 광야에서 우리를 기쁘게 하는 데 이용했으며 배교자들이 경배했던 지상의 신 황금송아지가 바로 우리의 것이기 때문이다. 지상의 모든 금이 우리의 것이라면 모든 권력도 우리의 것이다. 그러면 하나님이 아브라함에게 하신 약속이 실현되는 것이다. 황금은 새로운 예루살렘이다. 황금은 세계의 지배이며 권력이며 복수이며 기쁨이다……. 새로운 세기는 이스라엘의 것이다.[40]

이 이야기는 1881년 한 프랑스 잡지에 '어느 대랍비의 비밀모임 연설'이라는 독자적인 제목으로 실렸고, 유럽 여러 나라의 언어로 번역되었다.

이러한 글은 또 다른 형태로 유대인의 세계 지배 음모론을 위조한 것이다. 존재하지도 않은 소설 속의 내용이 가짜 실재를 이루고 이미지를 증식하면서 '정식 문서'로 둔갑(시뮬라시옹)했고 결국에는 '유대인의 세계 지배 음모'라는 거대한 하이퍼리얼이 생겨난 것이다. 결국 이 음모론은 서구 사회에서 유대인의 세계 지배를 경계하는 분위기로 이어지고 나치의 대학살로 이어졌다는 것이다. 하이퍼리얼이 현실을 삼켜 버린 전도현상이 일어나 인류 최대의 비극이 된 것이다.


## 위조를 거쳐 진짜 문서가 되다

물론 음모론의 '증거 문서'인 '시온산 현인들의 의정서'가 기정사실화되는 데는 더 많은 사람들의 노력이 있었다. 러시아의 문서 위조자이자 정치적 모험주의자이며 한때 차르 전제정의 비밀경찰 '오흐라나'의 파리사무소 책임자였던 표트르 이바노비치 라치코프스키 Pyotr Ivanovic Rachkovsky는 '시온의정서'가 실제로 존재하는 것처럼 문서를 위조했다고 한다. 그가 위조한 음모론의 핵심 내용은 일종의 지하정부 형태를 띤 유대인 비밀결사가 기존의 권위주의적 체제를 무너뜨리고 자유주의와 민주주의의 힘을 빌려서 세계를 지배하려한다는 것이다. 음모론은 유대인 비밀결사가 유대인 전체를 대표한다고 전제하며 이러한 전제는 음모론이 끼치는 영향에도 중요하게작용한다. 즉 모든 유대인은 위험한 음모에 가담한 것으로 비난받으며, 그로 인해 문서는 반유대주의의 무기가 된다.

러시아에 이어 독일에서도 시온의정서의 문서가 출간되었다. 1923년 알프레드 로젠베르크Alfred Rosenberg는 한 논문에서 의정서의 '원본'이 1897년 바젤에서 만들어졌다고 주장했다. 나치는 1934년 10월 13일자 교육부장관 명령으로 학교 교과서에 의정서 내용을 실었다. 반유대주의자들에게는 문서의 진실 여부는 중요하지 않았다. 음모론을 비판하는 논거와 증명은 오히려 음모론을 알리는 역할을 했다. 음모론에 대한 반박은 처음부터 아무런 효과도 거두지 못했을 뿐만 아니라 오히려 음모론의 확산에 기여했다. 즉 "역사에 무언가가 있었던 것이 틀림없다"는 추측만을 강화시켰다.

1921년 영국의 〈더 타임스The Times〉 기자 필립 그레이브스 Philip Graves는 시온의정서가 위조문서임을 처음으로 밝혔다. 그는 이 문서가 프랑스 법률가 모리스 졸리가 나폴레옹 3세에게 가한 풍자와 거의 비슷하다는 사실을 증명해 보였다. 그 뒤에 러시아의 역사가 블라디미르 부르체프Vladimir Burtsev의 조사 결과, 시온의정서는 러시아 비밀경찰 간부들이 졸리의 풍자와 헤르만 괴트셰의 공상소설인《비아리츠》및 그 외 자료들을 적당히 합쳐서 만든 위조문서임이 밝혀졌다. 그럼에도 불구하고 음모론은 더욱 확산되었다.

시온의정서는 인간 이성의 한계를 보여주는 상징적인 사건으로 꼽힌다. 이에 대해 빈야민 제겔은 시온의정서라는 문서가 위조됐다는 비판적인 책을 1924년 베를린에서 출간했지만 유대인 출판사에서 출간되어 주목을 받지 못했다. 그는 서문에 이렇게 적고 있다.

> 우리는 스스로에게 이러한 어리석은 말들과 싸우는 것이 무의하다고 말했다. 이러한 말들은 언젠가 전 세계의 조롱 속에서 사라져 버릴 것이다. 우리는 자신을 속였다. 우리는 세계가 어리석고 가볍다는 사실을 지나치게 경시했다. 이를 테면 역사는 이 문서를 가지고 실험을 했으며, 이러한 실험은 자신이 교양 시민임을 자랑하는 계몽 시대의 대중에게는 충분히 할 만한 가치가 있는 것이다.[41]

1933년 스위스에서는 베른의 유대인 문화단체와 종교단체의 요청으로 의정서 문서의 사실 여부를 확인하기 위한 재판이 열렸다. 1935년 1심은 문서가 '삼류 문학'에 속하는 위조라고 결론짓고 피고인 스위스 나치Nazi들에게 벌금을 선고함으로써 이성에 손을 들었다. 그러나 이성의 승리는 오래가지 않았다. 1937년 베른 고등법원은 1심 판결을 번복, 삼류 문학으로 분류할 만한 '외설적' 문서가 없다는 이유를 들어 반유대주의자들의 손을 들어 줬다.

시온의정서라는 가짜 문서의 확산은 이미 오래전부터 막을 수 없었으며, 이제 이데올로기를 뛰어넘어 유포되었다. 유대인 세계 지배 음모론은 심지어 소련에서도 선전에 동원되었고, 아랍 및 이슬람 세계에서 이스라엘을 공격하는 무기로 등장하기도 한다.

시온의정서의 영향력은 현재에도 진행형이다. 각종 반유대주의 음모이론은 미국의 이라크 침공, 세계 금융위기 등 모든 문제와 불행이 유대인의 음모 때문이라고 주장한다. 반유대주의적 음모이론이 항상 근거로 삼는 것이 시온의정서이다. 이슬람 국가의 학교에서는 시온의정서의 내용이 조작이 아니라 사실이라고 가르친다고 한다. 《화폐전쟁Currency Wars》(차혜정 역, 랜덤하우스코리아, 2008)에서 '금융위기 음모론'을 펼친 쑹홍빙宋鴻兵의 주장도 시온의정서와 전혀 무관한 내용이 아니다. 유대인에 대한 음모론이 반유대주의자들의 머리 밖으로 나와 현실이 되었으며, 삼류 소설처럼 하찮은 내용이 정치 독트린으로 변질되었다. 그게 아우슈비츠의 대학살을 부른 시초였다. 지금은 이슬람에 대한 악의적인 이야기가 현실이 되어 나타나고 있다.

# 고찰 3. 우리는 살고 있는 현실의 현기증
## ― 촛불 시위 그리고 광우병

## 과잉 이미지를 낳는 방송 미디어

마셜 매클루언은 "미디어는 메시지다"라는 명제를 통해 미디어는 단순히 '내용'을 전달하는 도구일 뿐이라는 기존의 개념을 뒤집는다. 매클루언은 미디어를 인간 감각을 확장하는 도구로 이해한다. 즉 같은 내용이라도 어떤 매체가 보도하느냐에 따라 인간의 감각이 달리 반응하면서 인식하게 된다는 것이다. 이는 2008년 우리사회를 뒤흔들게 한 광우병 보도에서 경험적으로 이해할 수 있다. 〈PD수첩〉의 보도가 없었다면 결코 광우병 이슈가 사회를 뒤흔들 수 없었을 것이다. 촛불 시위는 〈PD수첩〉의 보도에 의해 증폭되어 미국산 쇠고기에 대한 과잉 이미지를 낳은 사건이었다고 분석할 수 있다. 방송이 〈PD수첩〉을 보도하면서 사람들의 감각이 신문 매체와는 비교할 수 없을 정도로 크게 확장되면서 새로운 이미지를 만들었고, 그 이미지가 과잉 증식하면서 광우병이 마치 실재하는 것처럼 새로운 현실이 되어 버린 것이다.

보드리야르가 말한 소비사회에서의 소비란 인위적으로 만들어지는 상품을 소비하므로 자율적인 주체의 자유로운 활동이 아니다. 물건이 합리적 수요에 의해 공급이 되던 시대가 지나고, '인위적 소비'를 촉진하는 디자인, 광고 등이 수요를 창출한다. 소비도 단순히 그 물품의 사용가치를 소비하기보다 기호가치를 소비한다. 여기서는 상품 그 자체가 아니라 '상품의 이미지'가 중요해진다. 미디어에 의해 소비된 상품이 가치와 권위를 획득하고 그렇지 못한 상품은 그 가치를 인정받지 못한다. 따라서 상품은 미디어가 제시하고 보여주는 기준에 따라 소비한다. 미디어에서 연예인이 소비하는 패션만이 소비된다. 장 폴 사르트르Jean Paul Sartre에 따르면 인간은 피투체, 즉 '세상에 내던져진 존재'이지만 미디어에 의해 호명되는 상품이 소비되는 현대사회에서는 피투체에 이어 '미디어에 의해 내던져진 존재'가 되는 것이다. 미디어가 주체가 되고 미디어의 렌즈를 통해 수많은 객체를 만들어 냄으로써 인간은 렌즈에 의해 만들어진 객체를 모방하는 인간으로 전락하고 마는 것이다.

2008년 '촛불 시위'를 누구나 기억할 것이다. 촛불 시위에 대한 학문적 논의가 있었을 만큼 한국 사회에 큰 영향을 미친 사건이라고 할 수 있다. 일부에서는 한국 사회를 촛불 집회 이전과 이후로 나눌 수 있다고 주장하기도 한다. 그런데 우리사회는 2008년 '촛불 시위'에서 실재하지 않는 이미지가 현실을 대체하며 지배한 경험을 했다.

하이퍼리얼 개념으로의 접근은 촛불 시위가 우리사회에 미친 민의의 '전복성'과는 별개로 이미지 증식에 대한 미디어 미학의 차원에서 논의될 수 있을 것이다. 이에 대해 구체적으로 살펴보자. 이는 미디어가 시뮬라시옹을 통한 하이퍼리얼 형성에 끼치는 영향에 대한 분석이다.

## 미국산 쇠고기에 대한 보도와 촛불 시위의 경과

2008년, 생후 30개월 이상의 소를 수입하기로 결정한 한미 자유무역협정FTA의 협상 결과에 반발하여 많은 국민이 청계광장에 몰려 촛불을 들고 시위를 했다. 2003년 미국의 광우병 발생으로 중단되었던 미국산 쇠고기의 수입이 2006년 '30개월 미만, 뼈를 제거한 고기'라는 조건으로 재개되면서 광우병에 대한 관심과 보도가 증가하였다. 2008년 초 미국에서 암소를 학대하는 동영상이 유포되었고, 4월 18일에 '뼈와 내장을 포함한 30개월 이상, 대부분의 특정 위험부위를 포함한 30개월 미만'의 미국산 쇠고기를 수입하는 협상이 체결되면서 이른바 '광우병 논란'이 일기 시작했다. 특히 2008년 4월 29일 MBC의 〈PD수첩〉 '긴급 취재! 미국산 쇠고기, 과연 광우병에서 안전한가?'편이 방송되면서 논란이 크게 확대되었다. 이후 시작된 촛불 시위는 점차 확대되었고, 2008년 6월 6일 현충일에는 경찰 추산 5만 6천여 명, 주최 측 추산 20만여 명의 인원이 시위에 참가

하였다.

  '광우병 촛불 시위'라고 불리는 시위의 경과를 위키백과에서 인용하면 다음과 같다. 위키백과는 이른바 온라인상에서 '편집전쟁'(3장에서 분석)을 거치면서 객관적인 사실들을 위주로 만들어지므로 주관성이 최대한 배제된 것이라고 할 수 있다.

촛불 집회의 명분을 제공한 것은 FTA 협상이었으며, 2008년 4월 19일 데이비드 캠프의 한미 정상 회담을 하루 앞두고 급격하게 전면 개방으로 내용으로 한 한미 쇠고기 2차 협상 타결 소식이었다. 이 타결 안에는 어느 국가도 허용하지 않는 광우병 발생이 잦은 30개월 이상의 쇠고기 연령 제한 해제 및 검역에서 광우병이 발생되어도 수입을 중단할 수 없는 내용이 포함되어 있었다. 이어 2008년 4월 29일 문화방송 〈PD수첩〉에서 미국산 소의 위험성을 다룬 1차 방송 '긴급 취재, 미국산 쇠고기, 과연 광우병에서 안전한가?'를 방영하였다. 그 직후, 청소년에게 인기 있는 연예인들의 팬 사이트를 중심으로 동일한 내용의 선전물들이 연예인 사진과 편집 디자인만 변경되어 배포되었다. 미국 광우병 쇠고기는 위험하며, 그 쇠고기가 수입되면 팬들이 사랑하는 '오빠'들이 위험해지고, 5월 2일에 집회가 있으니 모이라는 내용이었다. 이 내용에 위기를 느낀 일부 학생들의 시위가 있었다.
5월 2일 정부에서 전면개방에 따른 미국산 소고기 안전성 기자회견을 하였으나, 어떠한 안전 조치도 내놓지 않았다. 수입 쇠고기의 안전성에 대한 문제로 본격적으로 시작된 촛불 집회는 이어 이명박 정부의 국정

전반에 대한 비판과 퇴진 요구로 확대되었다. 참가자는 초기에 중학생, 고등학생이 차지하는 비율이 매우 높았으나, 차츰 대학생, 직장인 등 연령대가 다양해졌다. 6월 들어 참가자가 늘어나고 시위가 장기화되면서 시위대가 청와대 진격을 시도하고 이를 진압하는 과정에서 경찰과 시위대의 물리적 충돌이 발생하는 등 문제가 지적되기도 하였다.

〈PD수첩〉의 '긴급 취재, 미국산 쇠고기, 과연 광우병에서 안전한가?' 편은 미국산 '다우너 소'가 쓰러지는 모습을 방영하며, 이를 광우병과 연관 지었다. 이로 인해 대중에게 미국산 소의 이미지는 '광우병 걸린 다우너 소', '위험한 소' 등의 이미지로 고착화되었다. 그런데 방영 내용 중 일부에 오역 논란이 제기되었고, 이에 검찰은 〈PD수첩〉을 고소하기에 이르렀다. 재판에서 번역가 정지민 씨는 〈PD수첩〉에서 2008년 4월 29일 방송에 내보낸 동영상은 동물 학대에 대한 동영상이고 다우너 소는 광우병과 관련이 없다고 진술했다. 또 〈PD수첩〉은 미국산 소가 광우병에 걸릴 가능성을 강조하기 위해 동물보호단체 휴메인 소사이어티Humane Society가 "다우너 소의 원인은 병원성 대장균, 살모넬라, 그리고 매우 드물게 광우병에 감염된 경우이다"라고 했던 내용에서 광우병만을 강조하여 보도하였다.


위키백과의 내용처럼 광우병 쇠고기에 관련한 〈PD수첩〉의 보도를 본 국민들은 미국산 쇠고기의 수입을 반대하는 생각을 갖게 되었다. 우리나라로 수입되는 미국산 쇠고기에 광우병에 걸린 소의 고기가 섞여 들어올 수 있다고 믿게 되었기 때문이다. 촛불 시위에서 미국산 소에 대해 대중이 믿은 가상의 이미지, 즉 시뮬라크르는 이 '우리나라에 광우병에 걸린 미국산 쇠고기가 수입될 위험이 있다'는 과잉 이미지라고 할 수 있다. 이 이미지는 바로 〈PD수첩〉의 보도로 확산되었다. 〈PD수첩〉에서 진행자는 다우너 소(downer cow: 주저앉는 소)를 광우병에 걸린 소라고 지칭했는데 이게 광우병에 대한 심리적 공포를 증가시키는 결정적인 계기가 되었다. 이후 왜곡방송 시비가 붙자 MBC는 생방송 도중 다우너 소를 '광우병 소'라고 지칭한 것은 실수였다고 해명했다. 곽금주(서울대학교 심리학과 교수)는 "첫인상이 중요하고 첫사랑이 잊히지 않듯, 첫 정보가 중요하다. 미국산 쇠고기를 별다른 지각없이 먹다가 처음 접한 강렬한 정보가 광우병에 대한 정보였기 때문에 나중에 잘못된 정보라는 것을 알더라도 첫 정보가 쉽게 잊히지 않는다"고 말했다.

만약 똑같은 내용으로 신문에 보도되었다면 과연 광우병이 사회가 뒤흔들릴 정도의 국가적인 이슈가 되었을까? 매클루언의 "미디어는 메시다"라는 명제에 따르면 사람들은 다른 반응을 보였을 것이다. 사르트르에 따르면 인간은 피투체, 즉 '세상에 내던져진 존재'이지만 소비사회에는 '미디어에 의해 내던져진 존재'가 되는 것이다. 미디어가 주체가 되고 렌즈를 통해 수많은 객체를 만들어 냄으로써 인간은 렌즈에 의해 만들어진 객체를 모방하는 인간으로 전락하고 마는 것이다. 그래서 미디어가 독해체계를 독점하는 미디어 제국주의에 살고 있다고 한다.

욕망 또한 자신의 욕망이 아니라 미디어에 의해 형성된 자본의 욕망을 소비하게 된다. 일상은 미디어의 지시어로 얼룩지고 비지시어는 설 자리가 없다. 미디어에 의해 소비되지 않는 상품 역시 상품으로서의 가치조차 제대로 획득하지 못하게 되는 것이다. 그래서 미디어에 의해 조종되는 삶을 살지 않기 위해서는 무엇보다 '미디어 독해력media literacy'이 요구된다고 할 수 있다. 책을 읽을 때에 독해력이 필요하듯이 이제는 미디어를 볼 때에도 독해력이 필요한 것이다.

광우병 보도로 인한 촛불 시위는 분명 한국사에 한 획을 긋는 사건이었다. 박병섭은 〈촛불 축제 시위와 세계사적 의의〉(사회와 철학 연구회 편,《촛불, 어떻게 볼 것인가》, 울력, 2009)에서 이렇게 말한다.

> 촛불 축제 시위에서는 아고라 광장의 광우병 보도와 동영상 1인 보도로 새로운 언론제도의 가능성을 보여주었다. 촛불 시위 축제는 조중동의 왜곡보도에 맞선 신문 안 보기 운동에 추가해서 광고 게재 회사 불매운동을 전개했는데, 이것은 정권을 위협할 정도로 위력적이었다. 이것은 인터넷에 등장한 대중지성의 일종이다. 대중지성에 대해 의구심을 가지는 사람들은 아고라 광장의 일부 논의에서 한풀이, 무교양, 강남 부자에 대한 저주를 보면서 인터넷 논의의 한계를 본다. 촛불 시위 축제의 주체는 무지, 선동, 부정직의 거울 반영의 쌍생아에 맞서 대중지성을 발휘할 때에 역사적 의의를 확보한다. 한편의 극단에는 사실 때문이 아니라 언론(PD수첩)의 보도 때문에 촛불 시위 축제가 등장했다고 믿는 사람들이 있다.

인터넷 공간의 아고라가 새로운 광장으로서의 역할을 한다는 사실은 분명한 역사적 의의를 획득하고도 남는다. 다만 〈PD수첩〉의 광우병 보도 중 일부가 '사실'이 아니라는 지적이 제기됐고 소송 과정을 거치면서 부분적으로 확인되었다. 하지만 방송보도를 통해 미국산 쇠고기에 대한 과잉이미지가 형성되면서 급기야 하이퍼리얼을 탄생시켰고 역으로 현실에 영향을 미치는 단계로까지 발전했다. 실재하지 않는 현실을 만들어 낸 광우병 하이퍼리얼은 분명 언론의 자유가 때로는 부정적인 현상으로 나아갈 수 있다는 것을 보여준 사례라고 할 수 있다. 언론의 자유가 '절대선'은 아닌 것이다.

## 지금도 광우병은 계속되고 있다

'광우병 파동'이 2년 지났다. 온 나라를 혼돈에 빠트렸던 '광우병 괴담'은 요즘 거의 사라졌다. 이제 '미국 소는 미친 소' '한국인은 백인보다 광우병에 두세 배나 잘 걸린다' '화장품, 생리대도 안심할 수 없다' 등의 이야기를 믿는 사람은 많지 않다. 미국산 쇠고기에 대한 광우병 우려도 눈에 띄게 사그라졌다. 싹쓸이 태풍은 지나가고 그 자리에 이성(理性)이 들어서게 돼 다행이다. 하지만 그 여진(餘震)은 아직 우리사회 곳곳에 남아 있다.

얼마 전 고등학교 2학년 학생을 상담했다. 이 학생은 최근 어금니를 뺐다. 그 후 인터넷에 돌아다니는 광우병 괴담을 봤다. "라면 수프, 우유,

과자 등을 통해서도 광우병에 걸릴 수 있다" "이빨 빠진 자리를 통해서도 광우병 걸린다"는 황당한 얘기를 믿고 그 학생은 광우병 공포에 휩싸이고 말았다. 나의 블로그에 "어떡하면 좋으냐"며 하소연의 글을 매일 집요하게 올렸다.

"괜찮으니 걱정하지 마라"고 관련 논문도 보내주고, 연구 데이터를 보여줬다. 그래도 안 믿었다. 그 학생을 안심시키고 설득하는 데 꼬박 40여 일이 걸렸다. 한창 감수성이 예민한 2년 전 중학교 시절에 '뇌 송송 구멍 탁' 공포가 머리에 각인돼 있었던 것이다. 아직도 이런 학생들은 도처에 있다.

위 인용문은 〈조선일보〉에 실린 신경병리학자 양기화의 칼럼 (2010.6.15)의 내용이다. 여기서는 이념적 관점보다 미디어미학의 관점에서 이 내용을 살펴보고자 한다. 즉 보드리야르가 제시한 '하이퍼리얼' 개념으로 광우병 보도에 대해 접근하고자 한다. 이 개념으로 보면 놀랍고도 새로운 관점을 발견할 수 있다.

여기서 고교생은 '실재하지 않는 현실'을 '또 다른 현실'로 받아들이고 있다. 이게 바로 하이퍼리얼이다. 현실 위에 있는 현실이다. 그렇지만 그 현실이 새로운 현실로 큰 영향력을 행사한다는 사실을 이 학생에게서 그대로 엿볼 수 있다.

미국산 쇠고기에 의한 광우병이 마치 지금 실재하는 하나의 사실처럼 현실을 지배했다. 실재하지 않는 이미지들이 거꾸로 진짜 현실에 영향을 미쳤고 결국 새로운 현실이 지배하기 시작했다. 이는 실재하지 않은 가짜의 현실이 마치 실재하는 것과 같은 과잉 이미지를 생산하는 것으로 일종의 허깨비와도 같은 현상인데, 그 유령이 전 사회를 배회하면서 우리사회는 이른바 하이퍼리얼 쇼크hyper-real shock를 경험했던 것이다. 더욱이 다양한 민주적인 논의마저 삼키는 '하이퍼리얼 제국주의'를 드러내기도 했다. 하이퍼리얼 쇼크는 미디어에 의해 언제든지 실재하는 현실이 될 수 있다는 것을 보여주었던 것이다.

〈PD수첩〉은 문제가 된 '긴급 취재 미국산 쇠고기, 과연 광우병에서 안전한가?'라는 방송에서 인간광우병 의심 환자인 빈슨의 어머니와 인터뷰를 하면서 그가 크로이츠펠트 야콥 병CJD이라고 말한 것을 인간광우병vCJD이라는 자막으로 내보냈다. 이후 〈PD수첩〉이 인간광우병으로 숨졌다고 의혹을 제기한 미국 여성에 대해 미국 질병통제예방센터가 "인간광우병으로 사망한 것이 아니다"라는 결론을 내렸다.

그러자 일부 언론에서 왜곡방송이라는 논란을 제기했고 〈PD수첩〉은 해명을 통해 환자의 어머니가 전문적인 의학용어를 몰라 'CJD'와 인간광우병인 'vCJD'를 혼동했고 시청자들의 이해를 돕기 위해 의역을 했다고 밝혔다. 그리고 생방송 도중 다우너 소를 '광우병 소'라고 지칭한 것은 실수였다고 해명했다.

〈PD수첩〉의 왜곡된 정보는 뉴스와 생활방송 등의 프로그램을 통해 시민의 공포와 분노로 더욱 증폭되어 갔다. 같은 해 4월 30일 MBC 〈뉴스데스크〉는 "미국의 소 사육 방식처럼 소에 동물성 사료를 먹이면, 정상 프리온이 뇌 조직을 파괴하는 변형 프리온으로 변해 소가 광우병에 걸립니다. 이 쇠고기를 먹은 사람은 인간광우병에 전염됩니다"라는 뉴스를 전했다.

첫날 집회에 참석한 중3 이모 학생은 "이명박 대통령이 우리를 다 죽이려고 한다. 우열반, 0교시로 우리를 말려 죽이려고 하고, 광우병 쇠고기를 먹여 죽이려고 한다"며 광장에 나선 이유를 밝혔다. "불편한 사람은 안 먹으면 되지 않나구요? 그게 대통령이 할 말이 아니잖아요? 화장품과 생리대로도 전염이 되는 병인데……. 눈물이 나요." 5월 9일 시위에 참여한 경기도 이천의 모 여고생의 말도 방송되었다.

'다우너 소가 광우병 소'라고 보도한 것이 광우병에 대한 실체적 진실이 아님에도 불구하고 전사회적으로 광우병에 대한 과잉 이미지의 증식으로 이어진 것이다. 이때 다우너 소를 방송하지 않고 빈슨이 광우병으로 죽었다는 식으로 방송하지 않았다면 광우병 공포가 급격하게 확산되지 않았을 지도 모른다.

결과적으로 다우너 소 보도가 미디어에 의한 하이퍼리얼을 초래했다고 분석할 수 있을 것이다. 지금도 대부분 국민들은 '주저앉는 미국산 소=광우병' 혹은 더 나아가 '미국산 소=광우병 소'라는 인식 틀을 유지하면서 미국산 소를 먹지 않는다. 이게 바로 이미지가 만든 새로운 현실인 하이퍼리얼이 역으로 실재 현실에 영향을 미치는 하이퍼리얼 현상인 것이다.

## 미디어가 만든 광우병 시뮬라크르

국민들이 미국산 쇠고기에 대한 시뮬라크르를 가지게 된 계기 중 하나는 〈PD수첩〉의 보도였다. 국민들이 〈PD수첩〉을 시청하면서 어떤 과정(시뮬라시옹)을 통해 시뮬라크르를 가지게 되었는지 하나하나 분석해 보도록 하겠다.

대중이 〈PD수첩〉 시청 후 받아들인 정보들은 다음과 같이 요약할 수 있다. ① 인간 광우병에 걸리면 뇌가 해면처럼 된다. ② 광우병 쇠고기를 먹으면 광우병에 전염된다. ③ 광우병은 잠복기가 매우 길다. ④ 미국의 우수도축업체에서도 다우너 소를 도축한다. ⑤ 다우너 소는 광우병 소다. ⑥ 미국은 광우병 소를 수출한다.

그런데 이 방송을 본 시청자들은 대부분 다음과 같은 생각으로 이어질 수 있다. ① 쇠고기는 우리 생활의 다양한 분야에 깊이 들어와 있다. ② 우리는 광우병 소를 먹을 위험에 처할 것이다. ③ 광우병은 잠복기가 매우 길다. ④ 나도 모르게 광우병에 걸리고, 모른 채 살다가 갑자기 발병하여 죽을 위험이 생긴다. 그래서 촛불 시위에 참석한 대다수 국민들이 광우병 공포에 휩싸였고 그 공포는 지금도 계속되고 있다. 광우병이 실제 일어나는 현실이 아닌데도 광우병 이미지가 과잉으로 국민들에게 만들어진 것이다. 그래서 아직도 광우병은 실재 우리 국민들 사이에 유령처럼 배회하고 있다. 광우병이 발생하지 않았지만 광우병 공포 때문에 미국산 쇠고기를 먹지 못하고 심지어 햄버거도 먹지 않는다.

미국 시민단체인 휴메인 소사이어티가 찍은 영상에 따르면 건강하지 않은 채 불법으로 도축된 '다우너 소'와 광우병에 걸린 소는 분명 다르다.

그러나 〈PD수첩〉의 보도영상에서는 광우병과 다우너 소라는 두 갈래의 영상을 교차시켜 가며 영상을 보여주면서 이들이 서로 무관한 영상이라는 사실을 시청자에게 알려주지 않았다. 건강하지 않은 소와 광우병에 걸린 소가 주저앉는다는 공통점을 가지고 있었는데 이 사실을 교묘하게 광우병을 부각시키는 연결고리로 이용한 것이다. 당시의 시청자들은 두 개의 독립된 흐름을 하나의 흐름으로 받아들였던 것이다. 이 때문에 '다우너 소=광우병 소'라는 가상의 이미지가 생성되었던 것이다. 결국 이 가상의 이미지를 믿은 국민들이 미국산 쇠고기를 수입하는 한미 FTA의 조항을 반대하는 집회를 가졌고 이것이 확대되어 이명박 대통령의 행정부에 대한 반발에까지 이르게 되었다.

미국산 쇠고기에 대한 광우병 보도에는 텔레비전의 편집기법이 크게 활용되었다. 즉 라트비아 출신의 구 소련 영화감독인 세르게이 에이젠슈타인Sergei Eisenstein이 도입한 몽타주montage 기법이 광우병 보도에서도 위력을 드러낸 것이다. 몽타주 기법이란 오늘날의 편집기법이라고 봐도 무방하다. 텔레비전과 영화의 몽타주는 기호 조작에 의해서 작용하는 기법들이다. 이것들은 기호와 기호 사이의 평화로운 공존에 의해서 작용하는 것들이 아니라 상호간의 마찰에 의해서 기호들이 원래 가지고 있던 의미를 폐하고 새로운 의미가 발생하도록 하는 것들이다.

몽타주는 이미지의 상징성, 재현성을 깨뜨리고 의미가 기호들의 결합 조작에 의하여 탄생함을 보여준다. 상징적 기호체계에서는 의미란 각 기호들이 가지고 있는 의미의 총합으로 계산된다. 즉 A+B=AB이다. 이것은 축적적이고 선적인 의미개념으로 여기서 몽타주는 단지 기호들의 총합을 만드는 역할을 담당한다. 전통적인 개념에 대해 새로운 몽타주 개념을 제창한 에이젠슈타인은 몽타주(편집)란 기호의 충돌로서 의미는 이 충돌한 조각들의 충격으로부터 솟아난다고 주장한다. A*B=C이다.[42] 여기서 C는 〈PD수첩〉 보도로 인해 다우너 소가 기호 조작으로 원래 가지고 있던 의미를 폐하고 광우병 소라는 새로운 의미가 발생했고, 이때 기호의 충돌을 통해 파생실재로 솟아난 것이라고 볼 수 있을 것이다.

촛불 시위의 사례를 통해 미디어가 대중에 끼치는 영향이 얼마나 큰지 알 수 있었다. 대중이 정보를 얻는 곳은 미디어다. 미디어가 잘못된 보도를 하면 대중은 잘못된 정보를 받아들이고 믿게 된다. 미디어에 의한 시뮬라시옹은 효율적으로 대중에게 시뮬라크르를 형성한다. 그리고 이 시뮬라크르에 의해 형성된 하이퍼리얼이 얼마나 커다란 사건을 만들었는지 알 수 있다. 따라서 미디어는 그 중대한 책임을 인식하고 조심해야 한다.

촛불 시위 사태는 FTA에 따른 쇠고기 수입협상 과정에서 정부가 투명하게 정보를 공개하지 않은 측면, 국민 건강을 우선하지 않고 경제적 논리에 의해 무리하게 협상을 진행한 측면 등 정책적 과오에서 출발했다. 그러나 이와는 별도로 MBC 등 방송매체가 국민들에게 최대 관심사인 먹을거리 문제에 대한 공포감을 확대재생산한 측면은 분명 짚고 넘어가야 할 사안이다. 30개월 이상 된 미국산 쇠고기 수입을 허용한 한미 FTA가 '광우병 촛불 시위'를 촉발시키기는 했지만 그 이후 미국산 쇠고기＝광우병이라는 과잉 이미지는 미국산 쇠고기에 대한 언론의 '부주의'한 보도가 직접적인 기폭제가 된 것이기 때문이다.

미디어가 대중에게 미치는 영향은 시간이 갈수록 더욱 거대해지고 있다. 현대를 살아가고 있는 사람들은 미디어에 의해 '매개된' 현실에 의존하고 있기 때문이다. 그런데 이제는 미디어가 현실을 '매개'하는 정도를 넘어서 현실을 '형성'하는 기제로 범위를 넓혀가고 있는 실정이다. '의제 설정 이론'에 따르면 미디어는 의도적이든 의도적이지 않든 간에 사건들의 중요성을 서열화하고, 대중은 이것을 그대로 받아들이는데, 이 과정에서 미디어가 보도하지 않은 뉴스, 즉 중요성의 서열화 과정에서 밀려난 뉴스들은 실재하지 않는 뉴스가 되어 버린다.

반면, 미디어가 중요하다고 판단하여 중요성의 서열화 과정에서 상위권을 차지한 뉴스들은 대중에게 '실재하는' 정도를 넘어서서 과잉 정보와 아울러 과잉 이미지를 확산시킨다. 현실 세계에서 일어난 사건이 어떠한지는 더 이상 중요한 문제가 아니고, 미디어를 통한 가공된 현실이 바로 '진실'이 되는 것이다. 이렇게 미디어에 의해 매개된 뉴스는 실재를 사라지게 하고 새로운 실재로 자리 잡게 되는 파생실재만 남게 하는데, 보드리야르는 이것을 '미디어에 의한 이미지의 폭력'이라고 주장했다.

먹을거리는 그 어떤 사안보다 중차대한 문제다. 국민 누구나 관심이 높다. 이런 문제를 자칫 왜곡된 정보를 주입하고 그것도 자칫 죽음을 초래할 수 있다고 한다면 분노하지 않을 국민은 없다. 그런데 〈PD수첩〉은 주저앉는 소인 다우너 소를 광우병 소라고 방송해 광우병에 대한 과잉 이미지를 확대재생산했다. 〈PD수첩〉이 이러한 위험성을 염두에 두고 팩트에 근거해 방송했다면 하는 아쉬움이 남는다.


## 미디어가 만든 또 하나의 현실

현대에 이르러 미디어는 현실을 그대로 '반영'하는 데 머물지 않고 자신의 프레임에 따라 현실을 새롭게 '형성'하기에 이르렀다. 광우병 보도가 여기에 해당한다고 할 수 있다. MBC는 이명박 정부가 들어선 이후 정권에 대해 비판적이었고 그 비판적인 프레임이 노무현 정부가 추진한 한미 FTA에도 그대로 이어졌다. 문제는 〈PD수첩〉의 광우병 보도가 정보를 공개하지 않고 전횡하는 권력을 비판하는 순기능을 하면서 권력의 전횡에 분노한 시민들의 저항으로 이어졌다는 것이다. '광우병 걸린 미국산 쇠고기'는 어느새 기정사실화 되었고 파급력은 더욱 거세어져 정국을 뒤흔드는 의제로 떠오르게 되었다. 여기서 잠시 〈PD수첩〉의 광우병 보도에 대한 대법원의 판결을 보자.

대법원은 2011년 9월 2일에 열린 재판에서 "보도내용 중 일부가 허위이지만 공공성을 근거로 했기 때문에 형사상 명예훼손은 아니다"라는 무죄 판결을 내렸다. 보도의 사회적 책무를 다시 한번 확인시켜 준 판결이다. 그러나 대법원은 "△다우너 소를 광우병으로 지칭한 부분 △미국 여성 아레사 빈슨이 인간 광우병으로 사망한 것처럼 언급한 부분 △MM형 유전자를 가진 한국인이 인간광우병에 걸릴 확률이 94퍼센트에 이른다고 지적한 부분 등 3가지 내용을 '허위'라고 결론 내렸다. 이 때문에 MBC는 명예훼손에 대한 무죄 판결에도 불구하고 대국민 사과문을 발표했다.

이에 앞서 1심 법원도 방송의 허위를 인정하는 판결을 내렸다. 서울중앙지법 형사항소9부가 MBC 〈PD수첩〉의 2008년 4월 '미국산 쇠고기, 과연 광우병에서 안전한가' 방송에 대한 명예훼손 소송 2심에서 "방송 일부 내용은 지나친 과장, 번역 오류로 인해 허위에 해당한다"고 판결했다.

2010년 12월 2일 2심 판결 또한 허위보도 부분이 있다고 판결했다. 즉 〈PD수첩〉은 다우너 증세의 주저앉는 소를 도살장으로 끌고 가는 장면을 보여주면서 '동물학대 혐의를 받고 있는'이라는 원문을 '왜 광우병 의심 소를 억지로 일으켜 도살하냐'로 뒤바꿨다. 진행자는 "아까 그 광우병 걸린 소가 도축되는 모습도 충격적"이라고 말해 방송에 나온 소가 '광우병 소'라고 몰고 갔다. 그러나 재판부는 "〈PD수첩〉이 편집 방법에 있어서 정부를 강하게 비판하기 위한 과장이 있었다고 해서 허위사실을 만들어 내려는 의도가 있었다고까지 단정하긴 어렵다"라고 밝혔다. 하지만 2심 재판부는 〈PD수첩〉은 국민이 알아야 할 공공성, 사회성을 갖는 사실을 다루었고 민주주의의 토대가 되는 여론의 형성에 기여하였으므로 형사적인 제재로 그 표현을 주저하게 만들어서는 안 된다고 했다.

이러한 판결문을 종합하면 〈PD수첩〉은 일부 사실과 부합하지 않은 방송을 한 셈이고 이것이 광우병에 대한 공포감을 확산시키는 역할을 했다. 미디어가 만들어 낸 미국산 쇠고기에 관한 이미지의 형성은 급기야 마치 존재하지 않는 광우병을 또 하나의 새로운 현실, 즉 하이퍼리얼의 창조로 이어졌다. 여기에 대중의 반대 시위가 들불처럼 확산되었고 정권의 위기로 이어지게 되었다. 사실에 근거하지 않는 보도가 얼마나 심각한 결과를 초래하는지를 여실히 보여 준 사건이라고 할 수 있다. 그것은 바로 광우병이 마치 현실에서 전염병처럼 확산될 수 있다는 공포를 조장하며 미디어 보도가 우리의 현실을 지워 버리고 새로운 현실을 만들었기 때문이다.

말하자면 현실에 영향을 미치는 새로운 현실인 하이퍼리얼이 창조된 것이다. 하이퍼리얼이 정확한 '팩트'만을 바탕으로 이루어졌다면 그다지 문제가 되지 않겠지만, 이렇게 거대한 파장을 몰고 올 수 있는 하이퍼리얼의 형성 과정에서 사실의 '왜곡'이 개입되었다는 사실은 크나큰 문제가 될 것이다. 미디어가 의도를 가지든 가지지 않든 팩트에 근거하지 않은 채 과장되고 왜곡된 프로그램을 만들 경우 충분히 새로운 하이퍼리얼을 만들 수 있다는 사실이다. 촛불 시위와 광우병 파동은 팩트에 근거하지 않은 하나의 영상이 큰 영향을 끼친 사건이었다는 점은 부인할 수 없다. 이는 현대 사회에서 언론에 의한 조작의 가능성이 여전하다는 사실에 대한 경고이기도 하다.

이와 같이 〈PD수첩〉의 광우병 보도 이후 실제하지 않은 광우병이 마치 실재하는 사실인 것처럼 광범위하게 인식되었다. 이게 바로 보드리야르가 말한 '하이퍼리얼'의 현상이다. 광우병이 하이퍼리얼로 재생산되어 대중에게 흡수되면서, 촛불 시위는 해외까지 그 영향력을 확장하는 큰 사건이 되었던 것이다.

그러나 광우병의 하이퍼리얼 현상은 또 다른 측면에서 민주주의의 회복에 크게 기여했다고 분석할 수 있다. 이는 보드리야르가 현대 사회의 하이퍼리얼을 부정적인 현상으로 분석한 것과는 달리 민주주의의 회복으로 이어지는 등의 긍정적인 현상도 불러올 수 있다는 점에서 그 의미를 찾을 수 있다. 즉 '광우병 하이퍼리얼'의 경우처럼 국민의 의사를 제대로 반영하지 않고 독단적으로 국정을 운영할 때 그 정권은 국민적 저항에 직면할 수 있다는 사실을 보여준 것이다.

지난 6월 10일, 광화문 일대가 촛불로 밝혀졌던 그날 밤에, 저는 청와대 뒷산에 올라가 끝없이 이어진 촛불을 바라보았습니다. 시위대의 함성과 함께, 제가 오래전부터 즐겨 부르던 〈아침이슬〉이라는 노래 소리도 들려 왔습니다. 캄캄한 산중턱에 홀로 앉아 시가지를 가득 메운 촛불의 행렬을 보면서, 국민들을 편안하게 모시지 못한 저 자신을 자책했습니다.

결국 이명박 대통령은 2008년 6월 19일 청와대 특별 기자회견을 통해 국민 앞에서 고개를 숙였다. 광우병 위험 미국 쇠고기 수입 논란은 전국의 주요 도심을 촛불로 물들였고 대통령 퇴진 이야기가 나올 정도로 민심은 격앙됐기 때문이다. 결국 대통령도 자신의 실정을 자책했다. 이 대통령은 "식탁 안전에 대한 국민의 요구를 꼼꼼하게 헤아리지 못했다. 자신보다도 자녀의 건강을 더 걱정하는 어머니의 마음을 세심하게 살피지 못했다"면서 '뼈저린 반성'을 하고 있다고 주장했다.

이와 같이 〈PD수첩〉의 광우병 보도가 팩트에 근거하지 않은 부분이 있었지만 이것이 도리어 권력의 전횡을 견제하면서 민주주의의 과정과 절차를 회복하는 데 기여했던 것이다. 이는 실재하지 않은 광우병이 마치 실재하는 것처럼 확산된 것과는 별개로 평가할 수 있는 측면이라고 할 수 있겠다.

소설가 최인훈은 자신의 작품인 《광장》의 서문에서 이렇게 말한다.

우리는 참 많은 풍문 속에 삽니다. 풍문의 지층은 두껍고 무겁습니다. 우리는 그것을 역사라고 부르고 문화라고 부릅니다. 인생을 풍문 듣듯 산다는 건 슬픈 일입니다. 풍문에 만족치 않고 현장을 찾아갈 때 우리는 운명을 만납니다……

이 문장들은 단지 최인훈 선생이 《광장》의 서문을 처음 쓴 1960년에만 유효한 말은 아닐 것이다. 오히려 50년이 지난 현재, 미디어가 현실을 장악하고 있는 지금, 우리에게 더 심오한 메시지를 던진다. 미디어가 전하는 '매개된 현실'에 안주하지 않고 언제나 실재, 즉 '현장'에 있으려는 개개인의 노력이 더 나은 미디어 문화를 이끌어 낼 것이다.

## 고찰 4. 미디어에 의한 욕망의 재현과 코드의 소비
— 외모지상주의와 다이어트

### 키가 작으면 루저가 되는 사회

'하이티즘heightism'은 키 작은 사람을 멸시하거나 혹은 (여성이) 키 큰 남자를 선호하는 현상을 의미한다. 키가 큰 남자는 작은 남자보다 프리미엄premium을 누린다는 것이다. 신조어 '루키즘lookism'은 '외모지상주의'를 의미한다.

　　미국 〈뉴욕타임스〉의 칼럼니스트인 윌리엄 새파이어William Safire는 2000년 8월 인종, 성별, 종교, 이념 등에 이어 새롭게 등장한 차별 요소로 외모를 지목했다. 외모가 연애, 결혼 등과 같은 사생활은 물론 취업, 승진 등 사회생활 전반에 영향을 미치기 때문에 사람들은 성형 등 자신의 외모를 가꾸는 데 많은 시간과 비용을 들인다는 것이다. "외모는 경쟁력이고 미모는 권력"이란 말이 나돌 정도로 세상은 이미 외모지상주의에 빠져든 지 오래다. 우리사회도 예외는 아니었다. 지난 2009년 11월 KBS의 〈미녀들의 수다〉라는 프로그램에 출연한 한 여대생의 "키 작은 남자는 루저loser라고 생각한다"라는 발언으로 여론이 들끓으면서, 외모지상주의가 만연한 한국 사회의 문제점이 여실히 드러났다.

## 새로운 남자의 기준 '180센티미터'

외모지상주의는 남녀 모두에게 해당한다. 남성이 주로 키에 민감하다면 여성들은 얼굴과 슬림한 몸매에 열광하는 차이라고 할 수 있다. 하지만 개인들이 키와 외모에 관심을 집중하는 것은 욕망하는 타자가 있기 때문인데 그 타자는 바로 미디어에 비춰진 타자다. 미디어가 욕망하는 타자, 즉 외모지상주의를 만들어 내고 유포하고 소비하게 한다고 말할 수 있을 것이다.

한 번은 "키를 크게 해주는 전문 병원을 아는 데 있으면 소개해 달라"는 전화를 받은 적이 있다. 딸이 고등학교에 다니는데 키가 155센티미터밖에 안 돼 걱정이 이만저만이 아니라며 나중에 시집이나 제대로 갈 수 있을지 걱정이라고 했다. 그 이야기를 듣고 이사람 저사람 통해 병원을 수소문해 보았다. 그리고 인터넷을 검색해보니 놀랍게도 '우리 아이 10센티미터 더 키우기'를 내세우는 '성장클리닉'이 즐비했다. 병의원과 한의원의 성장클리닉은 평균 1년 프로그램에 700만 원 이상의 비용을 들여야 등록할 수 있다고 한다.

요즘 키가 부쩍 화두가 되고 있다. 키는 비단 여성들뿐만 아니라 남성들의 최대 관심사 가운데 하나로 자리 잡고 있다. 여성들은 모자라는 키를 보완하기 위해 하이힐을 넘어 킬힐을 신는다. 하이힐 강박문화는 바로 외모지상주의의 허깨비인 것이다.

> 키가 작은 사람(여자 160㎝, 남자 170㎝ 이하)을 일명 '9급 장애'라 부르기도 한다. 물론 우리나라 장애등급은 6급뿐이다. 큰 키를 중시하는 현 사회 풍조를 반영한 웃지 못할 신조어들이다.[43]

이 기사는 이어 "전문가들은 관리 여부에 따라 유전 키보다도 10센티미터까지 더 클 수 있다고 한다"면서 다음과 같이 전문가의 의견을 덧붙이고 있다.

> 성장클리닉을 전문적으로 운영하고 있는 모 한의원에 따르면 밥을 잘 안 먹을 때, 감기를 달고 살 때, 땀을 너무 많이 흘릴 때, 비만이 있을 때, 스트레스가 과도할 때, 아토피나 비염 등 알레르기가 있을 때, 잠을 잘 못 잘 때 키가 잘 안 크게 된다. 이 중 어떤 이유 때문에 아이가 키가 안 크고 있는지를 확인해 그 이유를 없애 주는 것이 아이 키 성장의 핵심이 돼야 한다.

외모지상주의 혹은 키 큰 사람들이 프리미엄이 있다는 믿음은 성장클리닉의 성업으로 이어지고 있다. 물론 키 큰 사람이 어떤 면에서 프리미엄이 있을 수 있지만 이를 보편적인 현상이라고 주장하는 것은 일반화의 오류라고 할 수 있을 것이다.

물론 키로 인한 사회적 차별은 존재한다. 키가 작으면 경찰이 될 수 없다. 스튜어디스나 모델도 할 수 없다. 안전을 이유로 놀이동산 기구에 오를 수 없을 때도 있다. 실체가 불명확한 이런저런 연구 결과들이 오히려 하이티즘을 조장하기도 한다.

키 작은 이들은 키 큰 사람보다 돈도 덜 벌고 지능도 떨어지며 자살확률까지 높다는 연구 결과까지 있다. 스웨덴 카롤린스카 의과대학교 연구팀은 신장이 정상 이하인 남성은 키가 큰 남성에 비해 자살 가능성이 56퍼센트 높다고 발표했다. 프린스턴 대학교 연구팀이 5세 어린이를 대상으로 조사한 결과 키가 큰 아이들이 작은 아이들보다 여러 지각능력 테스트에서 높은 점수를 받았다. 또 미국국민건강조사에 따르면, 키 큰 사람들 중에서 CEO와 전문직 종사자가 현저히 많았다. 미국과 영국 남녀 모두 신장이 4인치(10센티미터) 클수록 평균 보수가 10퍼센트 높은 것으로 조사됐다.

또 다른 신문은 "왜 여자는 키 큰 남자를 더 좋아하나?"에 해답을 내놓은 연구 결과가 발표됐다면서 하이티즘을 부추기는 듯한 보도를 하고 있다.

영국 일간지 데일리메일의 보도에 따르면, 여성이 키 큰 남성을 더 선호하는 이유는 그들이 싸움을 할 때 훨씬 유리하기 때문이라는 것이다.

데이비드 캐리어 미국 유타 대학교 교수는 키가 큰 남성이 작은 남성에 비해 위에서 아래로 주먹을 더 강하게 내리칠 수 있으며, 강한 남성이 자신과 아이들을 지켜 줄 수 있을 것이라고 생각한 고대 여성들의 관념이 지금까지 전해진 것이라고 설명했다.[44]

그러나 이 신문은 "위의 주장이 사실이라면 남성들도 우월한 유전자를 가진 키 큰 여성을 선호해야 하지만, 실상은 대체로 자신보다 작거나 평균 신장의 여성을 좋아한다"고 덧붙였다.

니콜라 에르팽Nicolas Herpin의 《키는 권력이다Le pouvoir des grands》(김계영 역, 현실문화, 2008)라는 책은 하이티즘 신화에 대한 내용을 담고 있다. 이 책에는 키 작은 사람(주로 남자)에게는 다소 충격적인 내용이 들어 있는데 그 내용인즉 실제로도 '키=권력'이라는 공식이 통용된다는 주장이 그것이다. 여자들은 배우자를 고를 때 상대적으로 키 큰 남자를 고르는데 이는 '미래를 위한 보험'의 의미가 강하다고 한다. 사회적으로 큰 키를 신뢰하고 선호하기 때문에 키 큰 남성이 상대적으로 취직하기도 쉽고 돈을 빌리기도 쉽다는 것이다. 미국 주요 기업 CEO의 60퍼센트가 180센티미터가 넘는다고 한다. 심지어 저자는 다음과 같은 통계 수치도 내놓고 있다.

키가 1인치(2.54센티미터) 커질 때마다 연평균 임금이 789달러 올라간다. 키가 182센티미터 되는 현역 노동자는 165센티미터 되는 현역 노동자보다 연간 5,525달러를 더 벌어들인다. 30년간 같은 직업에 종사했을 때, 키가 가장 큰 사람에 비해 키가 가장 작은 사람은 복리를 고려하면 '상당한 금액'을 손해 본다.[45]

이른바 '키의 프리미엄Height premium'이다. 즉 남자의 큰 키는 신분, 연봉, 연애, 결혼 그리고 많은 요인들에서 프리미엄을 갖고 있다고 주장한다. 키 큰 남자일수록 가방끈이 더 길고, 연봉도 더 많이 받고, 결혼도 잘하며, 더 출세한다는 것이 이 책의 요지다.

후기산업사회에서는 여러 유형의 차별이 부당한 것으로 간주된다. 하지만 키에 의한 차별은 차별에 속하지 않는다. 미국 같은 나라에서는 인터넷 사이트를 통해 키를 둘러싼 차별 반대운동이 일어나 법안을 제안하고 평등을 목표로 한 요구사항을 내놓고 있다.[46]

이런 상황에서 만약에 키의 불평등성을 차별하지 말라는 법이 등장한다면 사문화된 문서에 불과할 것이다. 요즘은 현실을 지배하는 것은 법이 아니라 이미지라고 해도 과언이 아니기 때문이다. '법 위에 이미지가 있는' 현실에 우리는 살고 있는 것이다.

영화의 시나리오처럼 실재하지 않은 가짜 현실이 광범위한 사회문화적 현상으로 확산되면 가짜 현실은 이내 하이퍼리얼, 즉 파생 실재를 이루게 된다. 원본이나 진실은 존재하지 않지만 영화적 가짜 진실이 원본이 되고 진실이 되는 것이다. 예를 들면 '남자 180센티미터 이하는 루저'라는 한 여대생의 발언이 여기에 해당한다. 당시

〈미녀들의 수다〉에 출연한 홍익대생 이 모 씨는 출연진과 이상형에 관한 대화를 나누던 중 "키 작은 남자는 루저라고 생각한다. 내가 170센티미터이다 보니 남자 키는 최소 180센티미터는 돼야 한다"고 말했다. 이때 '180센티미터 정도는 되어야 남자다운 매력이 있다고 할 수 있다'는 주장은 어떤 실체적 기준도 존재하지 않는 것으로 가짜 이상형의 이미지 즉, 시뮬라크르다. 여성들은 이 시뮬라크르를 가지고 이상적인 멋진 남자의 모델로 간주한다. 그리고 미디어가 이를 보도함으로써 하나의 사회적 문화이자 새로운 현실로 둔갑하게 되는 과정을 밟게 된다면 이게 바로 시뮬라시옹에 해당한다.

그런데 여성들 사이에서는 이미 '남자 180센티미터 이하는 루저'라는 인식이 확산되어 하나의 문화로 자리 잡고 있다고 한다. 원본 없는, 실재하지 않는 가짜 현실인데도 지배적인 진짜 현실이 되는 파생실재인 것이다. 파생실재에서 '파생'은 현실이 어떤 모델에 따라 생산되는 것을 말한다. 즉 여성들의 멋진 남자 선택은 '180센티미터'라는 모델에 따르는 것이다. 파생실재로 변모하는 과정에서 가장 큰 역할을 수행하는 것은 그 이미지를 확산하는 미디어다.

과거에는 키가 180센티미터든 아니든 누구나 각자의 매력으로 멋진 남성이 될 수 있었지만, 이제는 기본적으로 키가 크고 봐야 멋진 남성의 후보에 오를 수 있다. 미디어는 이런 개념이 무언가를 판단하는 기준이나 되듯이 계속해서 반복하고, 사회에 이미지를 점점 재생산하여 고착화시킨다. 오디션 프로그램 〈슈퍼스타K2〉의 출연자 존 박과 허각의 사진이 화제가 된 적이 있다. 키 차이가 많이 나는 두 사람이 나란히 서 있는 모습만으로 큰 화제를 모은 것이다. "남자는 기럭지가 중요하다"는 말조차 회자되었다. 우리사회는 '남자는 키가 커야 한다'는 새로운 가짜 현실이 진짜 현실을 지배해 버린 사회이다. 사회·문화적 편견이 시뮬라크르와 시뮬라시옹을 거쳐 하이퍼리얼로 이어지고 있는 것이다.

요즘은 그야말로 키의 지상주의 시대다. 외모가 섹시해야 하고 키도 커야 한다는 강박관념이 남녀 모두를 지배하고 있다. 여학생들은 '남친'의 절대기준으로 '롱다리'를 꼽는다고 한다. 그 정도가 너무 심해 일단 키가 크면 모든 결점이 용납된다는 생각까지 한다는 것이다.


## 여성의 '섹슈얼리티' vs 남성의 '하이티즘'

남성들이 키(하이티즘)에 강박당한다면 여성들은 얼굴과 몸매(섹슈얼리티)에 강박당한다. 마돈나Madonna는 성적으로 자유분방한 이미지와 함께 〈라이크 어 버진Like A Virgin〉(1984)이라는 불후의 명곡을 탄생시킨 1980년대의 대표적인 섹스 심벌sex symbol이다. 1980년대에는 어딜 가도 마돈나의 얼굴을 볼 수 있었다. 앞모습, 옆모습, 고개를 젖히거나 또 지그시 눈을 감은 모습, 더러 손가락을 깨물고 있는 사진이 어디에나 붙어 있었다. 1990년대에 인터넷 문화가 보급되면서, 누구나 자신의 예쁜 얼굴을 캠cam 사진 등을 통해 뽐낼 수 있게 되었고 그들의 얼굴이 인터넷을 통해 일반인들에게 전파되었다. 사람들은 그들을 '얼짱'이라 칭하고 열광했다. 인간은 본래 아름다운 것을 사랑하긴 하지만 인터넷 미디어가 보급된 이후에는 사람들이 아름다운 것을 사랑하는 정도가 도를 지나쳐, 아름다운 것에 대한 광적인 집착과 무한한 찬양을 하게 된다. 그리하여 얼짱이면 떠받들어지는 '외모지상주의'가 성공신화로 작동하고 있다. 하지만 때로는 인간적인 약점이나 '콤플렉스'가 위대한 인물을 만들기도 한다는 것을 기억해야 한다.

> 지성에서는 그리스인보다 못하고, 체력에서는 켈트인 게르만인보다 못하고, 기술에서는 에트루리아인보다 못하고, 경제력에서는 카르타고보다 뒤떨어졌던 로마제국. 그런데도 세계사상 유례를 찾아볼 수 없는 번영을 누린 이 고대국가가 오늘날까지 그 위대함이 바래지 않은 것은 어디에서 기인하는가?

이는 에드워드 기번Edward Gibbon이 쓴 《로마제국쇠망사The History of the Decline and Fall of the Roman Empire》(송은주 역, 민음사, 2010)의 첫 문장이다. 세계 대제국을 이룬 로마인들은 다른 민족들과 비교하면 '2퍼센트'가 부족한 민족이었다. 어쩌면 그 부족한 2퍼센트가 로마인들을 영원히 역사의 주인공으로 기억하도록 만든 원동력일지 모른다. 달리 표현하자면 바로 이 2퍼센트가 로마의 영광을 만든 '위대한 콤플렉스'가 아니었을까? 나폴레옹Napoléon의 작은 키 콤플렉스가 그를 정복왕으로 만들었다. 물론 정복왕이라는 이유로 그를 위대한 인물이라 할 수 없을지는 몰라도 그가 세계적인 인물이 된 데에는 자신의 콤플렉스를 넘어서고자 하는 극복욕망이 작동했음은 틀림없는 사실이다. "나폴레옹, 프란시스코 프랑코Francisco Franco, 윈스턴 처칠Winston Churchill, 블라디미르 푸틴Vladimir Putin, 우고 차베스Hugo Chavez, 니콜라 사르코지Nicolas Sarkozy. 이들의 공통점은 한 국가의 지도자였거나 지도자란 점, 그리고 키가 작다는 것이다."⁴⁷

'키 큰 사람이 리더십leadership이 있고 돈을 잘 번다'와 같은 속설대로 세상이 키가 큰 사람에 의해 움직인다라고 말하면 지나친 단견이다. 이는 세상은 외모가 아름다운 여성에 의해 지배된다는 말과 같은 이분법적인 생각이다. 세상은 결코 키 큰 사람에 의해서도, 외모에 의해서도 지배되지 않는다. 물론 일부의 요인은 될 수 있을 것이다. 키와 관련된 신화는 속설에 불과하다. 물론 이 가운데 일부는 통계학적으로도 상당한 근거가 있는 것으로 조사되고 있지만 참고할 만한 사항에 불과하다.

키 작은 사람이 조직의 리더가 되거나 사회적으로 성공하는 경우는 어디에서나 볼 수 있다. 더욱이 사람을 움직이는 것은 키가 아니라는 것도 사회생활을 조금만 해 보면 쉽게 알 수 있는 사실이다. 키는 여러 요인 가운데 하나의 요인으로 작용할 뿐인 것이다.

## 미디어에 의한 외모지상주의의 확산

우리는 가짜가 진짜보다 더 진짜 같은 세상 속에서 살고 있다. 우리는 왜 매일 가짜의 모습을 보아야 하고 가짜에게 속으며 살아야 할까? 그것은 바로 포스트모더니즘과 하이퍼리얼이 만난 세계에 살고 있기 때문이다. 포스트모더니즘은 모더니즘에서 주장하는 인간의 이성을 부정하고 인식의 주체를 해체시켜 놓는다. 해체된 주체는 인식 능력이 사라졌으므로 보이지 않는 권력이 미디어를 통해 해체된 주체들을 지배할 수 있게 된다. 이때 미디어는 끊임없이 해체된 주체들에게 하이퍼리얼의 이미지를 주입시키고 그것이 실재인 것처럼 믿게 만든다. 자신의 인식능력이 사라졌으므로 분명 실재가 아닌 하이퍼리얼이 실재라고 믿을 수밖에 없는 대중들은 미디어에 의해 가치관, 세계관의 정립이 잠식되고 소비의 행위까지 지배당한다. 외모지상주의는 단순히 아름다운 것을 사랑하는 인간의 본성 때문에 생긴 것인가? 아니다. 외모지상주의는 보이지 않는 권력이 해체된 주체들을 지배하기 위한 목적으로 미디어를 통해 그들에게 주입한 하나의 교묘한 사상적 수단이다.

여기에 대해서 좀 더 자세히 살펴보자. 미디어는 본래, 대중에게 사실의 정보를 전달하고 대중이 다시 미디어를 통해 피드백을 가할 수 있도록 하는 소통이 가능한 구조로 만들어져야 한다. 쌍방교류가 가능하게끔 이어 주는 매개체의 역할이 미디어의 본래 역할이다. 하지만 인식능력이 사라진 대중들은 무엇인가를 알고자 하는 욕구가 없으므로 피드백은커녕 미디어가 전달하는 정보를 잘 보려고 하지도 않는다. 구독률, 시청률이 생명줄인 미디어는 결국 사실의 정보 전달을 하기보다는 해체된 주체들을 유혹할 수 있는 자극적인 것을 전달하게 된다.

이런 미디어의 실상을 잘 보여주는 영화가 〈네트워크Network〉(1976)이다. 영화에서, USB방송국은 계속되는 적자를 해결하기 위해 시청률을 올리기 위한 방편으로 자극적인 말을 그대로 뉴스에 실어 보낸다. 진행자인 하워드는 전 국민에게 "I'm mad as hell and I'm not gonna take it anymore!!(난 정말 열 받았고 더 이상 못 해먹겠다)"를 외칠 것을 요청한다. 이런 자극적인 쇼는 대중들을 유혹하기에 적절한 소재감이었고 하워드는 이 대사 하나로 큰 인기를 얻어 '하워드 쇼'를 진행하게 된다. 하워드 쇼에서 그는 진정한 민주주의, USB방송국 및 미국의 실재를 미치광이가 말하듯 토해 낸다. 진정한 민주주의에 대해 열변하는 하워드를 보며 대중들은 자기들이 마치 민주주의의 열사가 된 것 같은 통쾌함을 느낀다. 하지만 더 이상 하워드를 통해 대리만족을 할 수 없는 대중들은 하워드 쇼에 등을 돌린다. 시청률이 급격히 떨어지자 USB방송국은 방송 중인 하워드를 살해한다.

시청률을 올리기 위해, 구독률을 올리기 위해 그것이 사실이든 사실이 아니든 대중을 유혹하기에 적합한 자극적인 소재를 끊임없이 만들어 내는 것이 미디어다. 나아가 대중을 끌어들일 수 있다면 사람의 목숨쯤은 아무 상관이 없다는 식의 입장을 취하는 것이 바로 미디어의 실상이다. 이러한 미디어의 속성은, 대중의 인식 체계를 마비시켜 그들을 통치하고자 하는 보이지 않는 권력의 목표와 일치한다. 보이지 않는 권력이 미디어와 손을 잡게 되었을 때 발생된 것이 바로 '외모지상주의'다. 보이지 않는 권력은 본래 아름다운 것을 사랑하는 인간의 본성을 교묘히 이용하여 미디어를 통해 아름다움을 선전한다. 이것은 대중들을 끌어들이기에 충분히 유혹적인 소재이다. 왜냐하면 아름다움을 보여주는 미디어에 노출된 대중들은 부러움과 열등의식을 동시에 느끼며 아름다움에 사로잡히게 되기 때문이다.

우리는 곳곳에서 보이지 않는 권력에 의해 확산되는 외모지상주의를 확인할 수 있다. 예컨대 월트 디즈니의 공주 시리즈가 대표적이다. 우리는 어렸을 때부터 디즈니 만화를 통해 외모지상주의를 교육받는다고 해도 과언이 아니다. 어렸을 적 누구나 백설공주, 신데렐라, 인어공주 그림책을 읽었을 것이다. 백설공주, 신데렐라, 인어공주는 선하고 아름답지만 계모와 언니들, 문어 마녀는 심술 맞고 추하다. 이런 디즈니의 공주 시리즈를 읽다 보면 은연중에 '공주는 미녀이고 선하지만 계모는 추녀이고 악하다.'라고 배우게 된다. 디즈니라는 거대 자본 기업이 가지고 있는 보이지 않는 권력은 이렇게 어렸을 때부터 대중에게 외모지상주의를 주입한다.

두 번째로, 거대 기획사와 미디어는 스타를 등장시켜 대중에게 외모지상주의를 주입시킨다. 모델 신민아를 예로 들어보자. 미디어는 신민아를 드라마, 광고, 영화를 통해 보여주고 마치 신민아의 외모와 몸매가 정상적인 것으로 착각하게끔 하여 일반 여성들에게 신민아 정도의 얼굴과 몸매가 아니면 안 된다는 식의 무언의 압박을 가한다. 이런 미디어에 노출된 일반 여성들은 신민아의 얼굴과 몸매를 정상적인 것으로 간주하여 각종 성형수술과 다이어트 열풍에 휩싸인다. 결국 거대 기획사와 미디어가 여성을 지배하는 방식대로 움직이게 된다.

세 번째로, 거대 기획사와 미디어는 영화나 드라마를 통해서도 외모지상주의를 주입할 수 있다. 대표적인 사례로 영화 〈미녀는 괴로워〉를 들어보자. 주인공 한나는 엄청난 거구에 못생긴 외모를 가졌다. 한나는 자신이 좋아하는 상준이 하는 말을 몰래 엿듣고 크나큰 상처를 받아 전신 성형 수술을 감행한다. 전신 성형 후 날씬한 몸매와 예쁜 얼굴을 가지게 된 한나는 가수로서도 성공하고 상준의 마음도 얻으며 영화는 해피 엔딩으로 끝난다.

이 영화는 여성 관객들에게 한나처럼 전신성형을 하면 누구나 사랑받고 성공할 수 있다는 인식을 하게 만들고, 한나의 변신 전과 변신 후의 모습을 통해 분명히 본질적으로는 똑같은 한 사람임에도 불구하고 못생기고 뚱뚱하면 뭘 해도 안 되고 예쁘고 날씬하면 뭘 해도 된다는 식의 외모지상주의를 주입한다. 그리하여 이 영화를 본 여성 관객들을 너나 할 것 없이 성형의 유혹에 빠져들게 만든다. 실제로 이 영화는 성형 열풍을 불러 일으켰다.

네 번째로, 외모 지상주의를 부추기는 싸이월드 등의 성행을 꼽을 수 있다. 싸이월드는 학교 동창을 찾고 웹상의 자신의 공간을 만드는 순기능도 있으나 자신의 사진을 올려 미모를 뽐내는 수단으로 사용되는 역기능도 있다. 오늘날은 전자의 순기능보다 후자의 역기능으로 더 많이 활용된다. 싸이월드 사이트 메인에서는 연예인의 홈페이지homepage를 전시하고 오늘의 얼짱을 뽑는다. 이런 방식으로 일반 이용자들에게 외모지상주의를 주입한다. 또 이용자들은 포토샵으로 아름답게 가꾼 '가공'의 인물사진을 올려놓는다. 디즈니 시리즈, 스타, 영화, 싸이월드 이외에 다른 방법으로도 미디어는 끊임없이 우리를 자극하고 외모지상주의를 주입시킨다.

그런데 여기서 주목해야 할 점은 미디어가 선전하는 아름다움은 애석하게도 실재가 아닌 하이퍼리얼이라는 것이다. 우리가 보아왔던 아름다운 스타의 모습, 얼짱의 사진들은 이미지가 증식한 또 하나의 실재다. 미디어는 포토샵 보정을 거친 후의 하이퍼리얼만을 대중에게 선보인다.

섹시 화보 촬영을 한 바 있는 〈미녀들의 수다〉의 고정 패널 에바 포피엘Eva Popiel에게 사회자가 화보 속 에바의 몸매에 대해 칭찬을 하며 비결이 뭐냐고 묻자 에바는 "컴퓨터 기술"이라고 답을 했다. 이는 바로 에바의 실제 몸매가 아닌 포토샵으로 인해 보정된 가공의 하이퍼리얼이 화보를 수놓았다는 말이 된다. 에바뿐만이 아니라 브리트니 스피어스Britney Spears 같은 상당수 연예인의 화보나 광고는 이처럼 포토샵을 통해 수정이 되고 보정이 된 모습으로 대중과 만난다. 하지만 이 광고를 접한 대중은 포토샵에 의한 보정의 작업을 통한 연예인의 '가공의 얼굴, 몸매'가 아닌 '실제의 얼굴, 몸매'

로 생각한다. 미디어가 만든 하이퍼리얼, 진짜가 아닌 시뮬라크르가 실재를 압도하고 더 실재처럼 보인다는 보드리야르의 말처럼 컴퓨터의 기술로 가공된 연예인의 몸매는 실제의 몸매로 인식되는 것이다. 대중들은 광고나 화보 속 가공된 연예인의 모습을 실재로 생각하고 그처럼 되기 위해 성형이나 다이어트를 한다. 성형이나 피부관리, 몸매 관리 등 미용과 관련된 의료 산업은 아주 높은 부가가치를 가진다. 일반인들이 몇 백만 원씩이나 하는 성형, 지방흡입, 피부관리를 아무렇지도 않게 당연한 듯이 한다.

그런데 성형 붐 역시 보드리야르가 말한 '차이의 욕구'에서 비롯된 것이다. 지방흡입술은 무엇이든 새로운 것을 먼저 소비하려고 하는 이른바 '얼리 어답터early adopter'들이 먼저 시도할 것이다. 하지만 점차 다이어트나 몸매 만들기에 나서는 대부분의 여성들이 지방흡입술을 이용한다. 이어 지방흡입술을 이용한 여성은 또 다른 성형수술을 시도하게 된다. 이렇게 되면 성형은 붐을 이루고 서비스의 형태는 다양해지면서 여성들은 성형을 통한 차이의 소비의 '블랙홀' 속으로 빠져들게 된다.

결국 일반 여성들이 미용을 위해 쏟아붓는 몇 백, 몇 천만 원은 미디어를 통해 그녀들을 유혹한 보이지 않는 권력의 손아귀에 고스란히 들어가게 되고, 그 엄청난 이익 중 상당수가 미디어에게도 돌아간다. 이익을 얻은 미디어는 다시 조작된 아름다움을 선전할 것이고, 그녀들은 또 유혹당하여 엄청난 돈이 다시 보이지 않는 권력과 미디어에 돌아가는 악순환이 반복된다. 이렇게 보이지 않는 권력은 지속적으로 대중들의 소비 행위를 지배한다.

이탈리아의 정치사상가 노르베르트 보비오Norbert Bobbio는 "현대 민주주의의 가장 큰 위협은 '보이지 않는 권력'이 커지는 것이다. 그리고 그것은 경제를 관리하는 영역에서 주로 확대된다"고 말한다. '보이지 않는 권력'은 미디어를 통해 해체된 주체들에게 가공된 아름다움, 즉 하이퍼리얼을 선전하고 외모지상주의 사상을 불어넣는다. 하이퍼리얼에 의해 자극 받은 대중은 하이퍼리얼처럼 되기 위해 과소비를 한다. 이 구조를 통해 보이지 않는 권력은 대중들의 소비를 지배하고자 하는 목적을 달성하게 된다. 해체된 주체들은 허깨비에 유혹당하고 놀아나는 형국이다.


## 냉소주의적 주체들의 '외모지상주의 소비하기'

하이퍼리얼에 의해 지배받는 대중들은 아름다워지기 위해 지속적으로 다이어트와 외모 가꾸기에 '과소비'를 한다. 여기서 대중들이 미용에 돈을 쏟아부어 얻고자 하는 가치는 실재가 없는 하이퍼리얼을 모방하고자 소비하는 가치이므로 기호가치에 속한다. 기호가치는 소쉬르Saussure적 의미의 기의(의미)는 사라지고 기표, 즉 이미지만이 남은 가치다. 이미지일 뿐인, 그래서 보이지 않는 기호가치를 소비함으로써 얻는 실제적 의미는 없다. 그런데 성형, 몸매 교정 등 기호가치를 소비하는 과정을 통해 대중들은 근본적인 행복감, 만족감을 얻을 수 있을까? 실체가 없는 하이퍼리얼을 소비했으므로 당연히 하이퍼리얼을 손에 쥐는 순간 그것은 텅 빈 껍데기로 남아 대중은 욕망을 채우지 못한다.

예를 들어 쌍꺼풀 수술을 한 여성이 있다고 하자. 그 여성은 쌍꺼풀 수술을 하면 다음에는 코까지 세우려 한다. 코를 세우니 턱이 각져 보여 V라인 턱수술을 감행한다. 얼굴은 이제 완벽해졌다. 그런데 몸매가 문제다. 그녀는 이제 지방흡입술을 받으러 간다. 아름다움에 대한 그녀의 욕망은 영원히 채워지지 않을 것이다. 아무리 성형을 통해 예뻐져도 얼마 지나지 않으면 만족감이 떨어져 욕망의 결핍을 느낀다. 다시 새로운 욕망이 생기고 그 욕망의 결핍을 좇아 다시 성형을 하게 된다. 욕망을 충족하는 순간, 욕망의 결핍을 느껴 다시 다른 것을 욕망하게 되는, 영원히 채워지지 않는 이 욕망의 결핍이 바로 잉여쾌락이다.

이 잉여쾌락이 외모지상주의를 통해 대중들의 소비를 지배하는 시스템을 움직이는 에너지원이다. 여기서 성형, 피부·체형 관리 등 미용을 위해 과소비하는 여성들 중 일부는 지속적으로 미용에 거액을 쏟아붓지만 그에 비해 자신이 얻는 만족은 작다는 것을 느끼고 무엇인가가 잘못되었다는 인식을 하게 된다. 자신의 인식 체계가 자기 의지가 아닌 미디어에 의해 생산된 것이며 자신이 왜곡된 하이퍼리얼에 놀아났다는 사실을 인지하게 된다.

그렇지만 그런 여성들 중, 자신의 현실 인식이 왜곡되어 있다는 것을 잘 알면서도 그 왜곡된 욕망을 과감히 뿌리칠 수 있는 그녀는 매우 드물 것이다. 다반수가 자신의 왜곡된 욕망에 오히려 집착하고, 자기가 어떠한 잘못을 저지르고 있는지를 잘 알지만 여전히 그렇게 행동할 것이다. 페터 슬로터다익Peter Sloterdijk은 그런 사람들을 '냉소주의적 주체'라고 부른다.

우리가 살고 있는 현대를 포스트모더니즘 사회, 소비사회라고 한다. 여기서 대중들은 주체를 상실당하고 타자의 욕망에 사로잡힌 인간형으로 제시된다. 미디어는 정보와 이미지의 과잉 증식 속에 파묻혀 자신의 삶과 세계를 대상화할 수 있는 능력을 상실당한 대중을 재현해 낸다. 보드리야르는 이를 슬로터다익의 '냉소주의적 주체'라는 개념을 끌어들여 설명한다. 냉소주의적 주체들은 자신을 더 이상 표현하지도 못하고 미디어에 의해 매개된 억압적 현실에서도 매일 아침 출근길에 오르고 반복된 일상으로 돌아간다는 것이다.

'냉소주의적 주체'로서 우리는 우리의 현실 인식이 왜곡되어 있다는 것을 잘 안다. 이를테면 대학에 들어가면서 자신이 이 사회 체제를 지탱하는 구성원으로 훈련되고 있음을 이미 알고 있다. 투표장에서는 자신의 투표가 실질적으로 정치 체제를 쉽사리 바꾸지 못하리란 것을 알고 있다. 그럼에도 불구하고 우리는 그런 왜곡을 과감히 거부하지 못하고 오히려 거기에 집착한다. 그래서 마르크스의 이데올로기 공식 "그들은 자기가 하는 것을 알지 못하면서 그렇게 한다" 대신, 슬로터다익은 "그들은 자기가 하고 있는 것을 잘 알지만, 여전히 그렇게 행동한다"는 냉소적인 공식을 제안한다. '냉소주의적 주체'는 현실에 대한 공식적인 전망이 이미 왜곡되어 있다는 것, 그런 왜곡된 전망을 피할 수 없다는 사실을 수용한 주체이다. 그런데 우리는 이데올로기 속 주체들에게 그들이 속고 있다고 말해 줄 수 없다. 왜냐하면 그들은 이미 알고 있기 때문이다.

'냉소주의적 주체'는 억압을 내면화한 소비사회의 길들여진 인간형으로 보드리야르가 말한 '소비인간'이 여기에 해당한다고 할 수 있다. 소비인간은 자율적인 주체에 의한 욕망을 소비하는 것이 아니라 매체에 의해 조장된 다른 사람과의 '차이에의 욕구'를 실현하기 위해 끊임없이 새로운 것을 소비하려는 타자성 인간이다.

성형외과·피부과 의사들도 냉소주의적 주체가 아닐까? 성형, 피부 관리 등 미용 의료 산업은 고부가가치를 창출할 수 있다. 요즘 의대생들의 모토가 '피안성의 성주가 되자'라고 한다. 여기서 피안성은 피부과, 안과, 성형외과를 뜻한다. 우리나라 최고의 두뇌들이 보이지 않는 권력과 미디어가 조작하는 하이퍼리얼을 확산하는 데 일조하는 셈이다.

게다가 성형외과, 피부과 의사들은 자신의 병원에서 시술을 받으면 연예인처럼 아름다운 외모를 가질 수 있다고 광고하여 조금이라도 더 많은 고객이 자신의 병원에 오도록 유도하는 또 하나의 하이퍼리얼을 생산해 낸다. 성형외과들은 청순한 외모의 서현, 섹시한 손담비 등 유명 연예인들의 모습이 될 수 있다는 메시지로 여성을 유혹한다.

그런데 광고 속의 아름다운 연예인의 모습은 실재의 모습이 아닌 성형과 메이크업, 포토샵 처리과정을 통해 만들어진 시뮬라크르들로 또 하나의 실재인 하이퍼리얼을 생산한다. 성형외과 의사들은 하이퍼리얼을 이용해 대중들을 그들의 병원으로 인도한다. 그들 또한 왜곡된 현실을 잘 알지만 과감히 뿌리치지 못하고 또 다른 하이퍼리얼을 생산하여 왜곡된 현실에 집착하는 '냉소주의적 주체'들이다.

## 진짜 현실은 '디즈니'의 공주가 아니라 '슈렉'의 공주다

우리가 살고 있는 포스트모던 사회에서 해체된 주체들은 미디어가 보여주는 하이퍼리얼에 압도당하여 그들의 소비행위를 현실에서 재현하고 모방한다. 그들 중 일부는 현실의 왜곡을 알면서도 과감히 뿌리치지 못하고 계속 자신의 행동을 반복하는 냉소주의적 주체로 살아간다. 가짜가 더 진짜 같은 세상이다. 미디어는 이미 무엇이 진짜고 가짜인지의 구분을 무의미하게 만들어 버렸다.

미국 시트콤 〈섹스 앤 더 시티 Sex And The City〉의 주인공 사라 제시카 파커는 얼굴이 긴 편이고 턱이 발달하여 약간 억센 느낌을 준다. 하지만 그녀는 자신의 얼굴에 대해 이렇게 말한 적이 있다고 한다. "I have wonderful face." 그녀 자신은 길고 사각턱인 자신의 얼굴이 '원더풀' 하다고 한다. 그녀의 자신의 모습 그대로를 존중하고 아름답게 여긴다. 나는 억지로 깎은 V라인 턱보다 그녀의 사각턱이 오히려 더 아름답게 보인다.

월트 디즈니의 공주 시리즈가 미녀를 앞세운다면 드림웍스는 괴물을 공주로 내세운다. 슈렉과 피오나 공주의 사랑이다. 영화 〈슈렉Shrek〉의 제작사이면서 디즈니의 경쟁 애니메이션 사인 드림웍스는 디즈니가 확산시킨 외모지상주의를 비판하기 위해 〈슈렉〉을 만들었을지도 모른다. 〈슈렉〉은 디즈니 공주 시리즈의 전형적인 플롯을 패러디한다. 용의 탑에 갇힌 공주, 공주를 구하러 가는 기사, 공주의 긴 잠을 깨울 수 있는 기사의 키스. 그런데 공주 시리즈를 패러디한 플롯에 나오는 주인공은 아름다운 공주와 멋진 왕자가 아닌, 흉측한 괴물과 밤이 되면 괴물로 변하는 공주이다. 피오나 공주는 자신이 괴물일 때 모습을 슈렉에게 보여주고 싶지 않아 하지만 오히려 슈렉은 피오나 공주의 실제 괴물일 때 모습을 보고 반하여 청혼한다.

여기서 피오나의 변신 전 모습은 디즈니가 만들어 낸 하이퍼리얼화된 공주의 모습에 비유된 것이고, 피오나의 변신 후 괴물의 모습은 하이퍼리얼을 과감하게 없앤 실제의 모습에 비유된 것이라 볼 수 있다. 피오나는 하이퍼리얼화된 모습이 아니라 실제 자신의 모습일 때 사랑을 이룰 수 있었다. '디즈니가 강요하는 하이퍼리얼에 속지 말고, 진짜 자기 자신이 되어라.' 드림웍스가 전하고자 하는 진짜 메시지가 아닐까?

아름다워져야만 하는 여자들과, 아름다운 여자를 얻기 위해 식스팩을 가져야만 하는 남자들. 우리 모두는 이러한 이미지의 시뮬라크르에 매혹되어 실재하지 않는 이상적인 여성상과 고급승용차와 식스팩을 가진 남성상에 맞춰 서로의 짝을 찾으려 한다. 실은 실재하기 힘든 사랑에 목말라한다.

하지만 미디어가 제시하는 시뮬라크르의 이미지는 지금도 맹렬하게 생산되고 있다. 시뮬라크르에 압도당하지 않고, 진정 자신이 원하는 것이 무엇인지 자신의 마음이 외치는 소리에 귀 기울여야 한다. 타자화된 욕망이 아닌 진짜 나의 욕망을 앎으로써 하이퍼리얼을 추방할 수 있을 것이다. 우리는 더 이상 미디어가 확대재생산하는 하이퍼리얼에 속지 말아야 한다.


## 다이어트와 판타지의 욕망

외모지상주의는 다이어트 담론을 통해서도 확대재생산된다. 남성보다 특히 여성들은 '다이어트'에 강박된 현실에 살고 있다. 우리사회의 여성들은 날씬하고 늘씬한 몸매를 갖기를 원하고, 또 원해야만 한다. 어쩌면 여성은 미디어에 의해 '날씬한 몸매를 갖추기를 강요당하고 있다'고 말할 수 있을 것이다. 심지어 과체중인 여성뿐만 아니라 정상체중인 여성도 보다 날씬한 몸매를 갖기 위해 다이어트에 몰두한다. 한 연구에 따르면 한국 여대생의 77퍼센트가 다이어트 중이라고 한다. 누구나 일상적으로 다이어트를 하고 있는 시대인 것이다.

여성들이 다이어트에 중독되고 또 그럴수록 다이어트로부터 억압받고 소외를 경험하면서 동시에 육감적인 몸매를 갈망한다. 가슴 큰 여성, 잘록한 허리선, 그리고 풍만한 둔부, 여기에 미끈한 어깨와 각선미를 선망한다. 남성들은 근육질에 큰 키가 절대적인 남성의 조건이 되고 있다. 그 조건은 미디어가 주도하면서 이상적인 모델, 시뮬라크르가 증식시키는 이미지들이다. 대중은 그 이미지에 강박당하고 억압당하며 배제되고 심지어 소외된다.

걸그룹 '소녀시대'나 '원더걸스' 혹은 '애프터스쿨' 등은 우리 시대의 외모지상주의가 실어 나르는 욕망의 판타지, 판타지의 욕망을 상징한다. 몸매와 다이어트는 전형적인 타자의 욕망이다. 여성들은 바로 타자의 욕망인 소녀시대의 몸매를 이상적인 모델로 소비하기를 강요당한다. 순수한 향유가 아니라 향유의 강제인 셈이다. 한번은 SBS 〈스타 뭐하세요〉 프로그램이 '소녀시대'의 식단을 공개하면서 논란을 낳았다. 2011년 2월에 방영된 이 프로그램에서 소녀시대의 담당 트레이너가 멤버들의 다이어트 식단을 공개했는데, 그 내용이 거의 '금식 수준'이었던 것이다. 원래부터 살이 찌지 않고 그야말로 '이슬만 먹고 살 것 같은' 소녀들은 그들의 '청순한 소녀' 이미지, 즉 삼촌팬들에게 제공하는 욕망의 판타지 혹은 판타지의 욕망을 위해 시뮬라크르로 살아가야 한다. 그 가짜 실재의 시뮬라크르를 위해 실제 삶 속에서도 제대로 먹지 못한다.

당시 트레이너는 "소녀시대의 식단은 유동적이다. 콘서트나 중요한 방송을 앞두고 있을 때는 한 끼 1천500킬로칼로리에 맞춰서 식사를 한다. 브로콜리 5쪽, 닭 가슴살 구이 100그램, 현미밥 150그램을 먹으면서 몸매 관리를 한다"라고 다이어트 식단을 소개했다.

성인 여성이 하루에 필요로 하는 열량이 2천 킬로칼로리라는 점과 소녀시대 멤버들의 키 등을 고려했을 때 적은 식사량이기는 하지만 계절 나물과 브로콜리, 닭 가슴살, 현미밥 등으로 구성돼 영양소는 고루 갖추고 있다고 한다. 소녀시대 식단이 하나의 시뮬라크르가 되면서 다이어트에 이상적인 식단으로 회자되면서 이를 따라하는 현상을 낳고 있다.

소녀시대가 식단을 공개한 다음 달인 3월에는 가수 전혜빈이 트위터에 다이어트 식단을 공개했다. 그는 트위터에 "다음 달 촬영을 위해 매일 2~3시간씩 웨이트 트레이닝을 하고 간이 안 된 닭가슴살, 고구마, 현미밥, 황다랑어, 채소만 먹는다. 처음엔 배가 고파 잠도 안 왔지만 사흘쯤 되니까 적응이 된다"고 다이어트 식단과 방법을 전했다.

소녀시대와 같은 체형을 갖고 싶어 하는 많은 여성들이 각종 식이요법을 병행해 그들을 따라해 보기도 한다. 하지만 그녀들의 식단과 몸매를 닮아 보려는 일반인들의 노력은 '요요현상'이라는 복병 앞에 무릎 꿇는 경우가 많다고 전문가들은 지적한다. 전문적으로 관리를 받을 수 없는 일반인이 '굶는 다이어트'를 할 경우, 건강을 해칠 위험이 큰 데다 언젠가 먹는 양을 늘리면 체중도 그에 따라 다시 증가하게 마련이라는 것이 그들의 공통된 견해다. 그러나 소녀시대의 식단은 이미 시뮬라크르가 되어 이상적인 식단으로 이미지화되었으며 연예인과 일반인들에게 영향을 미치는 현상으로 확산하고 있다. 이 또한 걸그룹의 또 다른 하이퍼리얼이다.

우리는 일상에서 많은 미디어에 노출되어 있다. 텔레비전, 신문, 인터넷 등을 매일 접하고 있고, 그로 인해 받아들이는 정보의 양 또한 만만치 않다. 이렇게 사람들에게 미디어를 매개로 전달되는 정보는 다양한 '시각적' 이미지를 포함한다. 특히 텔레비전을 통해 전달되는 자극적인 이미지는 사람들의 관심을 사로잡는 주된 대상이라고 할 수 있다. 눈으로 보는 정보에 익숙해진 우리들은 어느새 보이는 것 속의 의미를 상실해 버린 하이퍼리얼적 이미지를 많이 소비하고 있다.

그래서 대부분의 여성들은 여성으로서 보다 완벽한 마른 몸매에 대한 강박에서 벗어날 수 없다. 끊임없이 매체에 노출되어 있는 오늘날, 사람들이 미디어가 만들어 내는 이미지로부터 완벽하게 자유로울 수 있다면 그것은 거짓일 것이다. 하지만 보다 바르게 세상을 이해하기 위해서는 매체를 읽어 낼 수 있는 능력Media literacy을 기르는 것이 절실하다.


## '식스팩'의 시뮬라크르에 강박되는 남성들

여성들이 마른 몸매를 위해 다이어트에 강박되어 있다면 남성들은 근육질의 육체미에 강박되어 있다. 여성에게는 'S라인 신드롬 syndrome'이, 남성에게는 '복근남 신드롬'이 바로 그것이다. 그런데

S라인이든 복근남이든 그것은 이미지로만 증식하는 시뮬라크르에 해당한다. 어느날 미디어를 통해 우리는 S라인과 복근남의 이미지가 매혹적인 영상으로 느껴지는데 이게 일종의 시뮬라시옹 과정이다. 이 과정을 통해 시뮬라크르, 즉 원본 없는 가짜 실재가 진짜 실재의 자리를 차지하는 것이다.

요즘 남자 연예인들에게 '식스팩' 복근은 없어서는 안 될 '잇 아이템'이 되어 가고 있다. 식스팩은 미국에서 노동자들의 탄탄한 복근 근육에서 유래했다. 노동자들이 육체노동으로 식스팩을 가졌다면 화이트칼라는 '머핀톱muffin-top'를 가졌는데, 머핀톱이란 울퉁불퉁 튀어나온 뱃살, 즉 비만을 상징한다. 식스팩이 멋진 남성의 새로운 기준으로 시뮬라시옹되면서 프로필 사진 중 웃통을 벗고 근육을 뽐내는 사진이 없는 남자 연예인은 거의 없다. 이런 남자 연예인들을 보면서 많은 여자들은 멋진 남자라면 저 정도의 복근은 있을 것이라고 믿고 남자들 또한 자신을 제외한 멋진 남자들은 헬스클럽을 다니며 탄탄한 복근을 자랑하고 있을 것이라 믿는다.

하지만 실제로 이런 복근남을 일상에서 찾기란 여간 어려운 것이 아니다. 그만큼 연예인들이 보여주는 복근남의 이미지는 현실에서 벗어난 하나의 시뮬라크르로서 존재하게 되고 그것을 믿는 많은 젊은 남녀들은 미디어가 보여주는 하이퍼리얼을 현실이라고 믿게 되는 것이다. 미디어가 만들어 낸 하이퍼리얼의 이미지가 역으로 현실을 지배하게 되는 것이다. 더욱이 식스팩이 남성의 성적 능력과 유의미한 상관관계를 가지고 있는 것도 아니다. 식스팩의 남성이 모

| 시뮬라크르 simulacre | 복근남의 이미지 |
|---|---|
| 시뮬라시옹 simulation | 시뮬라크르인 복근남의 이미지를 남성스러움과 멋진 남성이라고 믿게 하이퍼리얼을 산출하는 과정으로 주로 미디어를 통해 이루어진다. |
| 하이퍼리얼 hyperreal | 미디어가 보여주는 복근남 이미지를 실재로서 받아들이는 현상. 또 남성들이 이러한 복근남 이미지가 남성스러움과 멋진 남성이라고 믿으며 실제로 구현하려고 애쓰는 모습 |

두 변강쇠처럼 성적 능력이 뛰어날 수가 없다. 요즘의 성적 개방시대에는 식스팩에 매혹돼 남친을 사귀었다 그의 성적 능력에 '실망'하는 경우도 있을 것이다. 그런데 미디어에서 식스팩의 연예인이 소개되고 그 남성미의 멋스러움이 부각되면 이내 남성의 표준 모델로 등장한다. 그래서 남성들은 헬스클럽으로 가서 너도나도 복근남이 되려고 애쓴다.

하지만 실재가 없는 시뮬라크르를 현실에서 소비하는 것에는 큰 문제가 따른다. 우선 시뮬라크르는 미디어를 통해 우리의 일상생활에 침투해 삶의 구조를 만들어 낸다. 매클루언이 자신의 저서에서 말했듯이 미디어는 메시지고 인간 감각의 연장이다. 그렇기 때문에 미디어에서 나타나는 이미지들로 인간의 감각은 감응 받는다. 우리의 경험은 더 이상 우리가 직접 겪는 것이 아닌 미디어로 매개된 경험이 되고, 우리의 감각 또한 매개된 경험에 반응한다. 그렇게 식스팩의 유행처럼 미디어의 이미지는 실재를 대체하고 현실에서 우리의 라이프스타일을 만들어 간다. 우리가 깨닫지 못하는 사이에 도구로만 여겼던 미디어가 인간의 생활을 만들어 가는 주객전도의 상황이 일어나게 된 것이다.

　나아가서 미디어가 보여주는 시뮬라크르를 통해 사람들은 소외된다. 복근남의 경우만 보더라도 텔레비전에서 복근남 신드롬에 대한 뉴스가 나온다면 일반 남성들은 별로 기쁘지는 않을 것이다. 현실을 반영하지 않은 복근남 신드롬을 마치 모두에게 적용되는 것처럼 나타내기 때문에 복근을 소유하지 못한 남성들은 '차이의 소비'로 인해 억압되고 소외되기 때문이다.

## 고찰 5. 욕망하는 눈의 미학과 시선의 우생학
### — 섹슈얼리티와 포르노그래피의 사회학

### 섹슈얼리티와 하이퍼리얼

사전에서 섹슈얼리티의 뜻을 찾아보면 개인의 성생활이나 성적 취향을 의미한다. 이는 성행위에 대한 인간의 성적 욕망과 성적 행위, 그리고 이와 관련된 사회제도와 규범, 즉 욕망의 차원을 넘어 인간의 성 행동뿐만 아니라 인간이 성에 대해 가지고 있는 태도, 사고, 감정, 가치관, 이해심, 환상, 성의 존재 의미 등을 의미하는 개념이다. 하지만 우리가 일상생활에서 보고 느끼는 섹슈얼리티는 개인의 영역에만 머물지 않고 미디어를 통해 대중적으로 소비된다.

시각적인 자극을 통해 촉각적인 감각으로 확장되는 섹슈얼리티는 다양한 형태로 나타난다. 영화에서 공개적으로 적나라한 성행위를 보여주거나 광고에서 여성의 몸을 부각하기도 한다. 이렇게 성과 성행위, 몸매 자체를 이용하는 경우 외에도 은밀히 섹슈얼리티로 이미지를 소비하게 하는 경우도 있다. 핫팬츠를 입은 '소녀시대'의

매끈한 다리가 그렇고 영화제 시상식 때 몸매를 육감적으로 드러내는 드레스를 입는 여배우들이 그렇다.

하이퍼리얼에 대한 개념을 다시 떠올려 보면 '원본이 없는 실재인 시뮬라크르가 시뮬라시옹 과정을 거치면서 현실을 대체한 상황'이다. 이 개념을 섹슈얼리티에 그대로 적용시켜 보면 '미디어에서 보여지는 섹슈얼리티에 대한 이미지는 현실과는 다른 실재다. 하지만 그것을 현실로 받아들이는 대중에 의해 그 이미지는 하이퍼리얼이 된다.'

영화 〈미녀는 괴로워〉는 섹슈얼리티와 하이퍼리얼의 개념을 그대로 적용시킨 영화 중 하나라고 볼 수 있다. 주인공인 한나는 노래를 잘하지만 아주 뚱뚱한 여자다. 그래서 아름답고 섹시하지만 가창력이 부족한 아미라는 가수를 대신해 무대 뒤에서 노래해 주는 '대역가수'로 생활한다. 아미는 현실과 다른 실재, 시뮬라크르로서 대중에게 소비되는 '가창력 없는 가수'다. 아미는 우리사회에서 가창력 없이 미모만 앞세운 가수들의 시뮬라크르인 셈이다. 아미의 가창력을 대신하던 한나는 성형수술을 통해 아름답고 섹시한 외모를 얻고 나서야 인기를 얻는다.

한나는 자신의 원래 모습을 버리고 대중이 원하는, 미디어가 강제한 모습으로 자신을 변형시켰기 때문에 시뮬라크르, 즉 복제품의 복제품이 된 것뿐이다. 영화에서 한나는 자연 미인이라며 대중을 속였던 사실을 공개하고 그 후로도 인기를 얻으며 해피엔딩을 맞는다. 하지만 이 역시 만약 그녀가 시뮬라크르로 그 자신을 복제하지 않았다면 얻을 수 없었던 인기다. 여기에는 대중은 여가수는 섹시하고 아름다워야 한다는 이미지를 갖는데, 이를 위해 많은 가수들이 성형을 통해 그 자신의 복제품이 되어간다. 가수 등 연예인들은 자신들이 만든 시뮬라크르 이미지에 강박되어 결국에는 모두가 성형 중독으로 내몰리고 있다. 하이퍼리얼이 역으로 연예인들의 삶의 현실을 짓누르는 것이다. 아름답고 섹시하지 않으면 가수로서 인기를 얻을 수 없다는 과잉 이미지가 연예인들의 진짜 현실이 되고 있는 것이다.

섹슈얼리티의 하이퍼리얼 상태는 기괴하리만큼 다양하게 현실에서 재현된다. 우리나라에서도 큰 인기를 끌고 있는 팝 스타 레이디 가가Lady GaGa의 의상과 무대는 기발하고 또 섹시하다. 공연 때 가슴에서 불이 나오는 갑옷을 입거나 투명한 수녀복을 입기도 한다. 쇠고기로 옷을 만들어 입는 퍼포먼스를 연출하기도 한다. 전 세계 곳곳에서 때로는 우스꽝스럽기까지 한 레이디 가가의 패션을 복제하면서 그의 시뮬라크르는 현실을 압도하게 되었고, 어느새 레이디 가가는 여가수의 섹슈얼리티를 상징하기에 이르렀다. 레이디 가가와 같이 섹슈얼리티를 이용해 자신의 이미지를 만드는 복제품이 세계 도처에서 인기를 얻고 있다. 물론 레이디 가가는 자신의 일상생활에서도 독특하고 섹시한 의상을 입지만 '파파라치paparazzi'들을 통해 미디어에 공개되는 그 모습들은 시뮬라시옹 과정을 거치면서 하나의 섹슈얼리티 이미지를 만들어 간다.

미디어의 시뮬라시옹을 통해 섹슈얼리티는 이 정도 돼야 한다는 이미지가 산출되고 다른 많은 연예인들이 레이디 가가의 이미지 (시뮬라크르)를 모방하는 복제가 일어나는 것이다. 나아가 일반 여성에게까지 시뮬라크르가 작용한다. 이렇게 되면 레이디 가가의 섹슈얼리티는 여성들에게 복제가 되면서 무엇이 진짜이고 가짜인지 구분할 수 없는 하이퍼리얼 상태가 심화된다.

일본에서 건너온 '오타쿠(御宅)'들이 향유하는 문화 또한 섹슈얼리티의 하이퍼리얼을 보여준다. 오타쿠는 주로 애니메이션과 그와 관련된 문화를 즐기는 이들을 지칭하는 말이다. 오타쿠들은 애니메이션을 보기만 하는 것이 아니라 등장인물을 따라 똑같은 옷을 입기도 하고, 등장인물의 작은 모형이나 티셔츠, 인형 등을 만들고 또 구입해서 자신들만의 문화를 만들어 나간다. 오타쿠 문화가 시뮬라크르라면 오타쿠 문화를 모방하고 재현하려고 함으로써 가짜 실재가 현실에 영향을 미치는 하이퍼리얼이 발생하는 것이다.

오타쿠는 오히려 일반적인 미디어보다 더욱 강하게 성적 취향을 나타낸다. 어린 여자 아이들이 나오는 애니메이션, 가슴 큰 여성들이 나오는 애니메이션, 남자끼리의 사랑을 상상해서 만들어 낸 애니메이션 등 다양한 성적 취향을 반영한 애니메이션들이 오타쿠들에 의해 소비된다. 애니메이션에서 등장하는 인물들이나 상황, 배경등은 판타지거나 비현실적인 경우가 많다. 일반 대중이 현실과 만화를 혼동하는 현상은 잘 생기지 않는다. 하지만 오타쿠들은 이런 허구의 시뮬라크르를 따라하고 또 애니메이션 안의 상황에 대입시켜 보면서 만족을 느끼고 즐거워한다.

　그러나 역시 현실이 아니기 때문에 애니메이션에서 볼 수 있는 예쁜 여자들이 실제로 존재하지 않는다. 이런 현실을 알면서도 오타쿠들은 애니메이션에 더욱 빠져들고 시뮬라크르들이 제공하는 이미지의 섹슈얼리티에 도취한다. 그리고 현실에서 그런 이미지의 여성을 찾지만 소외를 경험할 뿐이다.

　미디어는 섹시한 가수나 애니메이션의 인물을 통해 우리 삶의 기준을 설정하고 그것을 강제한다. 미디어 속 연예인의 완벽한 바디라인을 보며 여자들은 다이어트를 하고 남자들은 헬스클럽을 다닌다. 하지만 대다수의 사람들은 그들과의 차이로 인해 소외당한다. 섹슈얼리티를 강하게 보여주기 때문에 여전히 성장하는 아이들에게 큰 자극을 주고 잘못된 길로 인도한다. 또한 섹슈얼리티는 성적 개방을 자연스럽게 확산시킨다. 여기에는 긍정적 효과와 부정적 효과가 동시에 존재한다. 예를 들어 올바른 성에 대한 이미지를 사람들이 소비하도록 할 수 있다면 섹슈얼리티에 대한 긍정적 측면의 하이퍼리얼일 것이다. 반면 성개방으로 인한 미혼모의 증가 등 부정적인 영향은 경계해야 한다.


## 가짜 욕망과 진짜 욕망의 경계

'여성들이 섹슈얼리티에 매혹당한다면 남성들은 포르노그래피에 매혹당한다.' 요즘 우리사회를 보면 눈이 피곤할 정도로 시각적인 자극이 난무한다. 여성들은 이른바 'S라인'과 같은 판타지의 욕망으로부터 자유롭지 못하다. 남성들 역시 '식스팩'과 같은 이미지뿐만 아니라 포르노그래피와 같은 판타지의 욕망으로부터 자유롭지 못하다.

테크놀로지와 매체의 결합으로 갈수록 '시선을 끌 수 있는 영상만 살아남는다'는 이른바 '시선의 우생학'이 몸의 섹슈얼리티를 가속화시킨다. 시선의 우생학은 우리사회, 문화 전체에 만연되어 있고, 좀 더 시선을 끌기 위해 사람들은 서로 자극적인 것, 섹슈얼리티, 포르노그래피 수준의 이미지를 생산해 낸다. 텔레비전에서는 시청률을 높이기 위해 가요와 예능 프로에서 섹슈얼리티 경쟁이 가속화된다. 특히 여기에 광고가 결합하면서 시선의 우생학 경쟁은 자본의 논리에 따라 극대화된다.

모터쇼에 가면 자동차보다 여성 모델들이 더 많을 정도다. 그런데 모터쇼의 진짜 존재 이유는 어디에 있을까? 그것은 미녀와 자동차의 함수관계 때문이다. 모터쇼에 나온 신제품 자동차, 고급 자동차, 새로운 자동차를 구매할 여력이 있는 고객은 주로 남성들이기 때문이다. 모터쇼에서 멋진 자동차를 가진 남성이 멋진 남성의 자격을 갖출 수 있으며 그런 남성일수록 미녀를 쟁취할 수 있다는 환상으로 이끈다. 여성 모델이 관능적으로 밀착되어 있는 고급차는 일종의 시뮬라크르로 멋진 남성의 자격이라는 이미지를 증식시킨다. 그래서 우리사회는 어느 순간 좋은 자동차, 혹은 고급 자동차, 스포츠

카만을 소유한 남자만이 미녀를 소유할 수 있다는 가짜의 이미지를 과잉 증식시킴으로써 '하이퍼리얼'에 빠져들게 한다. 실재하지 않던 가짜의 이미지가 남자들의 세계에 영향을 미치고 급기야 남성들은 너나없이 고급 승용차의 소유 욕망에 빠져드는 것이다.

보드리야르는 미국이란 나라 자체가 거대한 시뮬라크르라고 말한 바 있다. 미국에서는 '고급 자동차＝미녀 소유'라는 이미지가 현실을 지배하는 현상이 된 지 이미 오래되었다. 그 예를 미국 영화 〈트랜스포머Transformer〉의 한 장면에서 볼 수 있다. 주인공 샤이아 라보프Shia LaBeouf가 차를 구입한 다음에 "다음은 여자다"라는 대사를 한다. 차가 있어야 여자를 사귈 수 있다는 것이다. 미국은 "차 없이는 결코 여자를 못 사귄다"는 강박관념에 사로잡혀 있는 하이퍼리얼리티화된 사회라는 것을 알 수 있다. 우리사회 또한 그런 현상이 많고 가짜 이미지 시뮬라크르가 사람들을 강박하고 억제를 한다.

보드리야르에 따르면 시뮬라크르는 실제로는 존재하지 않는 대상을 존재하는 것처럼 만들어 놓은 인공물을 지칭한다. 시뮬라크르는 흉내 낼 대상이 없는 이미지이며, 이 원본 없는 이미지가 그 자체로서 현실을 대체하고, 현실은 이 이미지에 의해서 지배받게 되므로 오히려 현실보다 더 현실적인 것이다.[48] '고급 자동차 소유＝미녀 소유'라는 등식에 원본이나 근거 같은 것은 없다. 하지만 고급 자동차를 소유하는 것이 곧 미녀를 소유하는 것이라는 상징이 시뮬라크르가 되면서 현실에 지배적으로 받아들여지게 되는 하이퍼리얼리티를 생성하는 것이다. 하이퍼리얼리티화라는 과잉 이미지를 조장하는 것이 바로 미디어다. 가짜의 욕망이 진짜의 욕망으로 만드는 데는 미디어가 만들어 내는 이미지가 크게 작용한다. 여배우들의 가슴 노출을 극대화한 드레스 사진이나, '애플힙'(Apple hip: 마치 사과처럼 예쁜 엉덩이를 만들 수 있다는 몸매 관리기구) 등은 섹슈얼리티 이미지의 과잉으로 가짜와 진짜의 경계를 구분 짓지 못하게 이끈다.

한번은 여성 연예인들을 전문으로 하는 피부관리 클리닉에 간 적이 있었는데 우연하게도 여성 연예인과 마주쳤다. 그 연예인은 화장품 광고를 통해 '피부 미인'으로 이름나 있었다. 그런데 실제 그 연예인을 보자 '피부 미인'이라는 것은 실재하지 않는 '만들어진 실재'라는 것을 느낄 수 있었다. 당시 마주친 '민낯'은 결코 '피부 미인'이 아니었다. 다시 말하면 광고에서 본 그 연예인의 얼굴은 화장품을 여성들에게 팔게 하기 위해 '피부미인'이라 조작된 시뮬라크르였던 것이다. 화장품을 사야 하는 여성들에게 욕망하는 타자였던 것이다.

섹슈얼리티의 이미지를 보여주는 욕망의 판타지로는 화보를 들 수 있다. 여성 모델이나 배우들은 패션이나 화보, 노출 드레스로 섹슈얼리티의 이미지를 생성하는데 이 이미지는 여배우들의 또 하나의 실재라고 할 수 있다. 어쩌면 여성 연예인들은 섹슈얼리티의 이미지가 실제 자신보다 더 실재적인 대상으로 미디어를 통해 대중들에게 소비된다. 그래서 여성 연예인들은 실재하는 자신보다 이미지로 실재하는 시뮬라크르를 더 매혹적으로 만들려고 애쓴다. 포토샵으로 원본인 실제의 사진을 가공하는 이유가 바로 여기에 있다. 거기에는 실재하는 그 자신이 아니라 이미지로 실재하는 자아, 욕망하는 타자로서 존재하는 것이다.

진짜가 아닌 가짜의 시뮬라크르로 이루어진 과잉 이미지가 문제가 되는 것은 섹슈얼리티의 소비로 이어지기 때문이다. 〈뉴스위크Newsweek〉지가 한 슈퍼모델의 자살을 심층 보도한 적이 있는데 기사에는 다음과 같은 대목이 나온다.

> 모델은 허상뿐인 세상에서 산다. 항상 쇼를 하는 대가로 돈을 받는다. 남자들이 잠자리를 함께하는 사람은 자신이 아니라 사진 속의 여자다. 그러나 자신의 감정은 진실하다. 어느 시점에 가서 무엇이 자신의 진짜 모습인지 분간하기 어려워진다. 나인가 내가 보여주는 이미지인가? 그리고 기이하게도 자신의 진짜 모습을 되찾는 길은 자살밖에 없다고 느끼게 된다.[49]

이 기사는 러시아의 세계적 슈퍼모델 루슬라나 코슈노바Ruslana Korshunova의 돌연한 자살사건을 다루고 있다. 루슬라나는 뉴욕 맨해튼 월스트리트 모퉁이에 있는 9층 아파트에서 살고 있었는데 2008년 6월 23일 그 옆 건설현장에서 뛰어내려 스무살의 짧은 생을 마감했다. 니나리치 향수 모델로 등장하면서 일약 세계적인 모델로 각광받았는데 결국 미디어가 증식한 과잉 이미지에 희생된 것이다. 루슬라나는 러시아의 재벌 청년과 교제를 하다 헤어졌고 이것이 자살로 이어졌다. 재벌 청년이 사랑한 것은 인간 루슬라나가 아닌 모델 루슬라나의 이미지, 즉 시뮬라크르였을지 모를 일이다.

## 욕망하는 포르노그래피

"시각적인 것은 본질적으로 포르노그래피의 성질을 지닌다. 시각적인 것은 결국 넋을 잃고 정신없이 매료되게 만든다." 프레드릭 제임슨Fredric Jameson 이 쓴 《보이는 것의 날인Signatures of the Visible》(남인영 역, 한나래, 2003)이라는 책에는 이런 문장이 글의 맨 처음에 등장한다. 우리사회가 온통 시각문화의 홍수에 살고 있는데 이 말에는 바로 그 시각문화와 세계의 존재론을 함축적으로 묘사하고 있다. 우리사회는 갈수록 시각적인 것이 최우선시되면서 다른 감각들이 고갈되는 상태에 빠져들고 있다. 이른바 '시선의 우생학'이라는 말에서 알 수 있듯이 찰나의 순간을 잡기 위한 무한 경쟁상태가 지속되고 있다. 시선은 욕망의 메타포이며 욕망의 거울이다. 그것은 광고를 비롯해 영화 등 모든 미디어뿐만 아니라 패션에서도 그대로 드러나고 있다. 노출의 무한 경쟁이라는 표현을 실감할 정도로 아찔한 패션이 거리를 누비고 있다.

그런데 여기에서 시선의 지배와 시각적 대상의 무한한 풍부함 사이에서 권력과 욕망에 대한 모든 싸움이 일어나게 마련이라고 제임슨은 주장한다. 우리가 살고 있는 사회가 이를 반영하고 있다. 즉 이미지를 소비하는 현대사회에서 남성들이 포르노그래피에 매혹당한다면 여성들은 섹슈얼리티에 매혹당한다. 이미지라는 허깨비에 사로잡혀 포르노그래피와 또는 섹슈얼리티가 드리운 이미지의 욕망을 재현하려고 애쓰게 되는 것이다.

시각적인 것은 대부분 이미지로 소비되는 속성을 지닌다. 즉 현대 소비사회에서 상품 물화의 궁극적인 형태는 바로 이미지 자체라는 의미이기도 하다. 이미지의 소비는 달리 말하자면 정신적 사유의 회피라고 할 수 있다. 기호체계로 설명하면 의미작용을 일으키는 기의는 사라지고 껍데기뿐인 기표만 소비되는 것이다. 아무리 중대한 사건이 일어나도 그 의미와 전후 맥락을 시청자들은 제대로 알 길이 없다. 시각적인 것은 본질적으로 포르노그래피의 성질을 지닌다는 말은 기의보다 기표와 이미지를 중시하는 현대 소비사회와 맥락을 같이 한다. 시각 매체가 전해 주는 과잉 이미지를 너도나도 소비함으로써 '미디어에 의한 욕망'의 재현representation을 경험하게 한다.

포르노그래피의 욕망의 판타지 역시 자율적인 주체에 의해 생겨난 것이 아니라 미디어에 의한 타자화된 욕망이다. 이는 수많은 남성들에게 욕망의 억압과 배제를 불러일으킨다. 그래서 혹자는 시각문화에 점령당한 현실에서 남성들은 모두 '준(準) 발기' 상태에서 욕망의 포로가 되면서 강박당한 채 지쳐가고 있다고도 한다. 욕망의 판타지 또는 판타지의 욕망을 자극하는 시뮬라크르의 모델이 미디어를 통해 포르노그래피의 과잉 이미지를 만들어 내면 남성들의 모방 욕구를 자극하고 모델에 의해 억압과 배제를 경험하게 되는 것이다. 달리 말하자면 '포르노그래피로부터의 소외'인 셈이다.

이와 같은 맥락으로 여성들은 'S라인'과 '킬힐kill heel', '하의실종' 패션과 같은 과도한 이미지의 섹슈얼리티에 사로잡히고 있다. 'S

라인'과 '킬힐', '하의실종' 패션이 모델을 통해 모방 욕구를 자극하면 할수록 그것의 '향유'보다 모델에 의해 '억압과 배제'를 경험하게된다. 달리 말하자면 '섹슈얼리티로부터의 소외'인 셈이다.

낸시 시노렐Nancy Signorielli은 "매체 이미지는 알리기 위한 것이 아니라 매혹하기 위한 것이다. 그래서 매체가 수용자들을 매혹하고 붙들어가는 방법의 하나가 성이다"라고 강조한다. 즉 성, 성행위, 성욕은 대부분의 시각적인 매체 내용에서 중요한 요소로 현대적 성욕은 매체에 의해 계발되는 것이라는 것이다.

보드리야르는 《유혹에 대하여De la seduction》(배영달 역, 백의, 2002)라는 책에서 매체의 모델에 의해 계발된 성욕이란 일종의 '시뮬라크르'라며 포르노 역시 시뮬라크르라고 말한다. 보드리야르는 "진짜보다 더 진짜 같은 포르노, 이것이 시뮬라크르의 절정이다"[50]라고 말한다. 보드리야르에 따르면 시뮬라크르는 아울러 어떤 기왕의 실제 존재하고 있는 것과는 아무런 관계도 없다. 독자적인 하나의 현실이다. 오히려 지금까지 실제라고 생각하였던 것들이 바로 이 비현실이라고 하였던 시뮬라크르로부터 나오게 된다. 흉내 내거나 모방할 때는 이미지란 실제 대상을 복사하는 것이었지만, 지금은 오히려 실제 대상이 가장된 이미지를 따라야 한다. 상황이 완전히 전도된 것이다.[51]

포르노의 경우 '원본'이 없고 또한 진실이라고 규정할 수 있는 것이 존재하지 않는다. 그럼에도 불구하고 포르노는 마치 모델(배우)을 통해 성행위의 원본이나 진실이 존재하는 것으로 위장한다. 포르노는 스펙터클한 성행위를 모방하게 함으로써 시뮬라크르의 모방을 낳는다. 남성은 온갖 스펙터클한 체위에 현혹되어 모방을 하고 여성은 성적 흥분에 상관없이 신음소리를 내야 한다. 포르노의 모델들이 섹스의 원본이 아닌데도 현실에서 모델에 따라 재현하는 일이 벌어진다. 나아가 포르노를 봄으로써 성을 욕망하게 된다. 그야말로 욕망하는 미디어가 현실을 지배하는 것이다. 욕망의 판타지, 판타지의 욕망의 텍스트text가 되는 것이다. 가짜가 모방해야 할 원형 혹은 진짜로 둔갑하는 것이다. 따라서 포르노에서 하는 구강성교, 69자세 등의 행위가 성행위의 표본이라도 되는 듯이 여겨지며, 여성들은 포르노의 모델처럼 성적 흥분상태가 아닌데도 가짜의 신음소리를 내게 된다. 진짜보다 더 진짜 같은 성행위가 모방을 낳고 결국 그것이 표본 혹은 원본, 현실을 지배하는 이미지가 되어 하이퍼리얼을 생성하는 것이다.

남성들은 포르노를 '봄'으로써 시뮬라크르에 강제되고 억압을 받게 된다. 시뮬라크르는 욕망의 판타지, 판타지의 욕망이 되는 것이다. "포르노는 이렇게 말한다. 즉, 포르노가 바람직한 성의 풍자화인 이상, 어딘가에 바람직한 성이 있다는 것이다. 그로테스크한 외설스러움을 통해, 포르노는 성의 진실을 구현하려고 시도한다."[52] 바람직한 성이 있는 것도 아닌데 포르노는 바람직한 성, 진짜의 성, 진실의 성이라는 효과를 낳게 되는 것이다. 여기서 보드리야르는 "바람직한 성은 과연 존재할 수 있는가? 육체의 이상적인 사용가치로서의 성, 해방될 수 있고 해방되어야만 하는 쾌락의 잠재적인 힘으로서의 성이 어딘가에 있을 수 있는가?"[53]라고 문제를 제기한다.

남성들은 포르노에 의한 성의 해방이 아니라 시각적 감응에 의한 억압을 경험함으로써 성을 자신의 것으로 향유하지 못하게 된다. 왜냐하면 포르노는 성적인 것의 역설적인 행위에 의해 만들어진 시뮬라크르이기 때문이다. 즉 포르노는 실재를 사실주의적으로 극단적으로 묘사한 것이고, 실재에 편집광적으로 사로잡혀 있는 것이다. 포르노는 대부분 남성고객을 대상으로 하는데 남성은 포르노를 '봄'으로써 실재하지 않는 성적 원본, 즉 포르노 모델에 의해 시뮬라크르로 묘사되는 성을 봄으로써 성적 도취에 대한 강박관념을 지니게 된다.

미디어에 의한 과잉 이미지의 확산으로 보드리야르는 포스트모던 시대의 특징을 시뮬라시옹으로 정의한다. 보드리야르는 "시뮬라시옹은 더 이상 영토 그리고 이미지나 기호가 지시하는 대상 또는 어떤 실체의 시뮬라시옹이 아니다. 오늘날의 시뮬라시옹은 원본도 사실성도 없는 파생실재, 즉 하이퍼리얼을 산출하는 작업이다"라고 말한다.[54]

포르노그래피는 성의 과잉 이미지를 퍼뜨리고 모방하게 함으로써 보드리야르가 제기한 하이퍼리얼을 낳게 된다. 가짜인 포르노의 행위와 섹스문화가 진짜이자 원본이 되면서 현실에 영향을 미치고 지배적인 성문화로 둔갑하는 것이다. 원본 없는 가짜의 현실이 진짜 현실이 되는 것이다. 포르노그래피가 시각영상물로 확산되기 이전에는 인도의 성교본으로 통하는 《카마수트라Kāmasūtra》와 중국의 《소녀경》 등이 '원본'으로 간주되었다. 이들 텍스트는 이른바 다양한 체위를 '춘화(春畵)'로 곁들여 자세하게 설명한다. 《카마수트라》나 《소녀경》처럼 또는 요즘의 포르노그래피처럼 원본은 아니지만 원본처럼 행세하고 가짜지만 진짜처럼 광범위하게 인식되면 새로운 현실이 되는 것이다. 그 중심에는 과잉 이미지를 반복 재생산하며 확산하는 미디어가 자리 잡고 있다.

인류와 함께 발전해 온 '성'이 시뮬라시옹의 과정을 거치면서 포르노그래피가 마치 실재하는 '원본'으로 모방 혹은 재현의 대상이 되면서 욕망하는 타자가 되고 있다. 포르노의 이미지와 영상, 행위가 다시 현실에 영향을 미치면서 하이퍼리얼을 생성하고 있는 것이다. 포르노그래피나 외설이 담고 있는 내용이 실재하는 것을 바탕으로 창조된 것인지, 우리사회 주변에서 실재하는 것이 포르노그래피를 모방한 것인지 알 수가 없다. 다시 말해, 포르노그래피는 원본이 없는 실체다.

이와 같이 우리는 포르노그래피나 외설의 원본을 인식하지 못하는 하이퍼리얼 속에서 살아가고 있으며 과잉 이미지를 소비하고 있다. 나아가 그것들의 영향을 받아 폭력성이 증가하는 경우도 있고 변태적인 성향을 띠는 경우도 있다. 다시 말해, 현재 자주 일어나는 성폭력 사건은 포르노그래피의 하이퍼리얼의 현상으로도 볼 수 있는 것이다. 따라서 포르노그래피가 지배하는 우리의 현실은 포르노그래피(영화 혹은 영상)나 외설이 과잉 이미지를 구현한 하이퍼리얼 속에서 빠져나오지 못하고 가장 기본적인 '생식수단으로서의 성'의 실재성을 상실해 가고 있는 과정에 놓여 있는 것이다. 욕망하는 포르노그래피 산업은 번창하고 있고 인터넷 사이트를 통해 현실에 무차별적으로 노출되면서 섹슈얼리티 혹은 섹스산업은 번창하고 있지만 출산율은 오히려 더 감소하고 있는 것이다. 포스트모던의 아이러니, 바로 그것이다.


## 시각문화와 눈의 미학

남성의 시선은 폭력적이고 심지어 제국주의적이라고까지 한다. '봄'을 통해서 인식작용을 유도하는 것이 눈이기 때문이다. "로마의 학자이자 시인이었던 마르쿠스 테렌티우스 바로Marcus Terentius Varro는 시각과 힘을 동일시하고 있다. '시각visus'을 의미하는 단어와 '힘vis'을 의미하는 단어의 어원은 모두 '나는 본다video'라는 의미의 동사다. 그래서 바로는 사냥꾼 악타이온이 목욕하는 여신 아라테미스를 '눈으로 범한다'는 표현을 사용한다."[55] 더욱이 과잉 이미지가 난무하는 포스트모더니즘적 사유에서 핵심을 차지하는 '인식기계'는 다름 아닌 미디어인데 그 미디어가 '타자화'를 통해 욕망을 부추기는 한편 욕망의 억압과 배제라는 야누스적인 시각문화를 결과하고 있다.

미디어의 시각문화는 욕망을 간접적으로 매개하는 일종의 장치인데, 미디어에 의한 욕망의 억압과 배제는 일종의 '시각문화적 폭력'이라고 할 수 있다. 폭력적 영상물을 통해 우리는 우리의 몸을 폭력적으로 확장시키기 때문이다. 미디어 소비자는 폭력 모델과의 접촉을 통해 동일화 과정을 거치면서 남성중심적인 가치관에 따른 '남성스러움'을 내면화하기도 한다. 이는 매클루언이 언명한 '미디어는 메시지다'라는 명제를 통해 알 수 있듯이 미디어가 인간 감각으로까지 그 영역을 확장한 것으로 이해할 수 있다. 포르노는 단순히 성행위의 적나라한 행위를 보는 것에 그치지 않고 가부장적인 남성권력의 강화와 연결되어 있다.

> 포르노를 내용분석해 보면 약 82퍼센트의 사진이 완전한 성관계를 맺는 장면을 보이고 있다. 포르노의 경우 남자는 여자에게 '서비스를 받는' 강자의 역할을 묘사함으로써 남자들의 우월감을 부추긴다. 또한 구강섹스의 경우 하는 쪽이 허리를 구부리거나 웅크려야 하며 받는 쪽은 서 있는 상태가 되어야 한다. 따라서 하는 쪽은 노예와 같은 자세를 취하게 되고 받는 쪽은 아래를 내려다보는 형상이 되어서 남녀 사이의 권력관계를 여실히 드러낸다.[56]

남성들의 욕망의 판타지, 판타지의 욕망을 자극하는 포르노는 여성을 성적 대상으로 소비하게 하는 남성 권력의 폭력적인 산물인 것이다. 남성들은 이런 영상물을 통해 남성 중심적인 가치관에 따른 '남성스러움'을 내면화하기도 한다. 이는 매클루언이 언명한 '미디어는 메시지다'의 명제처럼 미디어가 인간감각을 확장시키는 것이다. 또한 이는 남성권력의 강화와 연결되어 있는 것이다. 그래서 남성들은 포르노그래피를 소비하는 데 반해 여성은 대부분 포르노그래피를 소비하지 않는다. 남성이 포르노그래피를 소비하는 이유는 여러 가지 요인이 있겠지만 아마도 시각적 자극에 예민한 남성들의 본능적 속성에서 기인하는 바 클 것이다. 여성들은 시각보다 청각에 예민하기 때문에 시각적 자극을 강조하는 포르노그래피에 흥미가 없다는 것이다. 그래서 남자와 여자는 이러한 성본능의 차이로 오해를 낳기도 한다. 연인이나 부부가 거리를 지나가다 남자가 미니스커트 입은 여자를 힐끗거리는 것은 일종의 남성의 성본능이라고 할 수 있다.

결국 포르노의 명백한 의도는 결국 남자들의 성적 욕구나 호기심의 자극을 통한 상업적 이윤 추구와 연결되어 있다. 포르노를 보는 주 고객인 남성은 사회 내에서 정치적 권력과 경제적 능력을 동시에 소유하고 있기 때문이다. 즉 포르노는 자본의 논리에 의해 만들어진 소비상품일 뿐만 아니라 이는 가부장적인 남성중심의 권력을 공고히 하는 데 기여한다고 볼 수 있다.


## 세상은 이미 포르노그래피적이다

그런데 따지고 보면 우리가 사는 현실에서도 성인들의 섹스는 이미 포르노그래피 그 자체라고 할 수 있지 않을까? 연예인들의 섹스 비디오 유출은 이제 뉴스거리도 아니다. 인터넷뉴스에 이런 기사가 눈에 띈다.

> 10대에 찍은 섹스 동영상이지만 내용은 일반 포르노급. 펠라치오 등 오랄 섹스를 적나라하게 연출하고 있으며 자연스럽게 서로의 성기를 탐닉하고 있다.

이 기사는 2007년 1월 구글에 화제가 되었던 영국의 톱모델 킬리 하젤Kealey Hazell 섹스 동영상에 대한 내용이다.

> 요즘 섹스 비디오 하나 없는 여배우는 할리우드에서 골동품 취급 받기 십상이다. '가십걸'(gossip girl: 소문의 중심이 되는 여성)에서부터 미스 USA에 이르기까지 마치 섹스 테이프가 출세의 지름길인양 너도 나도 비디오 찍기 바쁜 세상이다. 한 할리우드 소식통은 섹스 테이프가 없는 여배우는 아마 없을 것 같다고 귀띔할 정도다. 대부분 벽장 속에 숨겨 놓고 있어서 그렇지 누구나 하나쯤은 갖고 있다는 것이다.[57]

그래서 보드리야르는 스캔들은 이제는 감추기 위한 것이 아니라고 말한다. "옛날에는 사람들이 스캔들을 감추려고 노력하였다. 그러나 오늘날은 그건 스캔들이 아니라는 것을 감추려고 애를 쓴다."[58] 이는 국제뉴스로 들려오는 섹스 비디오 유출사건을 봐도 알 수 있다. 이제 섹스 비디오 유출은 '사건'으로 취급받지도 못한다. 오히려 스타급 연예인이라면 섹스 비디오쯤은 있어야 진정한 스타로서의 자격이 있는 것 같다. 그래야 섹슈얼리티를 인정받는다는 것쯤으로 생각하는 것 같다. 그래서 섹스 비디오를 은밀하게 찍고 그게 공공연하게 나도는 것을 은근히 즐긴다. 스캔들로 드러날까 봐 전전긍긍하지 않는다. 이게 보드리야르가 말하는 스캔들의 현재적 버전이다.

미국의 글래머 여배우 파멜라 앤더슨Pamela Anderson은 영국의 한 텔레비전 토크쇼에 출연해 아들한테 자신의 섹스 비디오를 보여주겠다고 말해 화제를 낳기도 했다. 11세와 12세 아들을 두고 있는 앤더슨은 "어차피 학교에 가면 친구들이 엄마의 섹스 비디오 얘기를 할 텐데 쉬쉬해 봤자 무슨 소용이 있겠느냐"는 것이다. 앤더슨은 전 남편인 록싱어 토미 리와의 섹스 테이프가 공개돼 곤욕을 치른 바 있다. 이 비디오는 거의 포르노 영화 수준이어서 한동안 여론의 질타를 받기도 했다."[59]

연예인들의 섹스 비디오에 대한 뉴스는 수많은 모방 비디오를 낳고 있다. 포르노그래피를 본 청소년들도 이제는 포르노그래피의 모델 흉내를 내고 있다고 한다.

한번은 한 여고생이 임신의 두려움 때문에 이를 원천적으로 예방하기 위해 남자친구와 애널섹스anal sex를 한다는 그야말로 충격적인 이야기를 들은 적이 있다. 포르노그래피 모델의 섹스를 흉내내다니 참으로 어처구니없는 일이었다. 포르노그래피에서 모델들이 그런 섹스를 버젓이 하기 때문에 별 생각 없이 모방한 것일 게다. 포르노그래피의 홍수 속에서 청소년들의 성 개방 문화가 확산되는 것은 어쩔 수 없다 하더라도 금지선을 넘는 섹스가 성행하는 것에 대해서는 고민을 해 봐야 한다. 이런 불장난은 이후에 감당할 수 없는 트라우마를 안겨주고 불감증과 정신분열증의 원인이 될 수도 있을 것이다. 이런 이야기가 고교생들 사이에 나돈다는 것만으로도 충격적인 현실이 아닐 수 없다.

국세청은 2011년 1월 5일 발표한 '2010년 국세통계연보'에서 2009년 유흥접객업소에 종사하는 도우미가 14만 836명에 이르고 이들에게 지급된 금액은 1조 9천151억 원에 이른다고 밝혔다. 유흥업소 도우미는 20세 이상 50세 미만의 여성경제활동인구와 비교할 때 60명 중 1명꼴이다. 그러나 실제로는 이를 훨씬 초과하는 것으로 추정하고 있다.

또한 인터넷 공간에서는 포르노그래피가 홍수를 이루며 성업하고 있다. 미국의 시사 잡지 〈뉴스위크〉가 2011년 2월 6일 인터넷판에서 "세계에서 1인당 포르노산업 매출 1위 국가는 한국"이라고 보도했다. 뉴스위크 보도에 따르면 한국인은 2006년 기준으로 포르노를 보는데 1인당 526.76달러(약 58만 8,000원)를 쓰는 것으로 조사됐다. 2위는 일본(156.75달러), 3위는 핀란드(114.70달러), 미국은 44.67달러로 7위였다.

요즈음 시대는 지나치게 성적이고 외설적인, 어찌 보면 거의 포르노 수준의 이미지를 미디어에서 보여줘야만, 그 프로그램이 성공한다. 자본주의와도 밀접하게 연관이 되어 있는 것을 보며 성을 상품화하는 것이 당연시되는, 벗어야 성공을 할 수 있는 것이 당연시 된 '하이퍼리얼리티' 세상을 보면 씁쓸하기만 하다. 가수 비는 이런 말을 했다.

"노래를 열심히 불러도 호응이 없었는데, 웃통을 한번 벗으니까 확 뜨더라고요." 이 말은 우리사회가 얼마나 성적 시뮬라크르가 만연한 사회인지 축약적으로 드러내는 말이라 생각한다. 가수가 노래를 잘하는 것보다 한번 벗는 것이 성공으로 가는 지름길이 되어버린 하이퍼리얼화된 사회다. 가수 비가 배가 불룩 나온 뚱보였다면 인기를 끌 수 있었을까. 여성가수도 마찬가지로 더 짧은 치마, 하의 리스, 가슴과 몸매가 드러나는 옷을 입어야 되는 섹슈얼리티라야 소비되고 인기를 얻는다. 외설, 포르노그래피 수준의 이미지가 난무하는 시뮬라크르의 사회라고 할 수 있다. 이제 수많은 우리 이웃의 결혼한 부부들조차 은밀하게 애인을 만들고 남편이 혹은 아내가 충족시켜 주지 못하는 욕망의 판타지를 충족한다.

서구 세계뿐만 아니라 우리사회에서도 성문화는 이미 포르노그래피의 경계를 구분할 수 없을 정도다. 모두의 에피소드에서 볼 수 있듯이 이미 10대의 성문화마저 포르노그래피의 모델을 모방하고 있다. 성인들은 더 말할 나위가 없다. 포르노그래피는 디즈니랜드처럼 시뮬라크르들의 세상이다. 배우들의 과장된 성행위가 난무하고 과잉 이미지들로 넘쳐난다. 이른바 윤리적인 '성 모럴moral'은 찾아볼 수 없다. 오히려 현실의 성 모럴을 철저하게 파괴하는 영상이어야만 포르노그래피라고 할 수 있다. 따라서 포르노그래피는 현실과는 다른 가짜의 현실, 가짜의 실재들인 시뮬라크르의 미혹들로 가득 차 있다. 그래서 남성들은 포르노그래피를 보고 현실에서 그 욕망들을 재현하려고 한다. 포르노그래피 판타지의 욕망들이 오히려 현실의 성행위의 '준거 틀'로 작용하고 모방하려고 하는 것이다. 청소년들조차 포르노그래피가 보여준 파격적인 성행위를 '원본'으로 모방한다. 고등학교에서 동성애는 더 이상 금기가 아니라고 한다. 10년 전만 해도 상상할 수 없었던 성적 판타지들이 이제는 공공연히 이루어지고 있는 것이다. 이게 바로 시뮬라크르인 포르노그래피가 역으로 현실에 영향을 미치면서 새로운 지배적인 현실이 된 예이다. 포르노그래피의 '하이퍼리얼'인 것이다.


## 포르노그래피가 존재하는 진짜 이유

그러나 포르노그래피는 인터넷 사이트에서 상업적으로 난무하고 무차별적으로 노출되어 있지만 여전히 '포르노그래피의 성'에서만 거래를 할 수 있다. 세상에는 점점 포르노그래피적인 문화가 만연하고 있지만 그럴수록 포르노그래피의 성은 우리가 사는 현실 세계로 뛰쳐 나올 수 없다. 이는 앞서 살펴본 디즈니랜드와 감옥과도 같이 포르노그래피의 존재 이유도 하이퍼리얼의 '저지전략'의 일환이기 때문이다.

놀이동산 디즈니랜드는 거대한 시뮬라크르다. 가상의 유희기구들로 유아적인 유치함을 아기자기한 상상의 세계로 구현해 놓고 있지만, 사실 미국 사회 전체가 그 유치함으로 점철되어 있다는 것을 감추기 위한 곳이다. 이는 마치 감옥이 사회 전체가 그 어디서나 억압적인 사회라는 사실을 숨기기 위해 있는 것과 같은 것이다. 보드리야르는 이를 '하이퍼리얼의 저지전략(기계)'이라고 말한다. 포르노그래피도 일종의 하이퍼리얼 저지기계라고 할 수 있다는 것이다. 포르노그래피는 현실의 성문화가 포르노그래피의 수준이 아니라는 것을 은폐하기 위해 필요하다는 것이다. 그래서 포르노그래피나 외설영화는 과잉의 선정적 성행위라는 이유로 텔레비전에서나 영화 상영관에서 상영이 금지되고 있는 것이다. 그것은 현실의 성문화가 '금도'를 넘어서면 성 모럴의 타락을 사회 전반적으로 확산시켜 국민의 건전한 심신을 해칠 수 있기 때문이다. 겉으로는 건전한 성문화가 정착되어 있다는 것을 국민들에게 인식시켜 주어야 하기 때문이다.

캐나다에서 한 고등학교 여직원이 학교 몰래 포르노그래피 5편에 출연했다가 해고당하자 소송을 제기했다는 흥미로운 기사가 보도된 적이 있다.

캐나다의 한 고등학교 여직원이 포르노 영화에 출연하는 이중생활이 들통 나 학교로부터 해임 당하자 복직을 위해 해고처분무효소송을 제기했다고 영국 〈데일리메일〉이 21일 보도했다. 줄리 개그넌이라는 이

여성은 〈시리얼 어뷰저 2〉라는 포르노 영화에 출연한 것이 한 학생에
의해 발견돼 학교장에게까지 전달되면서 지난주 캐나다 쿼벡시티 인
근에 있는 에치민스 고교로부터 해고당했다. 개그넌은 그러나 성인영
화에 출연한 것과 자신이 학교 업무를 보는 것은 아무 상관이 없다며
복직을 요구하는 소송을 제기했다.[60]

포르노 배우는 포르노의 영역에만 머물러야 한다. 포르노의 세
계의 '금도'를 넘어선 것이기 때문이다. 포르노 배우는 말하자면 도
덕적인 현실의 영역 밖에 존재해야 하는 것이다. 캐나다든 한국이든
포르노 배우는 우리가 살고 있는 현실 세계와는 다른 영역에 있어야
하는 것이다. 마치 놀이동산이 일상의 공간과 구분된 영역에 존재하
는 것과 같다. 놀이동산은 디즈니랜드든 에버랜드든 또는 롯데월드
든 현실의 영역과 철저하게 담장을 두른 곳에 존재한다. 입장권으로
문을 통과해야만 비로소 존재하는 현실과는 별개의 곳이다.

스캔들 또는 게이트가 언론을 통해 보도되는 시점은 워터게이
트처럼 너무 공공연한 부도덕이 판칠 때 이를 경계하고 본보기를 보
이면서 다시금 질서회복을 필요로 하는 임계점에 도달했을 경우다.
어떤 상황의 임계점에 도달하면 일종의 '희생양'이 필요하게 된다.
군대에서 군기가 가장 해이해졌을 순간에 다시 강력한 군기 세우기
가 시작되는 것과 같다. 아마도 우리사회가 그 어느 때보다 지금 스
캔들에 분노하는 것은 은밀한 스캔들이 너무 만연해 있기 때문일지
도 모른다. 보드리야르 식으로 말한다면, 워터게이트처럼 사회가 부

도덕한 스캔들이 없다는 것을 은폐하기 위해서 사건으로서의 스캔들이 필요한 것이다.

포르노그래피 또한 현실 성문화가 용납할 수 없는 부도덕한 수준을 넘어서서는 안된다. 즉 포르노그래피는 우리사회의 성문화가 이미 '포르노급'이지만 이러한 사실을 은폐하기 위해, 또는 애널섹스와 같은 위험한 섹스는 하지 말아야 하며 성문화의 임계점을 넘어서서는 안 된다 것을 보여주기 위해서 존재하는 것이다.

## 고찰 6. '삼촌 팬'들의 욕망의 판타지, 판타지의 욕망

### — 아이돌의 '기획된' 신화

## 아이돌, 대중이 찾는 가장 '핫'한 상품

오늘날 가장 회자되고 있는 대상 가운데 하나가 '아이돌idol'이다. 그들의 행동 하나하나, 말 한 마디에 모두가 관심을 갖는다. 이제는 단순한 관심을 넘어서 '아이돌'이라는 단어의 뜻처럼 대중의 '우상'이 되어 버렸다. '아이돌'은 10~20대의 그룹 및 솔로 가수뿐만 아니라 연기자들을 포괄한다.

위키백과Wikipedia에 따르면, 최초의 아이돌 문화는 미국에서 시작된 것으로 보는데, 프랭크 시나트라Frank Sinatra, 엘비스 프레슬리Elvis Presley 등의 하늘을 찌를 듯한 인기를 표현하는 데 아이돌이라는 단어를 쓰면서 대중문화계로 의미가 확장되었다. 1970년대의 남진, 나훈아, 이미자 같은 트로트 가수들부터 1980년대 대중음악계를 섭렵했던 조용필도 포함할 수 있다. 하지만 오늘날 '아이돌'이라고 불리는 가수들은 과거의 '아이돌'과는 다르다. 오늘날의 '아이돌'은 대형 엔터테인먼트사(연예기획사)들에 의해 철저한 '기획'에 의해 '만들어진다'는 점이 과거 아이돌과의 가장 큰 차이점이다.

이때, '만들어진다'는 의미는 아이돌이 연예 기획사에 의해 선발, 기획, 제작, 홍보 등의 과정을 거친 '상품'이라는 것이다. 아이돌이 되기 위해 어릴 때부터 오디션을 보고 연예기획사에 들어가는 경우를 많이 볼 수 있다. 지금 활발히 활동 중인 대부분의 아이돌들의 경우만 보아도 알 수 있다. 그들은 어릴 때부터 춤과 노래를 훈련받음과 동시에 학교생활을 비롯한 모든 사생활까지도 훈련받으면서 기획사가 의도하는 대로 교정을 해야 한다. 뿐만 아니라 그들은 자신들의 외모까지도 '교정'을 해야 하는데 성형수술이 그것이다. 이 모든 것들이 대중이 좋아할 만한 '상품'으로 거듭나기 위한 일련의 과정이다.

그렇다면 이 '상품'은 누구를 위한 상품일까? 오늘날의 아이돌은 '10대를 위한 그리고 10대의 의한 상품'이라고 해도 과언이 아니다. 10대, 즉 중고등학생들이 주축이 되어 아이돌의 팬클럽을 운영하고, 여러 형태의 팬 미팅을 가진다. 교복을 입고 연예기획사 앞에서 '아이돌 오빠'를 기다리는 여중고생들의 모습은 어렵지 않게 볼 수 있다. '오빠'들의 콘서트가 열리는 날이면 학교도 결석해 가며 콘서트를 보기 위해 기다리는 경우도 허다하다. 그들에게는 이제 아이돌이 '우상'이 되어 아이돌의 모든 스케줄이 그들의 삶 속 깊숙이 관여하게 된다.

여성 아이돌, 이른바 걸 그룹들은 또한 10대팬들 뿐만 아니라

중장년의 '삼촌팬'들까지도 거느리고 있다. 즉 오늘날 아이돌은 10대만이 향유하는 대상이 아니다. 아이돌의 영향은 10대뿐만 아니라 더 어린 아이들부터 시작해 20대는 물론이고 그 이상 연령대에까지 미치게 되었다. 요즘에는 학교, 군대, 직장에서도 '최신 아이돌' 노래 하나쯤은 섭렵하고 있어야 한다.


## 미디어를 통해 보여지는 아이돌

아이돌과 아이돌 문화는 미디어를 통해 생성된 아이돌의 욕망하는 이미지, 즉 시뮬라크르를 바탕으로 현실을 지배하는 하이퍼리얼의 대표적인 사례다. 아이돌은 실제 대면접촉 방식을 통해 대중을 만나기보다 주로 텔레비전, 라디오, 인터넷 등의 미디어를 통해 만난다. 그렇기에 대중은 미디어가 보여주는 아이돌의 이미지를 그대로 받아들일 수밖에 없다. 그 이미지는 아이돌의 실재하는 이미지가 아니라 미디어를 통해 보여지기 위해, 대중적으로 소비되기 위해 '만들어진' 이미지라고 할 수 있다.

　　1990년대 핑클이나 SES 이후에 이렇다 할 여성 그룹이 없던 때에 '소녀시대'의 등장은 큰 파장을 일으켰다. '소녀시대'는 자신들의 이름처럼 데뷔할 당시부터 '청순한 소녀'의 이미지를 선보였다. 9명의 '소녀'들이 깜찍한 춤과 섹슈얼리티로 남성 팬들을 사로잡았다. '소녀시대'는 데뷔 초반부에는 꾸준히 자신들의 청순한 이미지에 맞춰 발랄한 음악을 고집했다. 물론 '소녀'의 이미지로도 그들은 정말 많은 팬덤을 확보했다. 하지만 소녀시대는 단지 '소녀'의 이미지에서만 행보를 그치지 않았다. 2009년 〈소원을 말해봐〉라는 곡을 통해 소녀시대는 이미지를 새로이 굳혔다. 데뷔 초에 소녀 같은 발랄하고 여린 이미지로 대중의 인기를 끌었던 소녀시대는 〈소원을 말해봐〉라는 곡에서부터 여린 소녀의 이미지보다는 좀 더 '섹시'하고 여성스러운 모습으로 대중에 다가서고 있는 것이다.

하지만 그들이 '소녀' 이미지를 모두 벗어버린 것은 아니다. 어디까지나 '소녀'라는 틀 안에서 좀 더 많은 노출 그리고 섹슈얼리티와 욕망하는 여성성을 부각시킴으로써 그들은 좀 더 넓은 팬덤 fandom을 확보할 수 있었다. 전보다 '성숙'한 노래로 발랄하고 깜찍한 곡을 통해서는 다가가지 못했던 '삼촌 팬'(10대가 아닌 30,40대의 남성 팬)의 시선을 끌 수 있었던 것이다. 이로 인해 소녀시대는 은밀하게 욕망의 판타지를 즐기는 남성들에게 공개적으로 소비하는 욕망하는 타자가 되었다.

또한 소녀시대 '소녀'들의 'S라인' 몸매는 여성들의 다이어트를 한층 더 자극했다. 뿐만 아니라, 그들의 마른 몸매는 그들의 청순가련하고 여린 이미지를 더 강화시키는 데 일조했다. 이로 인해 예쁘고 마른 몸매의 소녀시대가 사용했다는 온갖 미용용품에서 음식에 이르기까지 인기를 끄는 현상마저 생겨났다. 소녀시대의 제시카가 사용했다는 선글라스는 쇼핑몰에서 가장 인기 있는 상품 중 하나다. 소녀시대의 기획되고 만들어진 이미지가 실제 현실에 강한 영향력을 행사하는 전도현상이 발생한 것이다. 바로 보드리야르가 말하는 하이퍼리얼의 생성이다.


## 소비를 강요하는 '욕망의 판타지'

대중이 미디어의 아이돌 이미지에 크게 영향을 받고 소비 행위에 가세한다. 여기서의 소비는 특정한 물리적인 상품을 구매하는 행위에서부터 그들을 문화적으로의 소비, 즉, 노래를 다운로드한다든지, 예능 프로그램을 시청한다든지 등의 행위를 의미하기도 한다. 대중들의 소비로 이윤을 얻는 기획사나 방송사 모두 아이돌이라는 상품을 제작하고 그 상품으로 이익을 얻는 단체라고 볼 수 있다. 그렇기에 그들은 아이돌을 '소비'하는 대중의 선호에 예민하고, 그에 맞추어 이미지, 시뮬라크르를 '맞춤형 기획'에 의해 제작한다.

오늘날 어느 예능 프로그램에서든 아이돌은 빠지지 않고 나온다. 처음 예능에서의 아이돌은 손님, 즉 게스트의 이미지가 강했다. 이제는 아이돌의 팬덤 영역이 확대되면서 대중은 자신들이 좋아하는 가수, 아이돌들과 좀 더 가까이, 그리고 더 오래도록 함께하고 싶어 한다. 그에 맞추어 최근 케이블 방송뿐만 아니라 공중파 방송의 예능 프로그램에서도 아이돌이 주인공인 예능 프로그램을 어렵지 않게 볼 수 있다.

또한 기획사에서도 좀 더 많은 대중의 관심을 끌기 위해서 더 어린 나이의 아이돌을 배출해 내고 있다. 미디어의 속성상 나이가 어리면 어릴수록 언론의 관심을 받게 마련이다. 뿐만 아니라 '삼촌 팬' 등 아이돌의 성인 팬덤이 늘어남에 따라 단지 멋있고 예쁜 콘셉트보다 좀 더 '성숙'한 이미지로 대중에게 보이려는 경향이 보인다. '2PM'을 비롯한 남자 아이돌의 이미지부터 걸 그룹의 섹시 콘셉트가 늘어나가는 것 또한 그 경향에 발맞춘 기획사들의 '맞춤형 기획'인 것이다. 10대 팬보다는 경제적인 수입을 더 기대할 수 있는 성인 팬덤에게 어느 정도의 기대를 거는 것은 아이돌이라는 문화 상품을 판매하는 기획사나 방송사에게는 어쩌면 당연한 결정일지 모르겠다.

하지만 '소녀시대' 소녀들의 '청순미' 미디어가 만들어 낸 하이퍼리얼에 불과하다. 기획사와 방송사는 미디어를 통해 걸 그룹의 이미지를 만들어 냄으로 대중들을 하이퍼리얼 속으로 이끄는 것이다.

'소녀시대'의 경우 그들이 정말 청순하고 소녀다운 모습을 실제로 지니고 있는지는 아무런 상관성이 없다. 실제로 청순미를 소녀시대 멤버들이 지니고 있을 수도 있고 그렇지 않을 수도 있다. 중요한 것은 '소녀시대'가 미디어를 통해 그들의 노래와 춤, 패션으로 청순한 이미지(시뮬라크르)를 하나의 상품으로 만들어 내면서(시뮬라시옹) 대중들이 소녀시대의 고유 이미지로 인식(하이퍼리얼)된 것이다. 미디어의 예능 프로그램과 쇼 프로그램은 그러한 청순 이미지를 지속적으로 유포하면서 대중들은 '소녀시대=청순 이미지'로 인식하게 되는 것이다.

246

## '삼촌 팬'들의 은밀한 욕망

시뮬라크르로서의 아이돌은 대중들에게 삶의 활력이자 대리만족의 대상이기도 하다. 실제의 삶 속에서는 만나기 힘든 '예쁘고 멋진' 아이돌의 모습을 보며, 지금 특별히 곁에 누가 없다 할지라도 아이돌을 마치 자신의 은밀한 욕망을 충족시켜 주기 때문이다. 또한 '지금-여기'의 현실에서 충족되지 않는 '욕망의 판타지 혹은 판타지의 욕망'를 충족하려는 대중의 심리 또한 작용하였을 것이다.

문화평론가 문강형준은 〈우상의 황혼: 한국 사회에서 아이돌은 어떻게 소비되는가?〉[61]라는 글에서 "대중은 아이돌이라는 '재료'를 각자의 수많은 욕망에 따라 요리하여, 자기 것으로 만들어 낸다"라고 말했다. 문강형준은 이윤을 추구하는 기획사가 개발하는 상품의 수동적 소비자이자 기획사의 '돈줄'로 남게 된 아이돌 팬을 분석하면서 걸 그룹 부흥과 함께 새롭게 떠오른 30~40대 남성 팬들도 비평했다. 문강형준은 "이른바 '삼촌 팬'이라는 집단이 드러내는 피터팬적 퇴행과 이중성은 우려스럽다"며 "삼촌 팬 현상은 신자유주의 지배 이후의 항시적 경제위기 상황이 만들어 낸 흔들리는 남성적 위치를 상상적으로 보상받고 싶어 하는 이들의 퇴행이자, 동시에 소녀에 대한 성적 욕망이 이른바 '건전하게' 투사되는 방식의 하나이기 때문"이라고 말했다. 그는 "실제로 빈번히 발생하는 아동·청소년 성폭력과 대중문화에서 점증하는 아이돌에 대한 포르노그래피적 시선 사이의 고리라는 문제와 연결되어 있다"고도 했다.

아이돌에 대한 섹슈얼리티 혹은 이성애적 욕망 논쟁은 《아이돌》[62]이라는 책의 출간으로 이어졌다. 이 책에서 김성윤(문화사회연구소 연구원)은 "삼촌이 친족적 친밀성을 강조하는 언표 행위라는 점은 의미심장한데, 삼촌과 조카라는 상상적 관계를 설정함으로써 성애적sexual 관계가 아닌 것처럼 위장되기 때문"이라며 "팬들이 '상상적으로' 삼촌이라고 호명한 것은 소녀에 대한 성적 욕망을 금지하고 자기 검열하는 맥락에서 나온 셈"이라고 설명했다. 그렇다면 삼촌이라고 호명하면 성적 시선은 사라지는 것일까? 김성윤은 "현실로부터의 탈출이든, 순수함의 재발견이든, 새로운 구매력의 등장이든, 혹은 파편화된 개인들의 공동체 생활이든 그 어떤 말로 위장하더라도 삼촌 팬덤을 추동하는 기본 동력은 언제나 이성애적 욕망"이라고 말한다. 김성윤은 이는 기획사의 의도된 전략 때문이라고 분석한다. 아이돌이 10대 팬만으로 인기를 유지하기에는 소비자 시장에서 한계가 있다. 기획사들이 성적인 줄타기, 세대적 줄타기의 와중에서 30~40대 남성 팬들에게 어필하기 위해 전략적으로 선택한 언어가 바로 '삼촌'이라는 것이다.

이동연(한국예술종합학교 교수)은 "비평가들은 삼촌 팬 현상을 신자유주의 때문에 나약해진 남성들의 위치를 보여주는 것과 전형적인 롤리타 콤플렉스로 보는 두 가지 견해를 갖고 있다"고 말한다. 롤리타 콤플렉스는 성인 남자가 어린 소녀에게만 성욕을 느낀다는 용어인데 '롤리타'는 러시아 출신의 미국 소설가 블라디미르 나보코프Vladimir Nabokov의 동명 소설에 등장하는 성적으로 조숙한 소녀의 이름이다.

　이들의 견해를 종합하면 결국 걸 그룹은 남성중심의 사회 질서에서 남성들의 은밀한 성적 욕구와 밀접한 연관이 있음을 알 수 있다. 걸 그룹에 드리워진 청순 이미지는 남성들의 욕망의 판타지를 판타지의 욕망으로 충족시키려는 이중심리가 깔려 있다고 볼 수 있다. 여기에 자본의 논리를 앞세운 연예기획사는 10대 소녀를 앞세워 청순미의 하이퍼리얼을 만들고 시청률을 앞세운 미디어가 유포하면서 걸 그룹의 과잉 이미지들이 난무하게 되는 것이다.

　아이돌의 이미지는 대형 연예기획사와 방송사에 의해 제작된다. 그리고 기획되고 만들어진 이미지는 미디어를 통해 대중들에게 전해진다. 그리고 대중은 만들어진 이미지를 하나의 시뮬라크르, 즉, 복제된 현실이지만 또 하나의 현실로 받아들이면서 삼촌 팬들처럼 적극적으로 소비한다. 그들이 제공하는 이미지에 욕망의 판타지, 판타지의 욕망이 들어 있기 때문이다.

　하지만 미디어를 통해 보여지는 아이돌의 모습은 그들의 실제 모습과 같지 않다. 물론 대중들도 이를 알고 있을 것이다. 다시 말해, 대중은 아이돌이 제공하는 욕망의 판타지들이 알면서도 속는 '냉소주의적 주체'로 하이퍼리얼의 세계 속에 살기를 자청하고 있는 것이다. 때로 그들의 실체가 밝혀지면서 대중이 생각하는 환상이 깨지기도 한다. 그럼에도 불구하고 아이돌 하이퍼리얼의 세계는 계속 존속하며 확대재생산되고 있다. 그것은 대중이 시뮬라크르, 즉 만들어진 이미지에 대한 믿음을 쉽사리 저버리지 않으려는 속성 때문이다. 나아가 자본의 논리에 의해 기획사 또는 방송사에 의해서 새로운 시뮬라크르들이 끊임없이 (재)생산된다. 그렇기에 대중이 누릴 수 있는 하이퍼리얼 세계는 지속되고 있는 것이다.

# 고찰7. 이미지의, 이미지에 의한 이미지의 소비
## — '만들어진' 명품의 신화

## 명품중독의 사회

2조 4천억 원. 2010년 한해 우리나라 4대 백화점 명품 브랜드의 매출 규모다. 2005년에는 8천670억 원으로 무려 5년 새 3배가량 증가한 것이다. 소비자들이 명품을 구입하는 이유는 단순히 금전적으로 여유롭다 보니 비싼 물건을 구입하는 것은 아닌 듯하다. 사람들이 외국 여행을 다녀오면서 새로운 경험이나 휴식, 추억을 얻는 것보다, 조금이라도 더 싼 가격에 명품 화장품과 명품 백을 구입하는 데에 신경을 쓴다.

'합리적 소비를 하는 인간', 즉 '경제적 인간'은 자신에게 가장 많은 효용을 제공하는 물건을 선택, 구매함을 대전제로 한다. 그리고 우리는 어릴 때부터 학교에서 물건을 살 때는 꼭 필요한 것인지, 또 같은 종류의 다른 상품들보다 가격 대비 품질이 우수한지를 꼼꼼히 따져 보고 구매하는 것이 현명한 소비라고 배워 왔다. 초등학교에서 배운 대로 우리가 모범적인 소비를 하는 소비자라면, 명품을 사는 것은 그 물건 자체가 더 좋기 때문일 것이다. 하지만 내 개인적 소비방식만 생각해 보더라도, 물건을 구매할 때 언제나 '현명한 소비'를 한다고는 말할 수 없다. 그럼 경제학자들의 이론적 설명만으로는 이해하기 어려운, 현실에서의 소비는 어떻게 설명해야 하는 것일까? 혹시, 명품이라는 이유만으로 그 물건 자체를 좋게 생각하는 것은 아닐까? 우리는 무엇을 기준으로 소비하는가?

우리가 소비하기 위해서는 먼저 '필요needs'를 고려할 것이다. 지금 자신에게 무엇이 필요하기 때문에 무언가를 소비해야 한다는 필요를 느끼는 것이다. 만일 하나의 필요에 하나의 상품만이 존재하게 된다면 아무런 문제가 없겠지만, 현대는 하나의 필요에 상응하는 제품이 수만 가지가 될 정도로 상품이 넘쳐나는 사회다. 이러한 상황에 직면했을 때 사람들에게 필요한 것은 '정보'다. 사람들은 자신들이 가지고 있는 정보를 활용하여 어느 것이 자신의 필요에 가장 부합하는가를 선택한다. 그런데 이러한 정보를 제공하는 것은 대부분이 미디어다. 회사는 자신들의 제품을 미디어라는 통로로 전해지는 '광고'라는 수단을 통하여 사람들에게 수많은 제품들 중 자신들의 제품을 고르는 것이 가장 현명한 선택이라고 강조한다. 이것이 '실재'인가 아닌가 하는 문제는 상관하지 않는다. 광고를 보는 소비자들이 진실이라고 느낀다면 곧 진실이 된다. 사람들은 광고에서 하는 말들을 실질적으로 느끼지 못한다. 다만 그것들이 그러하다고 '믿을' 뿐이다. 그 믿음이 광고에서 제공하는 이미지와 제품을 사용하는 자신의 이미지를 동일시하게 되는 것이다. 여기서 우리가 믿게 되는 현실, 즉 광고가 만들어 낸 이미지의 실재가 파생실재라고 할 수 있다. 명품 이미지는 하나의 상품에 대해 다른 상품보다 압도적으로 우월한 상품이라는 이미지라고 할 수 있다. 이러한 명품 이미지가 현실에서 상품 구매에 영향을 미치는 것을 하이퍼리얼이라고 할 수 있다.

현대의 소비사회에서 사람들은 끊임없이 기호를 소비한다. 제품의 사용가치가 아닌 기호가치를 중요시하는 것이다. 이것은 '차이의 욕구'에서 발생하게 된 것인데, 이는 다시 말하면 차이의 욕구로 인하여 사람들은 상품의 질이나 내용보다 그 상품의 이미지, 즉 기호가치를 추구하게 되고 이러한 과정이 심화되면서 결국 기호가치의 노예가 되어 버린 것이다.

> 부산의 한 대형백화점 상담직원 A씨(28)는 2년 전만해도 예쁘고 세련된 '잘 나가는' 직장인이었다. 백화점 정직원으로 입사해 꽤 월급도 많이 받았던 그녀는 어느 새 구치, 루이비통, 페라가모 등 '명품' 가방들에 마음을 빼앗기기 시작했다……. 하나둘씩 명품을 살수록 더 많은 소비욕이 일어났고, 그녀는 신용카드를 여러 개 만들어 돌려막기를 통해 명품 섭렵에 나섰다. 결국 A씨는 2009년 말 신용불량자로 전락했다……. 1일 오전 1시 50분쯤 그런 A씨가 부산시내 한 아파트에서 숨진 채 발견됐다.[63]

이처럼 '소비인간'은 자칫 개인을 황폐화시키고 극단적으로 파멸로 이끌 수도 있다. 명품 중독은 개인이 자초한 것이지만 자본과 미디어가 공고하게 얽혀 있는 자본주의 사회가 만들어 낸 것이다. 결국 자살로 삶을 포기한 이 여성은 명품 중독을 만드는 사회가 주범이라고 할 수 있다.


## 상품이 아니라 이미지를 구매한다

현대사회에서 상품은 상품 그 자체보다 어떠한 '브랜드'인지가 중요하다. 어떤 브랜드의 제품을 사용한다는 것은 그 브랜드가 내포하는 '이미지'를 사용하는 것과 같다. 그 이미지가 고급스러울수록 명품이 된다. 그 이미지가 모든 것을 결정한다. 유명 연예인이 공항에서 들고 나온 가방이 '어느 브랜드'인지가 회자되는 이유도 여기에 있다. 누군가가 명품 가방을 드는 순간, 그 사람이 실제 어떤지는 중요치 않고 저 사람은 저 명품을 들 만큼의 경제력이 있고, 안목을 가진 사람이라는 이미지가 덧씌워지는 것이다. 유명인들이 사용한 물건들이 잘 팔리는 것은 닮고 싶은 사람과 같은 물건을 사용하고 같은 옷을 입으면 조금 더 비슷해지지 않을까 하는 기대심리에서 나온다. 이미지를 차용하고 이를 통해서 좀 더 모사된 실제에 편입되려고 하는 노력이라고도 할 수 있다.

현대 사회에서 사람들이 소유하기를 욕망하는 최고의 기호가 치를 가진 것 중 하나가 명품이다. 사실 명품이라는 것도 하나의 상품일 뿐인데 사람들은 명품을 가짐으로서 다른 사람과 달라질 수 있다고 생각한다. 다른 사람들과 이른바 '차이의 소비'를 한다는 심리 상태에 빠지는 것이다. 보드리야르는 현대 소비사회는 미디어를 통해 '차이의 욕구'를 부추기는데 이게 소비사회를 유지하는 메커니즘이라고 분석한다. 차이의 욕구에 따라 차이 나는 소비를 추구하면서 결국 누가 더 명품을 먼저 사용하는가를 경쟁적으로 추구한다는 것이다. 명품을 소유하면 그 상품을 소유한 모델처럼 자신 역시 능력이 있다고 생각하고, 다른 사람들도 그를 능력 있는 사람으로 여긴다고 생각한다는 것이다. 하나의 상품이 갖는 이러한 가상의 이미지는 하나의 시뮬라크르가 되고 이 시뮬라크르가 미디어 등에서 시뮬라시옹 과정을 거치면서 '명품 이미지'가 고착화되는 것이다. 명품의 하이퍼리얼은 일련의 시뮬라시옹 과정에 의해 생성된 시뮬라크르가 실재를 압도해 버리는 과정에서 나타난 것이다.


## 미디어가 소비를 부추긴다

보드리야르는 현대 소비사회를 '배려의 사회'라고 말한다. 미디어가 친절하게 무엇을 소비할지, 어떤 상품을 사용해야 할지, 여행을 어디로 가고, 어떤 음식을 먹어야 할지, 또 무엇을 입어야 할지를 상세하게 안내해 주기 때문이다. 의식주 전 영역에 걸쳐 텔레비전과 신문, 잡지, 인터넷 등 온라인과 오프라인을 망라한 미디어들이 매일, 실시간으로 정보를 제공해준다. 어쩌면 상세하고도 철저한 '배려'인 셈이다. 즉 수많은 매체들은 사람들에게 요즘 어떤 것이 최신 유행인지, 누가 대세인지 친절하게 알려준다. 주변사람들이 체감하기도 전에 미디어에서는 이미 이러러한 일로 누가 어디에 들고 나온 어떤 물건이 트렌드trend가 되었다며 빨리 그 이미지를 따라 가라고 친절하게 재촉한다.

보드리야르는 이를 '배려의 사회'라고 하지만 실제로 친절한 미디어의 배려에 사람들은 소비에 강박당하고 명품에 강박당한다. 미디어가 소개하면 할수록 그 제품으로부터 억압당하고 배제되기 시작한다. 신문이나 방송 등 미디어에서 제공하는 기사를 보거나 읽음으로써 체감하지 못했던 특정 인물에 대한 인기와 관심을 기사를 통해서 접하고, 실제로 '주목받고 있나 보다'라고 생각하며, 나아가 '관심사'라는 여러 명품에 대한 정보들을 자신이 원하는지의 여부와는 상관없이 무차별적으로 접하게 되는 것이다. 이 배려는 말 그대로의 친절한 배려가 아니라 소비를 강박하게 하는 '배려의 테러리즘'인 것이다. 소비사회에서의 배려는 바로 그 모습을 전혀 달리하는 '이중의 배려'인 것이다.

다음은 한 신문에 소개된 기사 속 인물들은 모두 이영애라는 유명인의 이미지를 갈망하고, 그 이미지와 비슷해지기 위해 최선의 노력을 다하려는 모습을 보인다.

256

'깜짝 결혼'으로 화제를 모은 이영애의 '귀국 패션'이 2030 여성들 사이에 화제를 모으며 올 가을 따라하고 싶은 패션 아이콘으로 등극했다. 각 백화점마다 이영애가 귀국 당시 착용한 가방과 시계, 반지 등 패션 소품들에 대한 문의가 폭주하면서 '이영애 효과'가 가시화되고 있다.

**예비신부들 이영애 반지에 시선집중**  이영애의 귀국 패션에서 가장 화제가 되고 있는 패션 아이템은 이영애가 착용한 결혼반지. 이영애가 왼손 약지에 착용한 화이트 골드의 이 반지는 흔히 '결혼반지=물방울 다이아몬드'라는 통념을 깨고 올 가을 예물 시장의 판도를 바꿔놓을 만큼 강력한 아이템으로 떠올랐다.

일명 '참깨 다이아몬드'로 불리는 이 반지는 참깨처럼 작게 세공한 다이아몬드가 알알이 박혀 있는 스타일. 큼지막한 크기의 다이아몬드 주변을 장식하는 역할을 한다고 해서 흔히 '쓰부(서브) 다이아몬드'라고 불린다. 이 반지의 명칭은 '멜리 다이아몬드'로 0.01캐럿 이하의 작은 다이아몬드를 의미한다.

**'소박한 영애 씨' 별명도 얻어**  스타들은 명품 사랑은 이영애의 귀국 패션에서도 확인됐다. 이영애가 들고 온 가방은 에르메스, 시계는 롤렉스였다. 그러나 이영애가 고가의 명품 브랜드이긴 하지만 그중에서도 상대적으로 저렴한 제품을 착용한 사실 때문에 네티즌들 사이에 '소박한 영애 씨'라는 별명을 얻고 있다.

이영애가 들고 온 에르메스 가방은 고가 가방 브랜드인 에르메스 라인에서는 비교적 낮은 가격대다. 흔히 에르메스 가방이 2천만~3천만 원을 호가하는 데 비해 이영애가 멘 '에르메스 패리스-봄베이' 라인은 시중 매장에서 755만 원에 판매되는 제품이다. 이영애가 손목에 차고 있던 시계는 800만 원에서 1천만 원대의 '롤렉스 콤비 라인' 제품. 탤런트 김희선의 예물 시계가 8천만 원 선이었던 것과 또 다시 비교되고 있다. 네티즌 'hoho'는 "이영애 씨가 검소하긴 한 것 같다. 보통 스타나 명사들은 수천만 원의 제품을 갖고 다니는 줄 알았는데 의외로 소박한 듯해 보기 좋았다"고 말했다. **64**

이 기사를 읽는 여성 독자라면 '나 역시 그래야 한다'는 생각을 갖게 될 것이다. 인터넷을 좀 더 검색해 보면 '새색시 이영애 귀국 패션, 나도 따라해 볼까'라는 제목의 기사를 발견할 수도 있다. 미디어를 통해서 만들어지고, 또 확대되는 이미지들은 단순히 어떤 사람과 그 사람의 물건들에서 그치는 것이 아니다. 이영애가 사용하는 명품은 결코 과소비가 아니고, '소박하다'고까지 표현될 정도다. 우리가 사는 현실에서 다이아몬드를 결혼 예물로 가질 수 없는 여성들은 헤아릴 수 없이 많다. 더 비싼 것들도 많지만 저 정도만 소비를 하는 것이 소박하고 검소해서 보기 좋다는 말은, 그 소박한 물건들을 사려면 몇 년간의 월급을 모두 모아야 하는 사람들을 무색하게 만드는 동시에 어쩌면 저 정도가 정말 당연한 것이 아닐까라는 가치관도 낳는다. 그래서 사람들은 멋지고 패셔너블한 동시에 소박하기까지 한 '이영애'의 이미지에 감탄하고, 그 시뮬라크르의 이미지를 기꺼이 좇으며, 조금 더 완벽한 시뮬라크르가 되기 위해 온 힘을 다

한다. 미디어는 이렇게 사람들에게 사람들의 소비를 조장하고, 이미지를 관철시키려고 하고, 많은 경우 성공한다. 그리고 그렇게 탄생된 수많은 명품 이미지들은 소비사회의 기한을 연장시킨다.


## 패션잡지와 '차이의 욕구'

패션 트렌드에 대한 관심은 여성들의 원초적인 욕구 중 하나라고 볼 수 있다. 이렇게 여성들의 욕구를 자극하고 그에 따른 이익을 만들어 내려는 매체는 여러 종류가 있는데, 그중 대표적인 미디어는 바로 젊은 여성을 대상으로 하는 패션잡지이다. 패션잡지는 텔레비전, 인터넷과 같은 다른 미디어나 기타 정보잡지들과는 다른 속성을 가진다. 다른 미디어들은 대부분 여러 가지 많은 정보들을 대중들에게 전달하면서 여성들의 '미'에 대한 욕구를 자극하는 정보들이 포함되어 있다. 그러나 패션잡지는 오로지 여성들의 '섹슈얼리티'에 관련된 것으로 구성되어 있다. 텔레비전 속 모든 광고가 여성들의 S라인의 욕구를 자극한다고는 볼 수 없지만, 패션잡지의 광고나 기사들은 전부 여성들의 머리부터 발끝까지를, 심지어는 심리적인 면에서까지 자극을 주는 내용들로 이루어져 있다.

   패션잡지는 여성들의 미적 욕구를 이용해서 섹슈얼리티라는 이미지를 만들어 낸다. '미'를 판단하는 기준에는 여러 가지가 있을 수 있는데, 꼭 신체적인 부분이 아니더라도 정신적, 생활적인 면에서도 우리는 아름다움을 찾아낼 수 있다. 그러나 현대의 일반 여성들이 미에 대해 획일적인 기준(유행을 예로 들 수 있다)을 가지게 된 것은 잡지가 만들어 낸 시뮬라크르의 이미지가 크다.

패션잡지는 그 전체가 거대한 시뮬라크르의 과잉 이미지가 넘쳐나는 하이퍼리얼 세상이라고 볼 수 있다. 잡지의 전반적인 내용은 패션 에디터editor들이 작성하는 명품 가방과 옷, 화장품, 흔히 볼 수 없는 아이템, 쉽게 갈 수 없는 여행지 등에 대한 정보와 그 유용성에 대한 평가 등과 제품광고이다. 이러한 잡지 속의 현실은 우리의 일상생활에서는 쉽게 찾아볼 수 없는 현실이지만, 잡지를 읽는 사람들은 이런 것들이 지금 현시대의 트렌드이므로 이것들을 소비하고 공유하는 삶이 세련되고 현대적으로 사는 삶이라고 현실을 인식한다. 거기에 원래 패션잡지 자체가 가지고 있던 세련됨의 이미지가 더해져서 그 인식을 더욱 확고히 한다.

잡지 속의 현실은 일반적인 현실과 동떨어져 있는 경우가 대부분이다. 잡지에서 언급하고 추천하는 아이템들은 대부분 가격이 아주 비싸거나, 쉽게 구할 수 없는 디자이너 컬렉션의 제품이거나, 외국에서나 구할 수 있는 브랜드 제품이다. 이런 제품들은 대부분 일반 여성들보다는 패셔니스타(뛰어난 패션 감각과 심미안으로 대중의 유행을 이끄는 사람)들이 주로 소비하는 제품들이라고 볼 수 있다.

그런 점에서 패션잡지가 주 독자층을 패션계의 스타 층으로 잡으면 문제가 없겠지만 아이러니하게도 주 독자층이 일반 여성이라는 점에서 문제가 발생한다. 실제로 패션잡지의 구매가는 대부분이

5천 원에서 8천 원 사이로 일반 서적에 비해 가격이 저렴한 편이다. 게다가 서점, 편의점 등 주변 장소에서 쉽게 구할 수 있다. 이렇게 일반 대중을 주 고객층으로 하고 있음에도 불구하고 그들과는 거리가 먼 잡지 속 가짜 현실을, 패션잡지는 마치 대중들의 주변을 감싸고 있는 진짜 현실인 것처럼 느끼게 한다.

현대사회에서는 시각에 의한 자극이 의미를 형성하는 데 있어서 중요한 요인이 되고 있다. 같은 정보를 어떤 매체를 통해 받아들이느냐에 따라 차이가 있듯이 시각을 통한 자극은 그 어떤 감각보다도 쉽게 현대인의 의식을 지배할 수 있다. 패션잡지도 이러한 시각 문화의 헤게모니를 이용한다. 패션잡지를 펼쳐 보면 강렬한 색채, 현란하고 임팩트 있는 디자인, 멋진 옷을 입고 분위기를 뽐내는 예쁜 모델 등이 우선 여성들의 시선을 사로잡는다. 바로 '시선의 우생학'이 철저하게 관철되는 공간이 바로 패션잡지인 것이다.

잡지의 첫 장부터 마지막 장까지 독자를 유혹하는 화려함의 향연은 보는 사람들로 하여금 시선을 더 집중시킬 수 있게 하고, 뇌리에 그 이미지를 더 오랫동안 심어 놓게 만든다. 그렇게 강렬하게 뇌리 속에 남아 버린 이미지는 곧 진짜 현실이 된다. 원본 없는 시뮬라크르가 되어 그 기억에 따라 자신도 모르게 현실로 인식할 수 있게 만드는 것이다. 패션잡지의 에디터는 잡지의 기사를 쓰거나 편집하고 나아가서는 트렌드를 제시하는 사람들인데 이들이 패션의 하이퍼리얼을 만드는 셈이다.

## 소비를 조장하는 '잇 아이템'의 유혹

패션잡지는 현란함으로 여성들의 시선을 고정시킨 후에는 특유의 단어 선택으로 보는 사람들의 마음을 흔든다. 패션잡지에서 자주 볼 수 있는 용어 '잇 백', '잇 슈즈' 등이 바로 그것이다.

　　또한 패션잡지 에디터들의 하이퍼리얼 생성 능력은 시상식이나 컬렉션 후 매번 잡지에 등장하는 기사들을 보면 알 수 있다. 시상식 시즌 후 잡지에는 항상 유명 인사들의 베스트·워스트$_{best\cdot worst}$ 패션에 대한 기사가 이어진다. 에디터들은 이에 대해 평가를 내리면서 베스트·워스트 드레스에 대한 이미지를 확고히 단정 지어 놓는다. 예를 들어, 영향력 있는 에디터가 "A의 의상은 워스트다"라고 단정 지어 버리면 그 사실 여부와는 관계없이 "A의 의상은 세련되지 못하다"라는 이미지가 생성된다. 현실이 어떻든지 간에 그 의상은 시대에 맞지 않는 촌스러운 의상이라는 인식이 사람들의 머릿속을 지배하게 된다. 또한 디자이너들의 컬렉션 등이 끝나면 에디터들은 그 디자이너에 대해 평가하면서 그 해 유행할 트렌드를 제시한다. 그리고 실제로 이렇게 잡지에 의해 '제시된' 트렌드는 그 해를 휩쓸는 유행으로 번지기도 한다.

　　시뮬라시옹의 질서가 바로 유행의 메커니즘이라고 보드리야르가 말한 까닭이 바로 여기에 있다. 마치 언론이 타워팰리스를 상류층의 주거지라는 이미지로 시뮬라크르를 만들면 이내 미디어와 소비자들 사이에 시뮬라시옹 과정이 이루어지면 하이퍼리얼을 생성하여 그것이 사람들의 의식을 지배하게 되는 것과 같다. 즉 잡지에서 선정한 유행, 트렌드가 진짜 현실이 되어 사람들의 의식을 좌우하게 되는 것이다. 보통 연초 텔레비전이나 잡지 등에서 "올해는 ○○가 유행을 탄다고 합니다."라고 언급하는 경우가 많다. 이것만 봐도 유행이란 것이 사람들 스스로 결정해서 자연스럽게 형성되는 것이 아니고 처음부터 잡지 등을 통해 미리 만들어진 프로그램을 그대로 따라가는 것임을 알 수 있다. 미래를 볼 수 있는 것이 아닌 이상 그 해의 유행, 즉 사람들이 무엇을 선호하게 될지를 미리 알 수는 없으니 말이다.

그러나 사실 패션잡지의 화보나 기사들은 가끔은 너무나 비현실적이어서 이러한 동감을 주지 못하는 경우도 있다. 우리의 현실과 너무 동떨어진 외국 모델의 경우에는 이것이 실재라는 느낌을 주기보다는 그냥 '멋있다' 정도의 느낌으로 끝날 수도 있는 것이다. 그래서 잡지는 그들의 하이퍼리얼의 현실성을 강조하기 위해 유명 연예인들을 선택한다. 외국 모델들에 비해 한국의 연예인들은 일반 대중들에게 훨씬 더 현실감을 느끼게 한다.

예를 들어, 텔레비전 등에서 활약하며 시대의 새로운 문화 아이콘이 되고 있는 '소녀시대'가 화보를 찍는다면, 그들의 메이크업과 그들이 입은 옷은 세련된 트렌드의 정석으로 사람들이 더 쉽게 받아들일 수 있다. 그것은 이미 트렌드세터로서 명성이 있을 뿐만 아니라 쉽게 미디어를 통해 접할 수 있어 친숙한 '소녀시대'와 시뮬라크르 이미지를 생성하는 잡지 미디어의 속성에 따른 시너지 효과라고 볼 수도 있다. 또한 '소녀시대'가 외국의 하이패션(high fashion: 최첨단의 유행을 뜻하는 말로, 대중적이기보다는 고급적인 느낌의 패션을 뜻한다) 화보를 찍어도 그 느낌은 외국 모델의 것과는 다르다. 하이패션 자체는 일반 대중들에게 친숙한 것이 아니다. 그렇지만 하이패션도 '소녀시대'와 같은 친숙한 문화 아이콘과 만나면 마치 하이패션이 대중화된 것 같은 하이퍼리얼을 만들어 낼 수 있다.

패션잡지는 광고의 비중이 상당히 크다. 그 광고는 명품, 고급 브랜드 제품, 고급 화장품 등이 대부분이다. 이렇게 대놓고 지면을 차지하는 광고뿐만 아니라 화보 등을 통한 옷, 구두 등의 간접광고도 만만치 않다. 잡지는 이러한 제품들의 광고 효과를 높이기 위해 앞서 언급했던 하이퍼리얼을 만든다고 볼 수 있다. 즉, 잡지에서 모사해 놓은 '이것이 일상적인 트렌드다'라는 파생실재로 인해 대중들은 상대적으로 값이 나가는 제품들에 대한 거부감이나 부담감이 많이 없어진다. 오히려 눈에 띄는 화보 작업으로 시각 자극을 유도해 내어 일반 대중들에게 그 제품에 대한 소유 욕구를 가지도록 하기도 한다.

2008년 7월에 《코스모폴리탄Cosmopolitan》에 게재된 이효리의 파격적인 호피무늬 비키니 화보는 이러한 효과를 가장 잘 나타내 주는 사례다. 이 호피 무늬 비키니 화보는 잡지가 발행되자마자 인터넷 등에 수십 개의 기사를 양산해 내며 사람들의 구매 욕구를 자극했다. 이 비키니는 명품 브랜드로 통하는 로베르토 카발리의 수영복으로 그 가격이 상당하지만, 잡지 발매 직후 판매 사이트에서는 품절 현상이 일어나기도 했다. 이러한 현상은 단순히 이것이 잡지 화보이기 때문만은 아니다. '이효리'라는 대중적인 스타의 이미지가 잡지의 화보가 보여준 시뮬라크르의 과잉 이미지와 맞물려 엄청난 광고 효과를 가지고 온 것이다.

잡지의 하이퍼리얼 생성은 광고와 소비 이데올로기의 문제성을 내포하고 있다. 문제는 이런 패션잡지가 사람들로 하여금 '차이의 욕구'를 가지게 한다는 것이다. 이미 잡지에서 시뮬라크르가 만들어놓은 모사현실로 인해 사람들은 그것이 현실이고 트렌드라는 믿음을 가지고 있지만 실제 자신의 현실은 그렇지 않다는 것을 깨닫는다. 그런데 이것은 '나의 현실과는 다르니까 잡지의 현실도 거짓이다'로 이어지는 것이 아니라, '나의 현실은 이렇지만 다른 일반 사람들의 현실은 잡지 속과 같겠지'라는 소외 현상으로 이어지게 된다. 그렇기 때문에 잡지 속 하이퍼리얼과 같은 현실을 누리고자 하는 차이의 욕구를 갖게 되고, 여성들은 광고 제품에 대해 다른 여성과의 '차이의 소비'로 내몰리게 되는 것이다.

이효리의 비키니 화보 역시 광고 효과뿐만 아니라 차이의 소비로도 설명이 가능하다. 잡지 속 이효리는 젊은 여성들에게 있어 진실이라고 여겨지기 때문에 차이의 소비로 이어지게 하고 '이효리 비키니'를 인터넷에 검색하게 되는 것이다.

패션잡지는 자본주의 사회에서 과소비, 능력에 맞지 않는 소비를 조장하는 주요 미디어라고 할 수 있다. 차이의 소비는 앙리 르페브르Henri Lefèbvre가 말한 '소비 조작의 관료사회'에 등장한 스스로를 채찍질하는 '테러리스트 사회'의 개념을 적용할 수 있다. 르페브르의 주장처럼 '테러리스트 사회'에서는 자본과 관료제에 의해 소비가 조작되고 미디어의 이미지가 대타자(자아이상)의 아우라를 형성하면서 향락과 여가마저도 강제되고 있다. 더욱이 각자는 자기 자신에 벌을 주면서 감히 일탈을 하지 못한다. 각자는 삶의 짐을 지고 불가능해 보이는 그 짐을 벗기 위해 내몰리지만 아무도 진정으로 문제제기를 하지 않으며 이데올로기적 장치의 효과적 작동으로 자연스럽게 받아들이게 된다. 결국 차이의 욕구와 이로인한 차이의 소비에 매달리면서 소비인간으로 전락하고 마는 것이다. 소비인간은 결코 혁명 같은 열정에는 관심을 갖지 않는다. 오직 미디어로 보여주는 '차가운 유혹'에 이끌리면서 소비인간으로 살아가는 것이다.

르페브르의 '테러리스트 사회'에서는 유행도 테러의 지배를 가져온다. '유행을 따를 것이냐, 따르지 않을 것이냐.' 이것이 햄릿식 문제의 현대적인 문안인 셈이다. 이는 일종의 지적이며 문화적인 테러리즘이라고 할 수 있다. 유행을 받아들이지 않으면서 또 감히 이에 도전하는 사람은, 누구라도 낡고 시대에 뒤떨어지거나 '시대를 따라가지 못하는' 사람으로 간주되고, 또 그렇게 느끼게 된다. 패션잡지와 여성의 관계도 이러한 연장선상에 있는 것이다.

## 시뮬라크르에 저항하기

현대인들은 만들어진 이미지가 난무하는 시뮬라크르의 홍수 속에서 살아가고 있다. 넘치는 미디어 매체를 통해서 사람들은 끊임없이 만들어지는 시뮬라크르 속에서 실제와 혼동하면서 살아가는 것이다. 이러한 사회적 구조에서 너무 많은 정보가 오히려 사람들의 판단력을 흐리게 하고 어느새 미디어가 원하는 방향으로 유도해 버리는 것이다.

이는 노동을 통한 착취가 힘들어진 후기산업사회의 자본가들이 취할 수 있는 새로운 노동착취 방식이다. 명품의 예와 같이 미디어를 통해서 끊임없이 상품에 대한 시뮬라크르를 만들어 내, 지속적으로 소비가 늘도록 하는 전략인 것이다. 즉 사람들은 미디어를 통해 보여지는 명품으로 차이 나는 소비, 차이의 욕망을 충족시키기위해 자발적으로 노동에 나서는 것이다. 즉 명품에 형성된 하이퍼리얼은 사람들의 명품에 대한 소비욕구를 만들어 내고, 이를 위해 사람들은 자기 자신의 테러리스트가 되어 다시 노동의 현장으로 들어서는 것이다. 명품을 소비하기 위해 자발적으로 '노동의 재생산'을 실행하는 셈이다.

시뮬라크르에 흠뻑 젖어 있는 세상 속에서 이를 극복하기 위해서는 무엇보다도 '앎'이 중요하다고 할 수 있다. 우선은 문제점을 인식하는 과정 그 자체만으로도 큰 효과가 있는 것이다. 문제의식을 가지고 있다면, 우리는 미디어에 대한 비판적 사고를 가져야 할 것이다. 미디어가 주는 정보에는 의제뿐 아니라 가치관까지 포함되기 때문이다. 따라서 자율적 주체로서 비판적 시선으로 선택적인 인지가 필요한 것이다. 이러한 노력을 통하여 우리는 시뮬라크르의 세상에 저항해야 하는 것이다. 한 명품 애호가의 명품 화형식은 소비사회에 대한 상징적 저항을 보여준다.

2006년 9월 17일 영국 런던의 한 광장에서는 일반 사람으로서는 도저히 이해할 수 없는 일이 발생한다. 그것은 어떤 남성이 자신이 가진 모든 브랜드 제품을 모두 불태워 버린 것이다. 느닷없는 광경에 사람들의 이목은 이곳에 집중되었고, 모두가 그 이유를 궁금해했다.

이 일을 일으킨 사람은 닐 부어맨Neil Boorman이라는 평범한 사람이었다. 이 사람에게 특별한 점이라곤 단지 명품에 푹 빠져 있던 사람이라는 것이다. 이른바 '명품 중독자'였던 것이다. 그런 그가 이런 결정을 하게 된 것은 우연히 읽게 된 존 버거John Berger의《사물을 보는 시각Ways of Seeing》이라는 책 때문이었다. 그는 이 책을 통해 브랜드를 맹종하며 품질이나 가치를 맹목적으로 믿어 왔다는 생각을 하게 되었고, 브랜드 마케팅에 조종당하는 자신의 모습을 보게 된 것이다. 이러한 자신을 탈피하기 위해 그는 '명품 화형식'이라는 이름으로 자신의 모든 브랜드 제품을 불태운 것이다. 이는 닐 부어맨이라는 한 개인이 브랜드 마케팅에 조종당하는 자신의 모습을 탈피하고자 한 것이었지만, 이는 명품브랜드를 소비하며 끝없는 잉여쾌락을 추구하는 현대인에 대한 비판이기도 하였다.

현대 사람들은 이데올로기적, 강압적 억압 장치 등으로 인해 문제점을 충분히 알고 있지만 그럼에도 불구하고 문제에 대해 저항하지 못하는 '냉소주의적 주체'로 살아간다. 하지만 마르크스의 "모든 굳어 있는 것은 녹는다"라는 말처럼, 명품 화형식을 하는 소비자들이 늘어간다면 명품 중독과 같은 소비사회의 내파에 대한 저항이 일어날 수 있지 않을까? 그러나 부어맨같이 시뮬라크르라는 허깨비에 저항하는 이들은 그리 많지 않다.

## 고찰8. 드라마의 현실이 진짜 현실이 되다
— 드라마가 현실에 미치는 영향

### 드라마를 현실로 만들고 싶은 욕망

"너 어제 그 드라마 봤어? 주인공이 한 머리띠 어때?" 텔레비전 프로
그램들, 특히 인기 드라마는 시청하지 않으면 현실에서 의사소통을
할 수 없을 정도로 우리 삶의 많은 부분을 차지한다. 현대사회는 드
라마처럼 실재가 아닌 모사된 이미지들이 현실을 지배하고 있다. 여
기에서 모사된 이미지, 즉 원본 없는 실재인 시뮬라크르는 존재하지
않지만 마치 존재하는 것처럼 사람들에게 인식된다. 이런 시뮬라크
르가 실재하는 것으로 여겨지는 과정이 시뮬라시옹이다. 그리고 시
뮬라시옹이 되어 원본도 사실성도 없는 실재가 현실을 지배하게 되
는 것이 파생실재다.

    드라마는 그 자체로 시뮬라시옹이다. 미디어에서 설정한 가상
현실 속에서 가상인물들의 삶을 그려 낸다. 우리는 현실에서 다음
날 그 드라마에 대해서 이야기하고, 다음 내용을 궁금해 하며 그 인

물간의 관계에 대해서 대화하고 생각한다. 그런 시뮬라크르의 이야기를 우리는 현실에서 대화를 통해 마치 어제 실제로 일어났던 사건인 것처럼 재현한다. 그뿐만 아니라 그 시뮬라크르가 실재하길 바라기도 하고 마치 실제 인물인양 주인공의 이름을 친구처럼 부르며 드라마 속 주제를 현실의 이슈로 삼는다. 인터넷이라는 실시간 매체가 발달한 이후에는 더 활발한 시뮬라시옹이 인터넷상에서 이루어지고 있다. 더 나아가 드라마 속 물건을 실제로 재현해내는, 현실과 드라마가 역전된 현상을 그대로 받아들이는 하이퍼리얼에서 살고 있다. 드라마가 현실에 영향을 미치면서 현대 자본주의를 하이퍼리얼에 의해 지속시키는 것이다.


## 드라마 속 인물과 생활이 현실에서 재현

미디어 속의 허구 현실인 드라마는 시뮬라시옹의 대표적인 예이다. 그 안에 등장하는 인물은 조건, 성격, 말투, 인간관계 등 모든 것이 각본에 의해 만들어진 허구의 인물이다. 사람들은 자기 아닌 다른 이들의 삶을 드라마 속에서 보고자 한다. 그리고 드라마의 인물들을 보면서 마치 실재하는 이들의 삶을 보고 있다고 여긴다. 사회적으로 소수의 인물인 재벌 2세, 성공신화의 주인공, 현대판 신데렐라, 고난과 역경을 이겨낸 사업가 등이 드라마에 자주 등장하는 캐릭터들이다. 이들 드라마 속 주인공은 대부분 현실에서 드물게 미담처럼 전해지는 인물의 생애 등을 기본 모티브로 하여 만들어지곤 한다. 그러나 이러한 인물을 더욱 극적으로 보이게 하려고 실제와는 다르게 더 유능하게 설정하거나 더 힘든 과거를 겪은 것으로 그의 삶을 재구성한다. 이렇게 재구성된 혹은 만들어진 허구의 인물을 사람들은 실재한다고 여기고 있다.

텔레비전 드라마에 나오는 인물들은 준수한 외모에, 20~30대임에도 유능한 능력을 갖추고 있고, 부모님은 재벌이고, 성격은 까칠하지만 알고 보면 속은 여리거나, 아니면 가난하고 특출한 능력도 없지만 혼자서도 밝고 씩씩하게 살아가다가 우연한 기회에 좋은 배우자, 재벌2세를 만난다는 시뮬라크르들로 가득하다. 그런 조건을 갖춘 인물이 드라마 속에서 연출된 이미지에 의해 다시 만들어지고 있다. 드라마처럼 그런 조건을 갖춘 인물은 실재하지도 않고 실재한다 하더라도 드라마에서와 같은 이상적인 존재일 수도 없다. 그런데 현실에서 오히려 이것을 재현하여 실존하는 것처럼 인식하게 한다.

이런 드라마 속 인물의 이미지 즉, 시뮬라크르는 현실세계에 신데렐라 신드롬, 성공 신드롬 등을 일으킨다. 실제로 없는 시뮬라크르가 현대인의 '롤 모델'이 되고, 이상형이 되고 있다. 그 드라마 속 인물은 인물의 특성에 맞게, 특히 부유하게 설정한 인물은 다른 등장인물과 '차이의 소비'를 드러내기 위해 호화스럽고 값비싼 물건을 사용한다. 그런 소비패턴을 본 현실의 사람들은 그런 시뮬라크르가 되려면 그 인물이 하는 행동이나 소비수준은 돼야 한다고 생각한다. 텔레비전에 나온 등장인물의 집, 자동차, 등장인물이 찾아가는 백화점 등은 드라마가 방영되고 나면 고객들이 몰리고 매출이 늘어난다. 드라마 속 인물들이 이용한 장소, 자동차, 착용한 액세서리와 옷, 헤어스타일이 현실에서도 유행한다. '모윤희(배우 황신혜의 극중 이름) 모피' 스타일 등이 드라마 방영 시간 도중 인터넷 최다 검색어로 이어진다. 이러한 시뮬라크르가 이용한 장소, 자동차, 착용한 액세서리와 옷들은 실제 세계에서도 판매되는 것이다. 실제로 그런 인물은 존재하지도 않는데 그런 인물과 같이 되고자 그들을 좇는다. 바로 가짜 현실이 거꾸로 진짜 현실에 영향을 미치면서 하이퍼리얼이 생성되는 것이다.

이러한 하이퍼리얼의 생성에 단골이 바로 광고를 둘러싼 자본가들이다. 자본가들은 드라마 제작을 지원하고 드라마 속에서 상품을 간접적으로 광고하게 하고 드라마를 자본가의 취향에 맞추어 제작하게 한다. 현대 자본주의와 미디어가 밀접하게 연결되어 있는 것이다. 하이퍼리얼은 자본주의가 유지되는 또 다른 이면이다.

그리고 '○○스타일'로 통칭되는 드라마 속 이미지의 유행은 드라마 속 캐릭터의 특성과도 밀접한 관련이 있기 때문에 연예인 자체의 이미지가 불러일으킨 것이 아니라 드라마라는 가상현실 속에서 가상의 캐릭터가 그 특성에 맞추어 비추어진 것이다. 그것의 유행은 원본이 없는 실재가 현실을 다시 지배하는 형태를 띤다고 볼 수 있다.

MBC에서 2000년 5월에서부터 2005년 10월까지 방영되었던 〈논스톱〉이라는 시트콤이 있었다. 이 시트콤은 대학교 캠퍼스에서 기숙사를 배경으로 대학생활에서 사람들이 꿈꾸는 좋은 면들만을 부각시키고, 현실보다 더욱 자유롭고 개방된 내용을 대학생활인 것처럼 방영했었다. 당시 대학 입시를 준비하던 학생들은 이 시트콤을 보면서 대학생활에 대한 대단한 환상을 갖게 되었고 그 시트콤에서 보여지는 생활이 진짜 대학생활이라고 간주하였다. 그러나 실제 대학에 입학해서는 왜 〈논스톱〉 같은 생활을 하지 못하는 것인가 하고 생각한다. 이 경우에서도 가짜 현실이 진짜 현실에 영향을 미치는 전도현상을 볼 수 있다.

중·고등학생들은 여가생활 중 텔레비전과 인터넷에 상당히 큰 영향을 받게 되는데 이때 드라마의 시뮬라크르를 통해 서른 살 이전에 많은 부를 소유하고 또한 유능한 사람이 되어야만 성공한 인생이라는 인식을 갖게 된다. 또한 외모지상주의적인 드라마 속 캐릭터를 보면서, 그들의 외모를 욕망하는 타자로 여기게 된다.

드라마가 방영되면, 인터넷이나 각종 사설, 광고에는 '누구처럼 성공하는 법', '○○처럼 살아라' 등 드라마 속 인물의 삶이 마치 실재하는 것처럼 다루어진다. 드라마에서는 주인공을 위해서 인물의 주변 환경을 조정하고 주변 사람들을 구성하며 그 인물의 행동 결과만을 보여준다. 한마디로 드라마는 보여주기 위한 가상 인물의 삶을 멋지고 근사하게 구성한다. 시청자들은 이를 알면서도 그 주인공의 삶이 실재하는 것처럼 모방하고 재현하려고 애쓴다. 드라마 속 인물들의 생활상을 동경하고 드라마 속 인물처럼 살기 위해서 그들이 드라마에서 보여주는 물건을 소비하고, 그들이 이용하는 것을 이용하고, 소비해야 한다고 생각한다. 그들이 경험하는 것을 해봐야 한다는 인식을 한다. 드라마 속에서 극중 전개상 배경이 된 장소는 드라마가 방영된 이후 방문 예약이 만원을 이루고, 해외 여행지가 방송되면 그 여행지를 겨냥한 여행사의 패키지 상품이 만들어지고 인기몰이를 한다. 마치 이전에는 없었던 장소가 드라마를 통해 생겨난 것처럼 유명 여행지로 각광받는다.

## 드라마 속 제품이 현실에서 재현

드라마는 현실을 가색하여 현실에 있을 법한 이야기를 마치 소설처럼 보여주는 것이라 여겨져 왔다. 가능한 한 현실과 가깝게, 혹은 역사적 사실을 그대로 모방한 것처럼 보여주어 사람들로 하여금 다른 이들의 생활상과 인생사, 사건을 보여 주는 것이라고 생각되었다. 그러나 어느 순간부터 드라마는, 허구적 시나리오로 제작된 것임에도 불구하고 다시 우리 생활을 재구성하고 재현하도록 만들고 있다.

드라마 〈제빵왕 김탁구〉가 인기몰이를 할 때 한동안 동네 제과점에도 '김탁구 빵 출시'라는 광고 문구가 붙어 있었다. 파리바게트라는 대형 베이커리를 소유한 SPC회사는 〈제빵왕 김탁구〉라는 드라마를 제작지원 하면서, 일명 '김탁구 빵'을 출시하여, 유행을 시킨바 있다. 김탁구 빵은 드라마 주인공이 제빵 기술을 배우려고 들어간 빵집에서 막걸리 발효 종을 이용해 만든 전설의 빵이라는 드라마상의 설정을 덧입고 있다. 자본가들은 드라마를 광고로 삼아 실제로 그 레시피recipe를 가지고 빵을 현실에서 만들어 판매했고, 시청률이 높았던 〈제빵왕 김탁구〉라는 드라마를 본 시청자들은 그 전설의 빵 맛이 과연 어떤 것인가 하는 궁금증에 파리바게트의 빵을 소비했다. 드라마상에서 레시피가 나온 것도 아니었지만 드라마를 제작지원한 베이커리 이외에 다른 베이커리에서도 드라마 속의 빵을 모방해서 만들어 판매했다. 드라마에서 소비되는 빵을 좇아 현실의 제빵업체들이 경쟁적으로 '김탁구 빵'을 만들어 파는 하이퍼리얼을 생성한 것이다. 드라마가 단지 현실에 영향을 미치는 정도가 아니라 실재가 되어 버렸다.

드라마 속의 실존하지 않는 인물, 부자이면서 준수한 외모에 세련된 이미지를 가진 주인공이 착용한 물건은 '명품'으로도 재탄생한다. 드라마가 방영되고 나면 주인공이 사용한 물건이 기존에 명품 대열이 아니었더라도 드라마 속 주인공(허구인물)의 이름을 걸고 명품이 된다. 이를 모방한 제품들이 인터넷 쇼핑몰에서 판매되기도 한다.

드라마 〈시크릿 가든〉에서 등장한 '현빈 트레이닝복'을 예로 들수 있다. 드라마 속에서 재벌가 아들에, 능력 있는 남자 주인공으로 등장한 현빈은 1990년대 에어로빅 복으로나 쓰였을 소재의 파란색 '반짝이' 옷을 입고서는 "이 트레이닝 복은 이태리 장인이 직접 손으로 한땀 한땀 작업한 명품"이라고 설명하는 대사를 연기한다. 상대역(하지원)에게 옷을 뒤집어서 상표를 보여주는 장면이 방영된 그

즉시 인터넷 포털 사이트에 실시간 검색어로 '현빈 트레이닝복'이 어느 브랜드 옷이냐는 내용이 올라왔었다. 그러나 실제 이 옷은 현빈의 코디네이터가 드라마를 위해서 만든 옷이라는 것이 밝혀졌다.

그런데 이러한 해프닝에도 불구하고 인터넷 개인 쇼핑몰에서는 '현빈 트레이닝복' 이란 이름의 상품이 판매되었다. 나아가 현빈의 스타일리스트가 극중 인물을 위해 일회성으로 제작한 것에 불과했던 옷이 정식 브랜드가 되어 출시되기까지 했다. 다음은 이에 대해 보도한 기사 내용이다.

> SBS 드라마 〈시크릿 가든〉의 인기에 현빈이 입고 나온 트레이닝복이 론칭됐다. 드라마 〈시크릿 가든〉의 마케팅을 담당하고 있는 (주)어치브그룹디엔(이하 어치브)은 현재 '옐로클락' 이라는 브랜드로 디자인 등록과 저작권 등록을 마친 상태라고 전했다.
>
> 이에 어치브는 "아류제품이 시장을 어지럽히고 있는 점을 감안해 '옐로클락' 은 매장 이외에는 판매하지 않는다" 며 "무단으로 현빈의 초상권과 디자인을 도용한 유사품에 대해 법적 제재를 가할 예정" 이라고 덧붙였다.
>
> '옐로클락 오리지널' 에서 판매할 현빈 트레이닝복은 극중에서 이태리 장인이 한 땀 한 땀 만든 그 제품의 이미지를 그대로 소비자들에게 전하고자 120만 원대의 가격대로 고급화하여 판매할 예정이다.[65]

## 현실 속 재벌가의 생활과 삶을 재현하여 사람들에게 보여주려

고 했던 드라마가 이제는 현실에서 새로운 브랜드를 만들어 내고 사람들을 열광시킨다. 이렇게 드라마에서 명품이라고 시뮬라시옹되면 파란 반짝이 옷도 명품이라는 시뮬라크르가 되어 현실에 실재하는 것이 된다.


## 드라마 촬영지가 관광 명소로 재현

한류 열풍이 불면서 '겨울연가 촬영지' 등의 드라마 명소가 곳곳에 소개되고 있다. 일본이나 중국, 대만 관광객이 이전보다 많아졌으니 한편으로는 긍정적인 현상이다. 하지만 드라마가 촬영된 그 장소는 드라마 촬영 이전부터 존재해 왔다. 그런데 드라마가 방영되면서 그 장소가 생성한 이미지, 즉 시뮬라크르에 미혹되면서 그 장소는 사람들에 의해 새로운 이미지가 덧씌워지게 된다. 사람들은 그 장소로 가서 드라마 속에서 등장인물이 했던 대사를 떠올리며 행동을 재현한다. 대표적으로 '겨울연가'의 촬영지인 남이섬의 '준상 첫 키스 촬영지'와 제주도의 '올인 촬영지'를 들 수 있다. 드라마가 방영되면서 그 촬영지는 드라마에 의해 새로운 관광명소로 자리 잡는다. 소설 속 무대가 현실로 재현되기도 한다. 박경리의 소설 《토지》의 무대인 하동 악양의 최참판 댁이 여기에 해당한다. 실재 없는 실재가 현실을 지배하는 하이퍼리얼이 되고 있다.

촬영지에는 장소 고유의 특징에 대한 설명은 없이 'ㅇㅇ드라마 촬영지'라는 팻말과 드라마 장면을 캡처한 사진뿐이다. 유적지의 경우 실제 역사적 유적지로 알려지는 것이 아니라 사극 드라마의 연기자가 전투한 장면을 촬영한 장소로 새로운 역사성을 갖는 이미지가 만들어진다. 유적지뿐만 아니라 드라마 촬영을 위해 만들어진, 1970~1980년대를 재현한 촬영 세트장이나 고려·조선시대를 재현한 세트장은 촬영된 이후 마치 그 시대를 대표하는 새로운 장소로 재창조되고 그곳을 방문하는 사람은 마치 그 시대 사람들이 살았던 곳에 온 것처럼 인식한다. 실재하지 않은 역사의 이미지를 드라마를 통해 시뮬라시옹한다. 우리가 역사 속 인물이나 사건을 떠올릴 때, 조선시대 19대 임금 숙종을 생각할 경우 드라마 속 연기자의 외모와 행동을 되새기면서 숙종의 이미지라고 여긴다. 실제로 과거의 숙종이 그런 행동을 했었는지, 그러한 성격이나 외모를 지녔었는지는 중요하지 않다. 드라마 속에서 이미지화된 숙종의 시뮬라크르는 실제로 그렇게 실재한 것처럼 각인된다.

　　드라마 속 인물이 식사를 하면서 "이 집 음식이 정말 맛있다"라고 하면 그 음식점은 평범한 음식점에서 '맛집'으로 회자된다. 정말 그 음식점의 음식이 맛있는지는 중요한 것이 아니다. 그 음식점이 실제로 존재하는지, 운영되는지도 문제가 되지 않는다. 드라마 속 장면이 방송되면 그런 음식점이 존재한다고 생각하고 인터넷 실시간 검색어 순위에 올라가는 현상이 벌어진다. 가상실재가 미디어의 시뮬라시옹을 거쳐 실시간으로 파생실재로 전환되는 것이다. 그러다 보면 드라마를 통해 그 음식점은 새로운 '원조'로 둔갑하고 실제로 그런 음식점이 생겨나기도 한다.

그런데 텔레비전의 맛집 프로그램을 고발한 다큐 영화 〈트루 맛쇼〉의 보도[66]에 따르면 '텔레비전 맛집정보 프로그램'은 시청자의 입맛을 자극하기 위한 '각본 있는 드라마'일 뿐이라고 한다. 프로그램에서 "먹다 죽을 만큼 예술이에요"를 남발하는 손님들은 인터넷 동호회를 통해 동원한 '가짜 손님'이라는 것이다. 식당을 방송 프로그램과 연결시켜 주는 전문브로커도 있다고 한다. "브로커 임모 씨의 경우 100여 식당을 방송에 출연시켜 줬으며 본인도 조리장 등으로 수차례 텔레비전에 등장했다"고 이 영화는 고발한다.

"나는 텔레비전에 나오는 맛집이 왜 맛이 없는지 알고 있다"는 내레이션으로 시작하는 이 영화는 독립프로덕션 대표이자 전직 MBC 교양PD 출신인 김재환(42) 감독이 3년간 기획·연출한 다큐멘터리다. 김 감독은 "조작·기만의 맛집 방송을 파헤치고 이런 거짓말 방송이 악순환할 수밖에 없는 구조적 문제점을 환기시키기 위해" 자비를 털어 일산에 식당까지 차렸고 평범한 분식집이 텔레비전을 타기까지 방송사─외주제작사─협찬대행사─식당의 물고 물리는 과정을 몰래카메라로 담았다고 한다. 즉 맛있다고 방송에 소개된 '맛집'들은 모두 가짜 실재인 시뮬라크르인 셈이다. 그 맛집들은 방송에 소개된 화면을 식당에 전시함으로써 맛집의 이미지를 진짜처럼 가질 수 있는 것이다.

## 드라마의 현실, 현실을 지배하다

드라마로 인해 유행하는 패션이 생기고, 음식이 생기며 새로운 여행지가 등장한다. 드라마 속에서 만들어진 의미가 실제에서 다시 재구성되면서 이용된다. 가상의 시나리오로 만들어지는 드라마는 이제 실재 없는 실재이면서 파생실재로 전환되어 거꾸로 우리 현실에 영향을 미치고 있다. 영향을 미치는 것이 아니라 상호작용하고 시선과 감정을 교환하는 것처럼 보이기도 한다. 사람들은 드라마 속 주인공처럼 촬영장소를 찾아가서 키스를 하고 사랑을 고백한다. 드라마 속 상품을 입고 패션을 재현한다. 이 모두가 미디어에 의한 욕망의 재현인 것이다.

드라마가 확산시키는 시뮬라크르의 이미지는 현실에서 사람들의 차이의 욕구에 의한 소비를 조장하고 실재 없는 실재를 재생산해낸다. 자본가는 이를 이용하여 다시 드라마를 제작하고, 제작하는 과정에서 실체가 없이 만들어진 가짜 현실인 드라마를 이용하여 시청자로 하여금 실재 없는 기호를 마치 실재하는 것으로 시뮬라시옹한다. 사람들은 드라마가 보여주는 대로 자극을 받으면서 마치 실재하는 것이라 믿고 소비한다. 실재 아닌 실재가 더욱 현실다운 현실로 여겨지는 하이퍼리얼이 세상을 지배하고 있다.

영화의 시나리오처럼 실재하지 않은 가짜 현실이 광범위한 사회문화적 현상으로 확산되면서 가짜의 드라마나 시나리오 등이 현실에 다시 영향을 미치는 단계에 이른다면 그것이 바로 하이퍼리얼이라고 할 수 있다. 원본이나 진실은 존재하지 않지만 영화적 가짜 진실이 원본이 되고 진실이 되면서 다시 역으로 현실에 영향력을 행사하는 것이다.

예컨대 드라마 〈허준〉에 의해 허준의 스승이 유의태라고 받아들이는 것은 일종의 하이퍼리얼에 해당한다. 드라마 〈허준〉에서 허준의 스승인 유의태는 시뮬라크르이고, '유의태를 허준의 스승으로 만드는 과정' 또는 '유의태를 허준의 스승으로 설정한 시나리오'가 시뮬라시옹에 해당한다. 즉 드라마에서 허준의 스승인 유의태는 숙종 때 인물로 허준과 동시대의 인물이 아닌 것으로 알려지고 있다. 드라마 〈허준〉은 이은성의 〈소설 동의보감〉을 원작으로 드라마를 만들었는데, 허구에 허구를 덧씌운 셈이다. 사람들이 유의태를 허준의 스승이라고 믿으면서 가짜 현실이 진짜 현실을 지배하게 된 것이다. 드라마의 현실이 실제로 현실이 되는 것이다.

또 영화 〈미인도〉에서는 신윤복을 남장여자로 등장시키고 있다. 이 영화를 본 관객들은 대부분 신윤복을 남장여자로 인식하게 된다. 드라마나 영화에서 실재 없는 이미지를 만들어 그것이 오히려 현실을 구속하는 도치관계를 만들고 있는 것이다. 이게 바로 하이퍼리얼의 부정적인 모습이다. 우리는 지금 그러한 하이퍼리얼의 세상에 살고 있다.

## 고찰9. 진실을 '믿지 않기'로 '명품학력'에 저항하기
### — '타진요' 사건


### '타진요' 사건의 진실게임

가수 '타블로'는 데뷔 초기 미국의 명문 스탠퍼드 대학교 영문학과에서 3년 6개월 만에 코터미널과정(co-terminal: 학사와 석사 동시 이수 프로그램)으로 학사와 석사학위를 받았다고 이야기해 많은 관심을 불러일으켰다. 스탠퍼드 대학교 영문학과의 학·석사 과정을 동시 이수함으로써 평균적으로 4~5년 걸리는 학사와 석사 과정을 3년 6개월 만에 졸업한 것이다. 당시 타블로의 이러한 주장과 홍보에 대해 일부에서는 우리나라 특유의 학벌주의 문화를 자극하는 마케팅이라며 질시하는 분위기도 있었다. 더욱이 2007년 9월에 있었던 신정아 사건을 비롯한 연예인 및 유명인사의 학력 위조 논란이 대두되면서 타블로의 학력 위조 의혹이 불거지기 시작했다.

이에 2010년 4월에 한 네티즌이 미국의 명문 스탠퍼드 대학교에서 석사과정을 졸업한 가수 '타블로'(본명 이선웅)가 학력을 위조한 것이 아니냐는 문제를 제기했다. 그로부터 얼마 후에 '타블로에게 진실을 요구합니다'라는 일명 '타진요' 카페가 생겨났고, 그 카페 운영진을 중심으로 학력 위조에 대한 의혹이 터져나왔다. 이때부터 이른바 '타진요' 사건이 시작되었다. 또 다른 안티 카페인 '상진세(상식이 진리인 세상)'도 의혹 제기에 가세했다.

네티즌들의 이의 제기가 일파만파 커지자 타블로는 자신의 스탠퍼드 대학교 재학시절 성적표를 공개했지만, 이것이 원본이 아닌 복사본이라는 이유로 또다른 의혹을 샀다. 성적표에는 타블로의 이름이 'Lee, Daniel Seon Woong'이라고 표기되어 있지만 타블로의 다른 기록에서는 이름 표기방식이 다르게 나와 있어 이 또한 의혹을 확대재생산하는데 힘을 더했다. 그래서 'Daniel Seon Woong'은 타블로가 아니며, 그는 누군가를 사칭하고 있다는 말도 나오게 되었다. 진짜 이름을 밝히라는 여론이 거세지자 타블로는 캐나다 시민권을 공개했다. 하지만 이 역시 위조 논란에 휩싸인다. 타블로 학력 위조 사건은 서로를 맞고소하는 데까지 이르고 검찰 수사까지 의뢰하게 된다.

그러다 MBC 취재팀은 타블로와 스탠퍼드 대학교에 이를 확인하는 동행 취재를 제안했고 타블로는 이를 수락했다. 타블로와 방송사 취재진은 이 학교 교무부 학장인 토머스 블랙을 만났고 성적표를 제출받았다. 타블로가 한국에서 공개했던 성적표와 스탠퍼드 대학교에서 제출한 성적표가 일치하는지 여부를 확인한 결과 똑같은 기록으로 밝혀졌다. 타블로의 여권에 나온 'Lee, Daniel Seon

Woong'이라는 이름이 성적 증명서에도 똑같이 있어 결국 타블로의 학력은 사실로 입증되었다.

타블로는 학력 위조설에만 시달린 것이 아니었다. 타진요 카페의 회원들은 타블로가 어떻게 해서 캐나다 시민권을 취득했는지, 이중국적이 어떻게 가능했는지, 더 나아가 고의로 병역 기피를 한 것이 아니냐는 주장을 펼치기도 했다. 또한 타블로 가족을 향한 학력 위조에 대한 의혹을 제기했는데, 타블로의 어머니, 아버지, 형에 이어 누나까지 그들의 학력에 대한 진실을 파헤치려고 갖은 노력을 기울였다.

온라인뿐만 아니라 오프라인에서도 구체적인 행동을 보였다. 타진요 측은 직접 타블로 어머니가 운영하는 미용실에 찾아가 법원을 사칭해 누나의 주소를 물어 보기도 하고, 타블로의 형의 주소를 알아내기도 했다. 그 의혹의 중심에는 타진요 카페의 운영자인 김모 씨(닉네임 '왓비컴즈', 한국계 미국인)가 있었다. 2010년 8월 2일 타블로가 명예 훼손 고소를 공식화하자 김 씨는 자신 또한 미국 최고의 변호사로 맞고소하겠다고 응소했다. 결국 타블로와 타진요의 맞고소로 학력 의혹을 수사한 검찰은 타블로의 학력은 사실이라고 밝혔다.

경찰은 대검찰청 과학수사과 문서감정실을 통해 직접 제출받은 서류와 타블로 측이 제시한 서류를 대조해 각 문서가 모두 진본임을 확인했다. 경찰은 또 타블로의 출신학교인 서울국제학교에서는 다니엘 선웅 리가 서울국제학교를 졸업하고 1998년 8월 스탠퍼드 대학교에 진학했다는 확인서를 받고, 타블로와 기숙사 생활을 함께 한 미국인과 스탠퍼드 대학교 한국동문회 관계자 등도 조사해 타블로의 스탠퍼드 대학교 재학 사실을 재확인했다.

서울 서초경찰서는 2010년 10월 22일 타블로의 학력위조 논란을 수사하는 과정에서 그간 끊임없이 의혹을 제기하고 허위사실을 유포한 누리꾼 14명을 검찰에 불구속기소했다. 검찰은 김 씨에 대해 범죄인 인도 청구를 지난 2월 미국 대사관에 제출했다.

경찰의 중간수사 결과가 발표된 이날 "타블로에게 사과한다"는 글과 함께 '상진세' 카페는 폐쇄되었다. 반면 타블로의 스탠퍼드 석사 학위에 의혹을 제기해 온 인터넷 안티 카페 '타진요'는 네이버로부터 접근제한 조치를 받아 폐쇄됐지만 이에 굴복하지 않고 '타진요2'를 만들어 2차 활동을 시작했다. 타진요는 '상진세'의 폐쇄에 대해 매수설 등을 제기하기도 했다. 타진요2는 2011년 11월 현재 4만 3천여 명이 가입해 있다.


## '타진요'의 하이퍼리얼리티

하이퍼리얼리티는 실재하지 않지만 실재보다 더 실재같이 만들어진 현실로 다시 실재에 영향을 미치는 현상을 뜻한다. 타진요 카페의 학력 의혹 사건은 네티즌의 끝없는 여론몰이로 실재가 없는 실재를 만들어 냈고 이게 다시 진짜 현실에 영향을 미치면서 타블로 개인뿐만 아니라 사회적으로 큰 논란이 됐다. 즉 타블로가 가수로서는 드물게 미국의 아이비리그인 스탠퍼드 대학교 석사학위를 취득했는데 네티즌들은 이 사실을 잘 받아들이지 못했던 것이다. 여기에 가수는 이른바 '딴따라'로서 '딴따라는 명문대학에 진학할 수 없다'는 편견이 작용했던 것으로 보인다. 결국 타블로에 드리운 이러한 이미지들이 우리나라의 고질적인 학벌주의와 당시 학력위조 사건과 맞물리면서 '타블로는 스탠퍼드 대학교에 입학하지 못했을 것'이라는 이미지를 과잉 증식하기 시작했다. 급기야 실체 없는 시뮬라크르를 만들고 가짜 현실이 진짜 현실을 집어삼키기에 이르렀던 것이다.

타진요 사건은 비록 그 시작이 타진요 카페의 운영자인 김 씨에 의해서 이루어졌지만 네티즌들은 그것을 진짜 현실로 받아들이면서 타블로 학력 위조에 대한 의심을 기정사실로 생각했다. 인터넷 카페라는 미디어가 만들어 낸 파생실재(타블로의 학력이 위조되었다는 것이 진실로 통하는 세계)를 정말 현실로 믿어 버리는 도치현상이 발생한 것이다. 매체에 의해 재생산된 현실은 어떤 질서 체계로서의 이데올로기적 구조 속 기호로 추상화된다. 타블로에 비추어 보자면, 네티즌들은 타블로의 학력에 대한 의심, 추궁 등이 하이퍼리얼리티라는 이데올로기 질서 안에서 타진요 측의 논리에 힘을 실어 주었다.

타블로의 허위 학력 의혹을 둘러싼 고소, 고발 사건을 수사해 온 서초 경찰서는 그가 스탠퍼드 대학교를 실제로 졸업한 사실을 확인했다고 밝히면서 '타진요'의 운영자 김 씨를 포함한 네티즌들을 명예훼손 혐의로 체포하겠다고 발표했다. 이에 대해 그동안 의혹을 제기해온 '타진요'와 '상진세'의 회원들은 경찰의 중간수사 결과마저 신뢰하지 못했다. '타진요'의 한 회원은 "MBC와 경찰의 조사 과정에서 다른 점이 무엇이냐"라며 "결국 우리가 원하는 증거는 하나도 제시되지 않았다"라고 자신들의 입장을 말했다. 또 다른 회원은 "경찰이 확인했으니 이제 진실이 됐다는 것인가? 경찰이 미처 밝혀내지 못한 부분이 있을 것", "경찰이 조사한 내용을 공식적으로 대중들에게 공개해야 한다"며 경찰 조사에 대해서까지 의혹을 제기했다.

타진요의 문제 제기에 대다수 네티즌들조차 타블로의 학력을 의심할 정도였다. '정녕 타블로의 학력이 진실이라면 그는 타진요에 맞서 적극 대응해야 되지 않나? 그렇게 하지 못하는 타블로는 진실 규명에 자신이 없어서, 즉 스탠퍼드 석사 졸업이라는 학력이 사실이 아니라서 못하는 것은 아닐까?'라는 여론이 형성되었다. 타블로는 이런 여론의 힘이 상당히 무서웠고, 정신적 피해가 엄청났다고 고백했다. 타블로가 어떤 증명서를 내줘도 타진요 회원들은 증명서류조차 위조된 것이라고 받아쳤기 때문이다. 결국 타블로는 자신의 스탠퍼드 석사 졸업이 사실이 아니라는 하이퍼리얼리티 속에 갇혀 살아야만 했다. 타블로는 가짜 실재가 진짜 실재를 밀어내는 하이퍼리얼의 장벽에 둘러싸여 있었던 것이다.

타블로는 미디어에 의해 구축된 하이퍼리얼리티에 대해 이렇게 말했다. "인간으로서 인터넷 세계에서 대응할 수 있는 것은 아무것도 없었다. 그 당시 인터넷이나 다른 매체에 하나하나 대응하는 데에 집중할 수가 없었다. 진짜 매일매일이 싸움이었다. 한순간도 쉬지 않고 싸웠다."

타진요의 여론은 합리적인 의심과 사회의 정의라는 이름으로 포장되어 있었다. 타진요는 인터넷이라는 매체를 통해 아직 감염되지 않은 여론에게 '타블로는 학력을 위조했다'라는 인식을 감염시키려 했던 것이다.

타진요의 카페 회원 수는 한때 무려 18만 명을 넘어섰다. 그들 모두가 정말 타블로의 학력이 위조됐다고 100퍼센트 확신했기 때문에 주도적으로 여론을 형성했던 것일까? 타블로의 학력 위조에 대한 근거는 합리적인 의심 같지만 본질다운 본질은 없었다. 기호의 추상성으로 본질을 위장한 채 시뮬라크르를 생산해 낸 것이다. 결국 이 원본 없는 이미지가 그 자체로서 현실을 대체하고, 현실은 이 이미지에 의해서 지배받게 되었다. 오히려 현실보다 더 현실적인 것이다.


## 못 믿는 게 아니라 안 믿는다

2010년 10월 1일 방송된 〈MBC스페셜-타블로, 스탠퍼드 가다〉에서 타블로는 자신을 믿어 주지 않는 네티즌들에 대해 "그들은 나를 못 믿는 것이 아니다. 안 믿는 것이다"라고 말하며 눈물을 보이기까지 했다. 천재적인 가수라 불리기까지 했던 타블로를 향한 네티즌들의 끝없는 의심, 네티즌들은 어째서 타블로의 학력을 의심하게 된 것일까?

이택광(경희대학교 교수)은 문제의 핵심은 타블로의 스탠퍼드 대학교 졸업 여부에 있다기보다 타진요의 심리 상태에 있는 것 같다고 진단한다.

> 한국의 엔터테인먼트 산업에서 중요한 것은 남들보다 모자라는 위인이거나 아니면 항상 웃으면서 손이나 흔드는 인형일 뿐이다. 스탠퍼드 대학교 영문학과를 조기 졸업한 석사가 시시덕거리는 것을 용납할 수가 없는 것이다. 그는 예능 프로그램에서 인기를 얻고 싶었고, 그래서 있는 사실을 부풀려서 말하는 일이 반복되다가 보니 역풍을 맞게 된 것이라고 할 수 있다. 타진요의 논리도 강고한 학벌주의의 산물이라면, 타블로 역시 여기에 편승해서 자신의 입지를 굳히려고 했다는 비판을 면하기 어려운 것이다.[67]

타진요가 타블로의 학위에 문제를 제기하는 까닭은 '힙합이나 하면서 놀던 학생이 어떻게 그 어려운 스탠퍼드 대학교를 입학해서 졸업할 수 있는가'라는 의구심 때문이다. 사실 이런 생각을 가능하게 하는 메커니즘이 상당히 흥미로운 것이다. 기본적으로 이런 생각은 스탠퍼드 대학교와 그 학위제도에 대한 절대적 믿음을 전제하는 것이라는 점에서 그렇다. 스탠퍼드 대학교를 나온 사람이 절대 타블로처럼 행동할 수 없다는 확신이 전제되어 있는 것이다.

보드리야르는 우리의 일상생활을 조직화하는 것을 '코드'라 부른다. 코드에 의해서 사회 전체가 의사소통하고 서로에 대해 말한다. 이 코드는 정치, 경제, 문화 등을 관통하는 힘을 갖고 있다. 대중 매체 또한 코드를 재생산하는 데 중요한 역할을 한다. 하지만 이 코드에 벗어나면 대중과 미디어에 소외당할 수밖에 없다. 타블로의 진실을 알리려고 타진요의 의견에 반박하는 내용의 글을 올린 스탠퍼드 대학교 재학생 박태성을 그 예로 들 수 있다. 그가 올린 글은 타진요 운영진에 의해 모두 삭제되었고 이후 그는 강제 탈퇴를 당했다.

또한 MBC 취재팀이 실험을 하나 했는데, 타진요 게시판에 제기된 의혹들 중 잘못된 것이 없나 냉정하게 생각해 보자는 글을 올리는 것이었다. 하지만 15분도 안 돼서 글은 삭제되고 그 글의 명의로 된 아이디 또한 강제 탈퇴를 당했다. 정보 매체의 부산물인 코드가 실재를 지배하고 있기 때문이다. 회원수가 18만 명이나 되는 카페는 여론 형성에 엄청난 힘을 발휘한다. 그들이 생산해 낸 하이퍼리얼리티 안에 속하기 위해서는 그들과 같은 코드를 가져야 한다. 이로써 네티즌들은 그런 시뮬라크르에 대한 강박 관념을 무의식적으로 받게 된다.

이택광은 타블로를 집중적으로 공격한 이들이 대체로 미국에서 대학을 다녀본 사람들이거나 자녀들을 진학시킨 경험이 있는 사람들이라는 사실에 주목한다. 또한 한국 사회에서 지식엘리트집단을 구성하고 있는 이들이 타블로의 학력을 의심하고 학위 조작을 확신했다는 것은 상당히 의미심장하다고 말한다. 이들이 타블로의 학력에 의문을 제기하는 근거 중 하나가 미국 명문대학을 나왔다는 타블로의 지적 능력이 그렇게 높아 보이지 않는다는 의심이다. 출간한 책의 내용도 그렇고, 평소에 방송에 나와서 쏟아내는 발언들이 전혀 '배운 사람'처럼 보이지 않는다는 것이다.

결국 이런 주장에서 확인할 수 있는 사실은 우리사회가 미국의 명문대학 학위에 대한 무조건적인 신뢰와 선입견을 갖고 있다는 것이다. 스탠퍼드 대학교의 교육체계는 거의 완벽하기 때문에 그 과정을 졸업하고 타블로처럼 행동할 수가 없을 것이라는 확신이 깔려 있다. 그래서 이들은 타블로의 학위를 진짜일 수 없다고 믿는 것이다. 하이퍼리얼이 또 다른 하이퍼리얼을 낳은 것이다. 이른바 보드리야르가 말하는 '시뮬라크르의 자전'이다. 원본 없는 가짜가 또 다른 가짜를 만들고 이것이 원본이 되는 세상이다.

## 고찰 10. 나는 '인증샷'을 위해 투표장에 간다?

— SNS가 만드는 새로운 현실

## 시뮬라크르가 오히려 참이다

정보는 더욱 많고 의미는 더욱 적은 세계에 우리는 살고 있다.[68]

인터넷이 보편화되기 시작하면서 우리는 전보다 많은 정보를 얻을 수 있게 되었지만, 오늘날에는 정보의 적정한 수준을 넘어 마치 홍수처럼 넘치는 '과잉정보'의 시대가 되어버렸다. 이러한 현상은 최근 들어 스마트폰 열풍으로 더 심화되고 있다. 스마트폰 등 휴대용 전화가 나날이 진화해 소통의 가능성은 증대되었지만, 오히려 인간관계에서는 소통과 대화 부족으로 인한 단절이 사회문제화되고 있다. 젊은이들은 스마트폰으로 수많은 문자를 주고받지만 의미있는 대화를 하지 못하고 외톨이로 지낸다. 문자로만 대화하면서 목소리를 주고받는 통화를 어색해 하는 이들도 있다.

보드리야르는 정보는 자신의 고유한 내용물을 삼켜 버린다고 말한다. "의사소통을 하도록 하는 것이 아니라, 본래 정보는 의사소통을 연출만 하면서 소진되는 것이다. 의미를 생산하는 것이 아니라, 정보는 의미를 연출만 하면서 소진되어 버린다."[69] 보드리야르는 이러한 시뮬라시옹에 대한 사례로, 꾸밈없는 인터뷰, 청취자 전화, 모든 방향의 참여, 자연스러운 대화 유도 등을 든다. 흔히 기자들은 인터뷰를 하고 사진을 찍을 때 평상시처럼 말을 하고 자연스럽게 웃어달라고 요청한다. 이게 바로 일종의 시뮬라시옹 과정이다.

또한 라디오나 텔레비전 프로그램에서 청취자나 시청자에게 인터뷰하는 장면도 참여라는 형식을 취하지만 결국에는 언론사가 필요로 하는 말이나 장면만 담고 나머지는 편집을 통해 축소되거나 제거된다. 그 과정에서 정보의 고유 의미는 사라진다. 의미 없는 이미지, 즉 시뮬라크르만 방송되는 것이다. 이 역시 시뮬라시옹의 과정이다. 그래서 보드리야르는 현대사회를 시뮬라시옹 그 자체라고 말한다. 도처에서 시뮬라시옹이 일어나기 때문이다. 권력에 의해, 자본에 의해, 미디어에 의해 우리가 사는 현실은 시뮬라시옹의 연속이 되어버리는 것이다.

보드리야르가 정의하기를 시뮬라크르는 '흉내 낼 원본이 없는 이미지이며, 이 원본 없는 이미지가 그 자체로서 현실을 대체하고, 현실은 이 이미지에 의해서 지배받게 되므로 오히려 현실보다 더 현실적인 것'이다. 이는 기술매체의 발전으로 '유일무이한 현존성' 즉, 아우라를 잃어버리게 된 복제라는 개념에서부터 시작한다. 복제로 인한 모방품이 생산되고 모방품이 또다시 재생산되는 것이 시뮬라크르라는 것이다. 플라톤은 이러한 연속적인 복제품은 복제될수록 원본과는 멀어지고, 결국 곧 지금 여기에 실재하지 않는 것이라 하여 무가치한 것이라 말했다. 급기야 보드리야르는 오늘날에는 모두가 "시뮬라크르야말로 참된 것"이라고 생각한다고 말한다. 진짜가 거짓이 되고 가짜인 시뮬라크르가 참이 되는 가치의 전도현상이 일어나는 것이다.

왜냐하면 미디어를 통해 직접적인 경험보다, 매개되고 변형된 경험에 더욱 많이 노출되면서 인간이 자율성을 상실하는 단계로까지 이어지고 있기 때문이다. 즉 우리의 일상적인 삶과 경험은 점점 더 매체에 의존할 수밖에 없게 되고, 매체에 의해 형성된 의미작용이 현실에서도 일어나는 상황까지 오게 되었다.

우리의 자율성이 자본주의체제에 기반한 미디어에 의해 상실되고 개인의 취향은 전체주의화되며 조작된 이미지와 욕구에 억압받고, 이를 따르지 않을 때에는 소외를 느끼는 현상의 소비사회로 들어서게 된 것이다.


## 또 하나의 현실, '미니홈피'

그렇다면 우리는 왜 허구적 존재인 '이미지'에 집착하게 된 것일까? 소비사회란 한편으로 테러리스트 사회라고도 볼 수 있다. 프랑스의 사회학자 앙리 르페브르에 따르면, '테러리스트 사회'에서는 자본과 관료제에 의해 소비가 조작되고 미디어가 보여주는 이미지가 소비 질서를 주도한다. 미디어에 의해 제공되는 이미지는 기호학적 가치를 본래의 사용가치보다 중요하게끔 만들며, 소비의 주체를 개인이 아닌 기호의 질서로 편입시킨다. 즉, 허구(이미지)가 본질(현실)보다 더 중요한 사회 시스템을 형성하게 되는 것이다. 텔레비전이나 영화 등에서 반복적으로 우리의 감각을 자극하면 우리는 미디어가 만든 이미지가 곧 실재라고 망각하게 된다. 이렇게 만들어진 허구적 이미지는 '코드'라는 개념으로 우리사회에 자리 잡게 되고, 모든 사람들은 코드의 움직임에 따라 일상생활을 구조한다.

이러한 메커니즘으로 본다면, 오늘날 우리가 열광하는 소셜네트워크, 즉 SNS Social Network System는 또 하나의 사회적 코드로 자리잡으면서 일상을 지배하고 있다. 더욱이 자기 자신을 소셜 미디어라는 새로운 공간에서 스스로 이미지화시키는 시뮬라시옹 과정을 통해 하이퍼리얼을 만들어 낸다.

SNS는 인터넷상에서 개인의 정보를 공유하고, 지인, 혹은 불특정 다수와의 의사소통을 도와주는 1인 미디어, 1인 커뮤니티다. 이용자들은 SNS를 통해 인맥을 쌓고 소통하며 사회적 관계를 맺어간다. SNS의 형태는 블로그, 메신저, 커뮤니티 등 여러 가지의 서비스로 이용자를 끌어들이지만, 무엇보다 자신의 '이미지'를 실제와 다르게 변형시킬 수 있는 곳이기도 하다. 대표적으로 '미니홈피'(싸이월드)를 들 수 있다.

싸이월드는 1999년 한국에서 처음으로 개설된 소셜 네트워크

서비스다. 여타의 다른 커뮤니티 시스템과는 차별화된, '지극히 개인적인' 자신만의 공간을 제공함으로써 이른바, 미니홈피 열풍을 일으켰다. 세계적으로 성공하지는 못했지만 국내에서는 10년이 흐른 아직까지도 2천500만 명이라는 이용자를 소유하고 있는 거대 네트워크 서비스다. 싸이월드 안에서는 가상공간의 아이디가 아닌 자신의 본명으로 온라인상에 자신을 복제시키고, 현실과 똑같이 그곳에서 공동체의 일원으로서, 혹은 개인으로서 살아간다. 자신을 복제한 '이미지'로써, 즉 시뮬라크르로 존재하는 '나'는 그 자체로 하이퍼리얼을 생성한다. 하이퍼리얼적 개념으로 보자면 현실에 존재하는 '나'라는 주체와 온라인상의 '나'는 실재와 모사의 경계가 없는 '원본' 그 자체를 의미한다. 따라서 이용자들은 미니홈피 속에 존재하는 또 다른 '나'를 허구적인 것이라고 절대 인식하지 못한다. '싸이월드 속의 나'를 '실존하는 나'로 인식하기 때문이다. 이러한 개념은 물론 페이스북Facebook 서비스와 비슷한 양상을 지니고 있지만, 싸이월드는 자신의 '이미지'를 극대화시킬 수 있도록 했다는 점에서 한층 더 강화된 '형성 도구'로 볼 수 있다.

그렇다면 미니홈피라는 공간 안에서 개인은 어떤 식으로 자신을 이미지화시킬까? 일단, 미니홈피 이용자는 온라인상에 축소판 형태의 '집'이라는 시뮬라크르를 개설한다. 그곳에서는 집주인의 사진 혹은 동영상, 그리고 친구, 가족, 타인 등과의 커뮤니케이션을 이루어 주는 게시판과 방명록, 댓글 등의 기능이 있다. 배경음악, 홈페이지 배경 등은 개인의 취향에 따라 선택할 수 있고, 자신이 쓰고 싶은 글이나 보여주고 싶은 사진 등을 제한 없이 올림으로써 자기 자신을 불특정다수에게 광고한다.

소비사회는 사물이 아닌 '기호'와 이미지가 주도한다. 사람들은 더 이상 사물 자체에 관심을 두기보다 자신을 대변해 줄 이미지의 기호들을 쫓아다닌다. 보드리야르에 따르면 사회가 소비사회에 이르면서 사람들의 소비 형태는 사용·교환을 위한 소비가 아니라 '기호'를 소비하는 형태로 바뀌었다. 이러한 기호가치는 남과의 차이를 표시하기 위해서 소비된다. 미니홈피는 이러한 기호 가치를 위한 소비의 성격이 강하다.

보드리야르는 사람들이 기호를 구입하는 근원적 목적은 '차이의 욕구'에 있다고 했다. 차이의 욕구는 인간의 본능적 욕망이며, 자신의 차별적 지위를 과시하고 싶어 하는 인간의 본능이다. 미니홈피 성공요인은 바로 그곳에 있는 것이다. 다른 사람들과는 다른 '나'를 생성할 수 있는 그곳이 미니홈피며, 또 그러한 '나'를 과시할 수 있는 곳 또한 미니홈피다. 심지어 젊은이들 사이에서는 미니홈피를 하지 않으면 공동체에서 소외된다. 미니홈피에서는 차이에 대한 과시를 하려는 모습 또한 강하게 나타난다. 사람들은 또 다른 자신을 나타내는 아바타인 '미니홈피'를 다른 사람들의 것과 다르다는 것을 보여주기 위해 애쓴다.

자신을 문화애호가로 표현하고 싶다면 잔잔한 클래식 음악을 배경음악으로 선곡하고, 고전영화나 문학소설 등에 대한 글을 올려놓으면 된다. 이때 홈피의 주인공이 실제로 클래식 음악을 좋아하는

지, 고전영화나 문학소설을 즐겨 보고 읽는지는 중요하지 않다. 타인의 시선에 응시당하기만 하면 그는 문화와 예술, 문학을 좋아하는 사람으로 이미지를 형성할 수 있기 때문이다. 또 누구나 부러워할 만한 대상이 되고 싶다면, 포토샵으로 처리한 사진이나 새로 산 명품 가방 사진을 올리면 되는 것이다. 명품 가방을 실제로 샀느냐 역시 중요하지 않다.

미니홈피가 활성화되고 나서부터는 고급 레스토랑에서 '인증 샷'을 찍는 사람들이 생겨나기 시작했고, 심지어 어느 장소에 가더라도 자신의 신체감각으로 그 공간을 느끼는 중요성보다, 그곳에 갔다고 인증을 해 주는 카메라의 눈을 더 중요시 여기게 되었다. 미니홈피가 역으로 현실의 라이프스타일과 문화에 영향을 미치는 것이다. 사람들은 마치 하이퍼리얼을 위해 현실에 존재하는 듯한 삶을 이어간다. 이렇게 되면 하이퍼리얼이 먼저이고 현실은 저만치 뒤로 밀려난다.

하지만 진실을 은폐함에 있어서 그 정도가 어느 정도인지 더 진실과 허구를 판단하는 경계를 잃고, 참과 거짓의 경계가 모호해질수록 이미지에 의존하는 경향은 경계해야 할 것이다. 실체 없는 과잉 이미지가 현실을 대체할 수 있기 때문이다. 이미 이미지에 의해 지배당하고, 억압적인 소비사회를 살고 있지만, 최소한의 자각은 필요하다.

## 스마트폰에 의존하는 일상생활

최근 스마트폰이 대중화하면서 페이스북과 트위터Twitter라는 SNS
의 이용도 급상승하고 있다. 이는 아마도, '시간기계'로 살아가는 현
대인들에게 즉각적 정보전달을 허용하기 때문일 것이다. 주로 PC의
사용을 기반으로 했던 싸이월드는, 즉각적인 정보전달이라는 면에
서 페이스북과 트위터의 실시간 사용에 비해 뒤처진다. 페이스북과
트위터는 싸이월드와 마찬가지로 온라인에서의 인맥을 쌓아간다는
점에서 같은 맥락의 SNS이지만, 싸이월드보다 더한 하이퍼리얼의
요소를 지닌다. 싸이월드는 서로의 집을 오가며 교류를 하는 식의
시뮬라크르였다면, 트위터와 페이스북, 카카오톡Kakao Talk은 아예
시뮬라크르 공간 안에서의 1:1차원의 만남이라고 할 수 있다. 스마
트폰으로 페이스북을 사용하는 어느 블로거의 하루 생활을 다음과
같이 그려볼 수 있을 것이다.

아침에 스마트폰의 알람시계 소리에 눈을 뜨면 스마트폰을 열어 페이
스북 애플리케이션을 통해 밤새 업데이트된 지인들의 근황을 확인하
고 간단한 댓글을 남기고, 세상 돌아가는 이야기와 즐겁고 유익한 외부
콘텐츠를 공유한다. 페이스북에서 '좋아요'를 많이 받은 양질의 콘텐츠
만 걸러낼 수 있는 페이스북 검색서비스를 이용하고, 스마트폰으로 언
제 어디서든 사진과 함께 감상을 적어 페이스북 플레이스Places에 올려
지인과 공유하고, 페이스북이 사용자의 선호도('좋아요') 정보를 축적하

고 분석해서 발굴한 고객 인사이트Insight를 이용해서 추천한 서비스와 상품을 페이스북 크레딧Credits으로 결제하고, 만족한 경험을 제공한 서비스와 상품에 대해서는 페이스북에서 '좋아요'도 눌러 주고 리뷰 Review 글로 입소문도 퍼트리고, 소셜 쇼핑으로 공동구매로 저렴하게 구매도 하고…….

이 사람의 하루일과는 스마트폰으로 시작해서 스마트폰으로 끝난다. 삶의 거의 모든 일들이 가상에서 이루어진다. 아마도 요즘 많은 스마트폰 이용자들이 하루를 스마트폰으로 시작할 것이다. 스마트폰에 모든 것을 의존하는 일상생활은 어떻게 보면 스마트폰 중독이라 볼 수 있다. 지인들의 근황을 끊임없이 확인해야 하고, 그들에게 자신의 근황을 알려야 한다. 그래야 그 공간 안에서 도태되지 않고 소외되지 않기 때문이다. 현실이 선행하는 것이 아니라 이제 역으로 페이스북이나 트위터에 콘텐츠를 올리기 위해 현실이 존재하게 되는 것이다. SNS를 위해 사진을 찍고 책을 읽고 영화를 보는 식이다.

그런데 미니홈피와 달리 이제는 군이 PC앞에 앉아 있지 않아도 언제 어디서나 스마트폰을 활용할 수 있다. 트위터나 페이스북같은 SNS는 스마트폰과 함께 24시간 지내는 현대인들에게 떼려야 뗄 수가 없는 존재가 되어 버린 것이다. 트위터에서는 지속적으로 온갖 정보들이 '자신'의 트위터 계정에 들어온다.

SNS는 피상적인 관계, 일방적으로 노출된 정보, 또 노출된 누군가의 정보를 지켜봐야 하는 기계적인 방식을 특징으로 한다. 과잉 정보로 인해 그 가치가 떨어지고, 의미가 불투명해지는 과정은 로렌스 그로스버그Lawrence Grossberg의 이론 '신명나는 허무주의'에 비유할 수 있다. 미국의 문화연구가인 그로스버그에 의하면, 미국 사회에서 나타난 포스트모던 문화의 특징은 허무주의적이고 냉소적인 현실의 인식(혹은 현실인식의 거부)과 행동양식이 지배적이며, 순수한 비순수authentic inauthenticity, 신명나는 허무주의empoweringnihilism, 사실주의적 아이러니realistic irony 등으로 표현되는 세계가 주류를 이룬다. 보드리야르는 탈근대의 대중매체들은 실재가 아닌 모사인 시뮬레이션을 대량 생산하고, 개인은 실재와는 관계가 없는 상품기호와 매체가 만들어 내는 모방물의 상상적인 우주 속에 살게 된다고 지적한다.

## 투표 인증샷, SNS가 현실을 선행하다

사이버 공간은 익명성과 함께 빠른 파급력을 동시에 지닌 공간이다. 이러한 특성은 사이버 공간이 현대사회에 큰 영향력을 발휘하도록 만들었다. 현실에서 염증을 느끼고, 소극적으로 살아온 사람들이 인터넷을 이용하여 자신의 생각을 적극적으로 표현한다든가, 사이버 공간에서의 특정 행위가 현실사회의 방향을 바꾸기도 한다. 이 같은 행위에는 현실을 보충하고 대체할 수 있다는 사이버 공간의 성격이 잘 드러난다. 또한 종종 현실과는 다른 새로운 창조물이 생성되어 사이버 공간을 지배하기도 한다.

사이버 공간에서 시뮬라시옹이 구현된 또 다른 예로는 '인증 샷'이 있다. '인증샷'은 말 그대로 어떠한 행위를 인증하기 위해 찍는 사진으로, 인터넷 공간에서 유행하고 있는 트위터, 페이스북을 통해 파급력을 발휘하고 있다. 연예인과 공인들의 '인증샷'은 많은 사람들의 주목을 받는데, '인증샷'이 현실사회에 큰 영향을 미친 사례로는 2010년에 실시한 6·2지방선거의 '투표 인증샷' 열풍을 들수 있다.

당시 트위터를 중심으로 연예인들이 투표 후에 투표장에서 찍은 '인증샷'이 널리 유포되었는데, 이를 본 누리꾼들이 투표에 동참하면서 '인증샷'이 투표 홍보효과를 낸 것이다. '투표 인증샷'은 일반인들의 투표 참여율을 높였을 뿐만 아니라, 당시 인증샷을 찍은 연예인들은 '개념 연예인'으로 불리며 이미지를 개선하기도 했다. 한편 어떤 한 연예인은 투표지를 들고 인증샷을 찍는 해프닝을 벌여문제를 일으키기도 했다. 또한 AK쇼핑몰에서는 "투표 후 인증샷을 올리면 AK몰 적립금을 드립니다!"라는 마케팅을 벌이기도 했다.

이를 하이퍼리얼로 풀이하자면, 국민의 의무를 다하기 위해 투표를 하러 가는 것이 아니라 온라인에 '투표 인증샷'을 올리고 적립금을 타기 위해 투표소에 가는 전두현상이 일어나는 것이다. 자신의 의무를 다하기 위해 자율적인 입장에서 투표소에 가는 것이 아니라 인증샷이라는 새로운 가짜 실재에 지배되어 투표를 하는 것으로 풀

| 시뮬라크르simulacre | 투표를 독려하는 메시지를 담은 유명인들의 '투표 인증샷'이 투표권의 행사라는 새로운 이미지를 만들어 내다. |
|---|---|
| 시뮬라시옹simulation | '투표 인증샷'이 트위터, 페이스 북을 통해 전파되면서 투표권 행사로 선거혁명을 이룰 수 있다는 하이퍼리얼을 산출하는 일련의 과정. |
| 하이퍼리얼hyperreal | '투표 인증샷'으로 사람들의 투표 참여가 증진되는 등 시뮬라크르가 현실사회에서 발휘된 효과. 연예인에서 시작해 일반인들도 인증샷에 가세하면서 투표율까지 높아짐. 투표 인증샷이 새로운 선거문화로 현실에 영향을 미침. 또는 단순히 SNS에 인증샷을 올리기 위해 투표소로 가는 전도현상이 발생. |

이할 수 있다. '인증샷'은 사이버 공간에서 원본이 없는 시뮬라크르가 큰 영향력을 발휘한 사례로 볼 수 있다. 2011년 4·27 재보선 당시 '투표 인증샷' 놀이라는 제목의 신문 기사[70]에서는 "트친분들 호통(?) 덕분에 투표 완료했습니다. 생각보다 투표하러 오신 분들 많네요"라는 한 트위터리안의 트윗이 인용되기도 했다.

2010년 6·2 지방선거에서 화제를 낳았던 트위터상 투표 독려 운동이 4·27 재보선에서도 이어졌다. 한 기사는 "스마트폰 이용자 1천만 명 시대에 트위터 사용도 폭발적으로 늘면서 소셜네트워크서비스SNS를 이용한 투표 독려가 새로운 선거문화로 자리 잡고 있다"고 보도했다. 트위터에서는 투표를 마쳤다는 증거 사진인 일명 '투표 인증샷'이 이른 아침부터 빠른 속도로 리트윗(retweet: 글 퍼 나르기)

304

됐고, 유명인들도 투표 동참을 호소했다고 이 기사는 다음과 같이
소개한다.

> 팔로어가 70만 명이 넘는 소설가 이외수는 투표소 앞에서 부인과 함께
> 찍은 사진을 게재하면서 아침 일찍 투표하겠다던 전날 약속을 지켰다.
> 시골의사 박경철은 "(투표는) 국민의 권리이자 의무입니다. 투표를 안
> 할 이웃들은 저를 언팔(unfollow: 트위터 구독을 취소하는 것) 해 주세요"라고
> 했고, 방송인 김제동도 "오늘은 나는 유권자다(라는 인증샷을) 녹화하는
> 날이죠"라며 재보선 지역 주민의 참여를 당부했다.

흔히 현대사회를 '아버지 부재의 사회'Fatherless Society라고 한
다. 산업사회가 되면서 공장이 늘어나고 그 공장에는 아버지들로 채
워지게 되었다. 아버지는 가정에서 가족들과 함께 하는 시간보다 공
장 혹은 사무실, 즉 직장에서 보내는 시간이 더 많아졌다. 아침에 출
근해 저녁늦게 퇴근하는 아버지들은 가족들과 함께 보내는 물리적
인 시간이 절대적으로 줄어들게 되었다. 아버지가 책임지는 몫은 늘
어난 반면에 가정에서의 영향력은 점차 줄어들기 시작했다. 이는 곧
아버지의 권위 상실로 이어졌다. 아버지와 가족들 간에 유대감이 줄
어들면서 아버지는 가정을 꾸려가는 하나의 기계부품과 같은 존재
로 전락해 갔다.
　　아버지의 권위 추락이 현실화된 산업사회의 특징 가운데 하나
가 바로 '아버지의 부재'이다. 아버지의 자리는 있되 아버지의 권위

는 없다. 아버지의 상징적인 자리는 있되 실재적인 자리가 없는 것이다. 지금 우리사회가 탈권위를 넘어 국가적 위기가 가속화되고 있는 배경에는 바로 '아버지 부재'라는 시대상이 맞물려 있다. 여기서 아버지는 이념과 법과 경찰 등 상징적 질서에 해당한다. 우리사회가 직면하고 있는 이념의 붕괴, 법과 질서의 붕괴, 경찰의 붕괴가 바로 아버지 부재 사회의 특징이라고 할 수 있다. 대통령이 있되 대통령의 권위가 없고, 학교에서 교사와 교수들은 있지만 그들을 존경하지도 그들에게 복종하지도 않는다.

우리사회에는 이제 권위를 상징하는 대타자들, 아버지들은 설 자리가 없다. 아버지 부재의 가정뿐만이 아니라 사회 전반적인 현상이다. 대타자, 아버지의 자리를 대신하는 이들이 바로 스타 연예인 등 유명인들이다. 우리사회뿐만 아니라 전 세계적으로 연예인을 비롯한 '유명인이 지배하는 사회'가 된 것은 대타자의 붕괴, 즉 아버지 부재의 사회의 특징적인 현상과 맞물려 있는 것이다. 유명인이 되려면 누구든 연예인 수준의 이미지를 소유해야 한다. 청소년들이 연예인에 열광하고, 일본 아줌마들이 '욘사마'(드라마〈겨울연가〉의 주인공 배용준을 부르는 일본인들의 호칭)나 '근짱'(드라마〈미남이시네요〉의 주인공 장근석의 일본식 호칭)에 열광하는 것도 아버지 부재 사회에서 연유한다. 그래서 연예인들이나 유명인들이 이른바 트위터와 같은 SNS에서 하나의 새로운 권력을 만들어 내고 있는 것이다. 이른바 '트위터 권력'이라고 할 수 있다. 이들은 아버지가 없는 시대에 아버지와 같은 존재를 대신하는데, 이것이 자크 라캉Jaques Lacan이 말하는 이른바

'대타자'를 대행하는 '(소)타자'다. (소)타자는 욕망의 대상을 가르키는데 요즘 우리사회에서 볼 수 있는 연예인에 대한 10대들의 소망이 바로 (소)타자적 현상이다. 연예인 등 대중 스타들이 '아버지'를 대신하고 있는 것이다. 아버지는 권위를 잃고 대중 스타가 권위를 차지하고 있다. 그래서 요즘 아이들은 아버지 말은 듣지 않고 연예인의 말에는 절대 복종한다.

투표 '인증샷'은 따지고 보면 아무 의미 없는 사진 한 장일 뿐이다. 그러나 이 사진이 인터넷이라는 매체의 파급력과 트위터, 스마트폰의 유행이라는 현실과 결합되고, 여기에 연예인이나 유명인 등 욕망의 대상인 '타자'가 앞장서면서 큰 영향력을 발휘하게 되었다. 인기 연예인들이 투표장에서 사진을 찍고 '투표합시다'라는 메시지를 함께 전하면서 '인증샷'이 시뮬라크르가 되어, 현실사회에서 국민들의 투표 참여율을 높이고 인증샷을 올린 연예인들이 개념 연예인이 되는 등 긍정적인 효과를 낸 것이다.

이를 정리해 보면 다음과 같다.

보드리야르는 소비사회에서 시뮬라크르가 현실에서 또 다른 현실을 만드는 것에 대해 우려를 표현하고 이를 부정적으로 보았지만, 투표 인증샷의 시뮬라크르는 선거혁명을 이끌어 낼 수 있는 긍정적인 작용을 한다. 하이퍼리얼리티가 지배권력을 강화하기 위한 수단으로 이용되기도 하지만 반대로 지배권력을 감시하고 견제하고 나아가 지배권력을 교체하는 선거혁명의 불씨로 작용할 수 있는 것이다. 따라서 '인증샷'이라는 시뮬라크르가 투표를 장려하는 올바른 방향으로 현실을 이끌어 나간다는 점에서 볼 때, 인터넷 공간에서의 시뮬라시옹은 보드리야르가 미디어에 대해 회의주의적으로 우려한 것과 달리 현실사회를 긍정적으로 바꿀 수 있는 가능성도 지니고 있다고 볼 수 있다.


## SNS와 '차이의 욕구'

SNS 이용자들이 SNS에 집착하는 이유는 소비사회의 메커니즘과 긴밀하게 연관돼 있다. 보드리야르에 의하면, 소비과정은 기회를 균등히 하거나, 사회적, 경제적 지위를 둘러싼 경쟁을 완화시키기는커녕, 오히려 모든 형태의 경쟁을 격화시킨다고 주장했다. 그는 또한 소비에 의해 우리들은 마침내 경쟁상태가 보편화된 '전체주의화' 사회에 종속되었다고 말한다. 즉 미디어에 의해 끊임없이 '소비'할 것을 강요당하고 억압받는 것이다. 일상생활에서의 소비는 물론, 이미 우리에게 거의 현실과 다를 바 없는 온라인상에서도 소비도 마찬가지다. 기호와 앱(애플리케이션)의 역할이 잘 두드러지는 SNS에서는 더욱 그렇다.

물론 SNS의 기본 기능들은 사용자의 소비를 강요하지 않는다. 이러한 점에서 SNS는 급성장였고, 사용자들은 온라인 인맥을 만들고 교류하면서 SNS 공간에 중독되어 버린다. 일단 SNS에 중독되어버리면, 사용자들은 자신들이 소비자로 변환되는 순간을 아무 거리낌 없이 받아들인다. 싸이월드는 사용자가 처음 가입하면, 기본적인 틀만 갖춰 주고 그 이후에는 사용자들이 알아서 미니홈피를 꾸미게끔 만들어 놓았다. 배경음악을 설치한다든지, 취향에 맞는 배경화면이나 글씨체를 적용하는 등의 행위는 '도토리'라는 사이버머니를 지불해야 가능하다.

도토리라는 귀여운 단어 뒤에 '소비조작'이라는 자본주의가 담겨 있지만, 이용자들은 '차이의 욕구'라는 욕망에 도토리를 소비하게 된다. 다른 사람들과는 차별화된 나만의 공간, 나의 미니홈피, 그것이 싸이월드에 숨어 있는 소비조작의 함정이다. 음악부터 시작하여 자신의 일기장에 붙일 수 있는 사소한 스티커까지, '나'라는 사람의 모든 것을 알리고 싶은 심리를 잘 이용한 셈이다. 보드리야르가 지적했듯이 대중매체는 실재가 아닌 시뮬라크르를 대량생산하고, 개인은 실재와는 관계가 없는 상품기호와 매체가 만들어 내는 표현모방물의 상상적인 우주 속에 살게 된 것이다.

최근에는 기업에서 스마트폰을 사원에게 지급하는 예가 많아졌다. 물론 회사 측은 급변하는 디지털 세상에 맞춘 사원들에 대한 배려라고 하지만, 조금만 생각해 보면 이 배려는 인간을 더욱더 시간기계로 만드는 억압적인 장치로밖에 볼 수 없다. 다시 말하면 개인의 자율성을 위한 배려를 내세우지만 따지고 보면 개인의 자율성을 억압하는, 보드리야르가 말한 '이중의 배려'인 것이다.

또한 지속적으로 관심을 받으며 차이의 욕구를 충족하려면 실시간으로 자신의 상황이나 콘텐츠를 업데이트시켜야 한다. 스마트폰과 SNS의 결합은 이러한 인간의 욕망을 단시간에 채워 주는 효과를 거두기에 사람들이 이에 열광하는 것이고, 이는 점점 보편화되고 전체주의화되어 갈 것이다.

그렇다면 왜 사람들은 SNS와 같은 시뮬라크르에 집착할까? 어쩌면 현실에서의 우리가 확고한 답이 없는 삶을 살고 있기 때문일 것이다. 완전한 삶을 살고 있지 않기에, 또 세상이란 절대 그런 삶을 살 수 있는 곳이 아니기에 사람들은 늘 불안하고, 불완전하다. 그런 허무한 감정을 다스리려 자꾸 무언가를 찾고, 지속해서 타인들과 교류하며 허전한 마음을 채운다. 그러나 잉여쾌락처럼 채울수록 욕망은 또 다른 욕망을 낳는다. 허무한 마음을 채우기 위해 다시 스마트폰을 잡고 SNS 공간 속으로 넘나든다. 잠시 그 공간 속에서 신명날 뿐이지만 계속해서 반복한다. 신명나는 허무주의 바로 그것이다.

이런 의미에서 스마트폰과 SNS는 소비사회에서 지속적으로 강제된 향유의 수단으로 번성할 것이다. 다만 여기서 그로스버그의 말처럼 기술매체의 허무주의에 따르면, 탈근대 문화는 새로운 종류의 깊이 없는 김빠진 문화, 새로운 종류의 피상성을 특징으로 한다는 점을 명심해야 하지 않을까? 결국 SNS는 인간의 실존이나 허무주의적 문제를 해결하기에는 한계가 있다는 말이다. 탈근대 이미지가 정서적 몰입을 유도하기는 하지만 내용이 허무주의적이라는 그로스버그의 말은 그래서 더욱 음미해 볼 필요가 있다.

# 고찰 11. B형 남자의 이미지는 '유전적 진실'일까

## — 혈액형 성격학의 비밀

### '혈액형'이라는 시뮬라크르

흔히 우리는 자신의 혈액형에 대한 일종의 편견 같은 것을 가지고 있다. 언제 그 편견이 생겼는지는 자신조차 알 수 없지만 그 편견은 때로 자신에게 부정적인 결과를 초래하기도 한다. 흔히 '말이 씨가 된다'고 하지만, 어떤 우연한 근거에서 한 예언이 형성되면 그 예언이 바로 예언 자체의 실현을 위한 강력한 수단이 된다는 것이다. 가령 '나는 실패자야'라고 말하면 자기가 말한 정보에 따라, 무의식적인 과정에 의해 그대로 이루어진다는 것이다.

사회심리학에서 말하는 '자기충족적 예언'Self-fulfilling prophecy 은 미국의 사회학자 로버트 머튼Robert King Merton 이 개념화한 것으로 타인의 기대나 관심으로 인하여 능률이 오르거나 결과가 좋아지는 현상이다. 부모의 신뢰를 받고 자란 아이는 그렇지 못한 아이보다 자신감과 신뢰, 리더십을 가진 아이로 자라게 되는 것이다. 즉 다른 사람이 자기를 존중하고 자기에게 기대하는 것이 있으면 기대에 부응하는 쪽으로 변하려고 노력하고 결국 그렇게 된다는 것이다. '피그말리온 효과Pygmalion Effect'와 비슷한 개념이다.

가짜 약이 진짜와 같은 효과를 발휘한다는 '플라시보 효과Placebo Effect'도 피그말리온 효과나 자기 충족적 예언과 같은 맥락이다. 그러나 자기 충족적 예언과 피그말리온 효과 등이 부정적으로 작용할 수도 있다. 자기 자신에 대한 암시를 부정적으로 생각하고 잘못된 결과를 상정하면 결과 역시 잘못될 확률이 크다는 것이다. 즉 상황에 대한 잘못된 판단이나 정의를 내려 다음 행동들이 처음의 잘못된 생각들을 현실화하게 한다. 따라서 현실을 냉철하게 판단하고 항상 부정보다는 긍정의 정보를 선택하는 것이 무엇보다 중요하다. 즉 긍정의 에너지가 긍정의 결과를 낳는다는 말이다. 이러한 영향은 개인뿐만 아니라 공동체에서도 영향을 발휘할 수 있다.

공동체를 이루어 살아가는 동물인 인간에게 있어 타인이라는 존재는 삶에 매우 중요한 부분을 차지한다. 자신과 타인과의 관계를 긍정적인 방향으로 생각할 수도 있고 부정적이고 회의적인 방향으로 생각할 수도 있다. 이때 영향을 미치는 것들이 이른바 편견과 선입견인데 흔히 이러한 편견과 선입견은 자신뿐만 아니라 다른 사람과의 관계에 큰 영향을 끼치기도 한다. 타인에 대해 알고 싶어 하는 욕망은 어느 누구에게나 있다. 또한 타인의 성격을 단편적으로라도 알 수 있다면 사회생활뿐만 아니라 공동체 속에 살아가는 데 있어서 유용한 정보로 활용할 수 있을 것이다.

그러한 이유로 성격 테스트나 심리 테스트 같은 것들이 활용되고 있다. 이러한 테스트는 자기 자신의 정체성뿐만 아니라 타인의 정체성을 가늠해 보는 정보로 활용되면서 사회적으로 하나의 산업을 이루고 있다. 그러나 중요한 것은 성격 테스트나 심리 테스트가 개인에 대한 절대적인 기준이나 분석틀은 아니라는 것이다. 개인에 대한 이해를 높이기 위해 참고적으로 활용할 수 있는 것이지 한 개인을 투명하게 분석해 줄 수는 없다는 사실이다. 그런데 만약 이러한 것들이 일명 '과학'의 틀을 빌린 형태 즉, '유사 과학pseudo-science'의 형태를 가지고 단순한 재미를 넘어 사람들 개개인에게 또 다른 정의를 내리는 장치로 사용된다면 이야기는 달라진다. '혈액형 성격학'이 바로 이러한 현상을 보이는 '유사 과학'이라 할 수 있다.

2000년대에 들어와서 대한민국의 젊은층(여기서 젊은 층이란 10~30대 초반까지 이른다)들에게 혈액형 분석은 일종의 유행처럼 퍼졌다. 이른바 '혈액형 성격학'은 현재 가장 널리 알려진 ABO식 혈액형 구분방식을 따라서 해당하는 혈액형에 특정한 성격을 부여하는 것이다. A, B, O, AB의 네 가지 혈액형에 따라서 타인은 물론 자기의 성격을 규정하게 되는 것이다. 이러한 현상은 유독 2000년대에 들어와서 격심해졌는데, 이러한 유행은 미디어를 통한 시뮬라크르를 통해서 이루어졌다. 또한 이러한 이론이 미디어를 통해 검증을 거치지 않은 채 혈액형에 대한 이미지가 시뮬라크르를 형성하고 이어 미디어와 인간매체 등으로 시뮬라시옹을 거쳐 오늘날에는 사람을 유형화하는 또 하나의 실재, 즉 '하이퍼리얼'로 자리를 잡게 되었다.

# '혈액형 성격학'은 어떻게 만들어졌는가?

우리가 흔히 알고 있는 ABO식 혈액형 분류체계는 1901년 오스트리아의 의학자 카를 란트슈타이너Karl Landsteiner가 처음 발견하였다. 란트슈타이너는 1900년부터 연구를 시작하여 ABO 혈액형을 발견하였으며, 이 공로로 1930년에 노벨 생리의학상을 받았다. 이것은 매우 획기적인 발견으로 사망률이 70퍼센트가 넘던 당시 수혈의 위험성을 해결하고 이후 의학체계에서 수혈이 본격화될 수 있는 교두보를 마련하였고, 이 때문에 그는 노벨상을 받았다. 란트슈타이너가 발견한 혈액형 구별법 이외에도 여러 구별법을 통하여 분류할 수 있는 혈액형의 종류는 총 300여 종류가 된다고 한다. 그리고 이 중에서 ABO 혈액형 분류체계가 가장 보편적으로 알려져 있다.

이러한 상황 속에서 나온 ABO 혈액형 분류체계가 왜 성격을 결정짓는 요소로 알려지게 된 것일까? 그것은 19세기의 과학계를 뒤흔들던 우생학이 나오면서부터 비롯된 일이다. 우생학은 생물학(특히 진화론과 유전학), 의학, 통계학 등의 자료에 따라 사람의 우열을 가리고, 열등하다고 판단된 사람들에 대한 차별을 정당화하는 데 이용되었던 학문이다. 우생학은 20세기 중반에 서구 열강들 중심으로 크게 유행하는 학풍이었는데, 특히 독일의 나치 정권이 이것을 지지하기로 악명 높았다. 독일 나치가 북방 게르만인german의 우수성을 입증하기 위해서 가져온 논리들 중 하나가 '혈액형'이었다. 서구에서는 A형이 많고 아시아에서는 상대적으로 B형의 분포가 많기 때문에 독일 나치들은 아시아인들의 열등함을 나타내기 위하여 혈액형 B형을 열등한 혈액형으로 규정한 것이다.

또 다른 측면에서 혈액형의 인간학은 인종차별과 식민주의 정당화 등의 위험성을 안고 있다. 서구 제국주의자들은 A형이 많은 서구인들은 우월하고 B형이 많은 동양인은 열등하다는 논리를 퍼뜨리며 제국주의 지배와 인종차별을 합리화하는 논리로 이용하기도 했던 것이다. 당시 우생학을 바탕으로 둔 이러한 차별은 결국 홀로코스트holocaust와 같은 대학살을 불러일으켰다. 제2차 세계대전 이후 나치의 패망 및 전쟁의 충격으로 우생학이라는 학문에 대한 반성의 목소리가 나오고, 특히 이러한 우생학을 바탕으로 정당화된 차별에 대하여 유럽사회에서 환멸을 느끼게 되면서 독일에서 주장한 '혈액형 우열론'은 유럽에서 사라진다.

그런데 일본의 작가 노미 마사히코能見正比古는《혈액형 인간학》(장진영 역, 동서고금, 1999)에서 일본은 A형 민족으로 규정짓고 그 이유를 일본인 가운데 A형이 38.1퍼센트로 가장 많다는 데 둔다. 일본은 O형이 30.7퍼센트, B형이 21.8퍼센트, AB형이 9.4퍼센트라고 한다. 한국은 A형이 32퍼센트, B형이 30퍼센트, O형 27퍼센트, AB형 11퍼센트로 소개하면서 AB형 비율이 세계 제일[71]이라고 덧붙인다. 이를 서구의 우생학에 견주면 일본은 A형이 가장 많아 우월한 민족이 되는 셈이고 제국주의 국가가 될 수 있다는 말로도 들린다. 결국 1970년대에 이르러 노미 마사히코와 노미 도시타카能見俊賢 부자가 2대에 걸쳐 혈액형 인간학을 연구해 책을 출간하면서 대대적으로 혈액형 성격학이 유행하게 되었고, 지금까지도 일본·한국 등에서 그 인기가 지속되고 있다.


## 혈액형의 시뮬라시옹

혈액형 성격학이 국내에 들어온 것은 1980~1990년대이지만, 본격적으로 유행을 하게 된 것은 2000년대에 들어와서부터다. 국내에 어떻게 유행이 되었는지 알기 위해서는 우선 일본에서 어떻게 혈액형 성격학이 부활했는지 살펴볼 필요가 있다.

일본의 혈액형 붐은 1979년 방송작가 출신이었던 노미 마사히코가 《혈액형 인간학》을 발간하면서부터 시작한다. 이러한 혈액형 성격학은 다양한 매체들을 통해 일본에서 30년간 성행했다. ABO 혈액형의 경우 동아시아에서는 상대적으로 매우 고르게 분포되어 있다. 즉, 이러한 혈액형을 받아들이는 수용자들이 고르게 분포되어 있다고 볼 수 있다. 게다가 혈액형 성격학은 비과학적이지만 앞서 설명한 고른 분포와 다양한 심리적 착각효과를 통하여 흡사 과학적으로 보이며 신뢰도를 가지게 된다. 전통적 가족사회의 영향으로 공동체에 대한 소속감이 강한 동아시아의 경우 이러한 성격 분류는 '혈액형'이라는 또 다른 공동체의 소속감을 부여해준다. 이는 집단의식을 중시하는 일본에서 혈액형 심리학이 유행할 수 있는 이유라고 할 수도 있다.

여기서 눈여겨 보아야 할 것은 이 혈액형 성격학을 다시 부활시킨 사람이 '방송작가'였다는 점이다. 방송에서 잘 소비되는 것이 바로 이러한 혈액형 성격학이라고 할 수 있다. 혈액형에 따른 연애 방법 등은 귀가 솔깃할 수 있는 소재이기 때문이다. 그는 《혈액형 인간학》이라는 책에서 30년간 분석한 데이터를 체계화했다고 밝히고 있다. 이를 통해 최초로 발견한 인간분류법, 인간의 마음속에 잠재하는 성격의 비밀 등을 담았다고 한다. 그가 쓴 내용은 그 자신의 혈액형에 비춰 본 경험적인 이야기들을 때로는 일반화하기도 한다.

> B형의 주의 부족과 거기서 비롯되는 덜렁거림을 일일이 열거하자면 끝이 없다. 최근 프로야구 자이언트의 B형 나가시마 시게오 감독의 깜박 물건을 잊어버리거나 약간 경박해 보이는 모습이 종종 사람들을 미소짓게 하는데, 같은 B형인 나로서는 함께 미소지을 처지가 못 된다. 예를 들면 나가시마가 그의 선배인 치바 시게루가 운전하는 차를 얻어 타고 가다가 내릴 때, 자기도 모르게 택시로 착각하고 지갑을 꺼내며 "얼마요?" 하고 묻는 바람에 선배를 화나게 했다는 웃지 못할 에피소드가 있다.[72]

이 책은 이렇게 저자의 경험이 일반화되는 오류를 지니는 등 유사과학의 함정을 드러내고 있다. 이 책의 4장에는 '이 혈액형에는 이 방법으로 접근하라―상대를 알고 난 후에 자신의 사랑을 표현하자'와 같은 내용이 있다. 혈액형에 대한 선입견과 함께 혈액형마다 하나의 이미지를 형성하고 해당 혈액형의 사람들을 거꾸로 책의 내용에 따라 분석하고 대응하려고 하는 도치관계를 만들어 내는 것이다.

예컨대 이 책을 본 독자가 상대방의 혈액형에 따라 인간관계에서 하나의 가이드라인으로 이용한다면 이게 바로 하이퍼리얼이 되는 것이다. 즉《혈액형 인간학》이 시뮬라시옹의 질서에 의해 수용되면서 현실을 구속하는 교본으로 자리잡게 되는 것이다.

저자는 수많은 데이터를 분류하고 분석해 혈액형에 따른 성격학을 만들었다고 하지만 경험칙들이 일반적인 혈액형 인간학을 형성한다고는 볼 수 없다. 개인들은 각자가 자란 사회와 문화적인 환경이 다를 뿐 아니라 학력과 세상에 대한 인식과 이데올로기 등 모든 면에서 개인차를 드러내기 때문이다.

일본에서 혈액형 성격학이 유행을 하게 된 것에는 방송의 힘이 매우 컸다. 보드리야르의 표현을 빌면, 방송을 통해 혈액형 성격유형이 시뮬라시옹 과정을 거치면서 혈액형에 대한 하이퍼리얼이 산출되었던 것이다. 2004년 12월 일본의 방송위원회라 할 수 있는 일본의 방송윤리 프로그램 향상기구BPO에서 혈액형에 대하여 과도하게 방송하는 것을 자제하는 한편 이것이 분명한 사실이 아님을 밝히라고 요구했다. 일본 정부 측에서 이러한 시정명령이 떨어진 이후 일본 방송국들의 혈액형 성격학에 대한 방송은 많이 줄어든 편이라고 한다. 그러나 여전히 일본의 많은 사람들은 혈액형과 성격이 관련을 가진다고 생각하고 있다.

한국의 경우 혈액형 성격학이 유행한 시기와 일본의 대중문화 개방시기가 거의 비슷하다. 그 시작은 대략 노미 마사히코가 쓴 《혈액형 인간학》이 우리나라에 번역되어 출간된 1999년으로 볼 수 있다. 이와 비슷한 책이 우리나라에서도 발간되었다. 비만전문의인 주창기가 쓴 《당신의 혈액형이 성공을 말해 준다》(평단문화사, 2000)라는 책이다. 이 책은 '혈액형을 알면 상대를 정복할 수 있다'는 부제도 달고 있다. 제목과 부제에서 알 수 있듯이 혈액형과 성공과의 연관성을 그대로 접목한 것이다. 이 책은 《유쾌한 혈액형 성공학》이라는 제목으로 2005년에 재출간되었다.

우리사회에서 혈액형 인간학은 1990년대 말부터 유행하기 시작한 버라이어티 프로그램에서 시작되었다고 추정된다. 새로운 형태의 프로그램 틀을 한국에 정착시키기 위해서는 방송사들은 서둘러 일본의 버라이어티 프로그램들을 참고하게 되었고, 그 와중에 혈액형 성격학도 좋은 방송 테마로 사용되었을 것으로 보인다.

2000년대에 들어서 방송국에서는 혈액형이라는 테마가 아주 자연스러운 것으로 변화한다. 텔레비전에서 젊은 층이 자주 시청하는 프로그램들에서는 혈액형 이야기가 자주 나왔다. 연예인들은 자신의 혈액형을 밝히면서 성격과의 상관관계를 이야기하였고, 혈액형을 분석해 주는 프로그램들도 있었다. 방송 프로그램에서는 대부분 연애 등 남녀관계에 대한 혈액형 성격학이 주조를 이룬다.

"O형은 곧잘 한눈에 반한다거나 불타오르기 쉽고 식기 쉽다. A형 인간은 외골수로 자기 혼자 깊이 생각하는 경향이 있다. B형 인간은 일단 좋아하면 멈출 줄을 모른다. 정신과 육체의 욕망이 일치하지 않는다. AB형은 사랑에 상처를 입으면 약하다. 쿨 하면서도 놀기 좋아한다." 노미 마사히코의 《혈액형 인간학》에 나와 있는 이런 화제성 내용들을 주로 화제에 올린다. 주창기의 책은 좀 다르다. 노미 마사히코는 '쉽게 불붙고 쉽게 식는' 혈액형으로 O형을 제시했는데 주창기는 O형이 아니라 A형이라고 소개한다. 이처럼 혈액형 성격학을 일반화할 경우 오류의 함정이 곳곳에 숨어 있다.

하지만 비록 책마다 그 내용이 다르고 신뢰하기 어렵더라도 그것을 읽고 나서 한번 인지된 이미지는 쉽게 지워지지 않는다. 주창기의 책에는 이런 분류가 눈에 띈다. "A형은 사명감과 정신적인 만족을 원한다. B형은 명예와 권위를 중시한다. AB형은 예술 분야가 가장 적합하다. O형은 모든 적성 직업을 가지고 있다." 이 역시 일반화의 오류라고 할 수 있다. AB형인 나의 경우를 대입해 본다면 A형처럼 사명감과 정신적인 만족을 중시하고 또 B형처럼 명예와 권위도 중시한다. 직업으로는 예술분야를 고려해 본 적이 없다.

노미 마사히코의 혈액형 연구를 잇는 그의 아들 노미 도시타카도 《혈액형을 알면 아이의 재능 100% 살린다》(김상현 역, 동서고금, 2002)라는 책을 출간했다. 이 책에 따르면 아이의 기질이나 자질은 혈액형에 따라 저마다 다르다고 한다. 혈액형에 적합한 교육방법이 제시되어 있다. 노미 도시타카에 따르면, O형은 배운 만큼 느는 유형인 데다 워낙 배우기를 좋아해 반복 연습을 힘들어 하지 않는다. A형은 학습 향상의 속도가 더뎌 주입식보다는 이해 위주로 가르쳐야 한다. 재능은 있지만 변덕이 심한 B형과 AB형은 집중력을 지속시키는 데 역점을 둬야 한다. 노미 도시타카는 혈액형별 스트레스 해소법이 있다며 이를 소개하기도 한다.

저자가 제시하는 이러한 성격유형과 스트레스 해소법 등은 이내 혈액형마다의 이미지를 만들어 시뮬라크르로 작용한다. 남녀간의 일상적인 대화에서도 이러한 혈액형마다의 이미지가 투영되고 상대방을 이해하려고 든다. 그러나 이러한 성격형 분류가 얼마나 과학적이고 일반화할 수 있을지 의문이 들지 않을 수 없다.

본격적으로 혈액형 성격학을 유행시킨 미디어는 따로 있다. 그 것은 초고속 인터넷의 보급에 따른 인터넷의 발달과 싸이월드 같은 일명 미니홈피의 발달이다. 싸이월드의 경우 차단된 개인공간이라 기보다는 '타인에게 응시되는' 개인공간이다. 정보가 소비되는 속도 또한 빨라지고 이로 인해 게시물과 같은 콘텐츠를 통해서도 혈액형과 관련된 이미지를 만들고 복제한다.

인터넷에서 혈액형 성격학의 유행과 텔레비전과 같은 대중매체에서 혈액형의 유행은 한국의 경우 동시다발적으로 일어났다. 물론 이러한 유행이 급속도로 퍼져나간 것은 인터넷의 영향이 크지만 텔레비전의 영향도 무시할 수가 없다.

2005년 1월 10~11일 MBC에서 방송된 2부작 다큐멘터리《심야 스페셜 혈액형 1·2》와 2006년 8월 20일 SBS에서 방송된《SBS 스페셜 혈액형의 진실》이 있다. 텔레비전과 인터넷 양대 미디어의 지속적인 시뮬라시옹을 통해서 한국 사회 전체는 아니더라도 적어도 젊은 층들 사이에서는 혈액형이 새로운 현실로 구성이 되었다.


## 하이퍼리얼이 된 '혈액형'

사람들과 이야기를 하다 보면 혈액형을 물어 오는 경우가 있다. AB형이라고 하면 대부분의 사람들은 "AB형은 천재 아니면 바보라고 하던데 천재시군요!"라는 말을 하곤 한다. "AB형은 천재 아니면 바보"라는 말이 바로 혈액형이 어떤 과학적인 근거 없이 일종의 개인적인 경험과 편견에 의해 사회적으로 과잉 증식된 이미지라는 것을 말해준다. 이 시뮬라크르가 사회적으로 미디어에 의해 또는 유명인들에 의해 회자되면서 시뮬라시옹의 과정을 거치게 되면 시뮬라시옹된 현실, 즉 하이퍼리얼을 생성하는 것이다.

AB형뿐만 아니라 우리나라에서 가장 대표적으로 회자되는 혈액형으로 B형을 꼽을 수 있다. 문제는 혈액형에 부여되는 실체 없는 이미지, 즉 시뮬라크르가 대부분 그 혈액형에 대한 단점과 약점 등 부정적인 이미지로 시뮬라시옹된다는 것이다. 장점을 들지만 그 언표 속에는 부정적인 점을 강조하기 위해서가 대부분이다.

한 개인의 부정적인 측면은 개인에 국한하지 않고 인간관계에도 영향을 미친다는 측면에서 혈액형 인간학은 상품화의 단계로 진입한다. 우리나라에서 사회적으로 혈액형이라는 테마가 유행하면서 혈액형과 관련한 상품화가 나타나기 시작했다. 2000년대에 들어 혈액형 성격학이나 애정학에 관한 책은 물론 심지어 혈액형과 자기계발, 심지어 성적이나 자녀교육과 연관 지은 책들이 출간된 것이 이를 입증한다. 혈액형에 맞는 보험이 나오기 시작하였고, 한 보험 회사의 경우 혈액형별 운전성향 분석표를 만들어서 보험 계약 시의 참고자료로 사용한다.

뿐만 아니라 혈액형 성격학 유행이 최고조로 오른 2005~2006년에는 혈액형을 테마로 한 영화 〈B형 남자친구〉가 개봉되었고, 〈B형 남자〉라는 가요가 발표되기도 했다. 해당 영화나 가요는 모두 B형에 대한 편견을 드러내고 있다. 이러한 편견들은 이미 해당 혈액형에 대한 인식이 어느 정도 자리를 잡았기 때문에 상품으로서 만들이진 것으로 보인다. 즉 사회적으로 혈액형에 대한 이미지가 과잉 상태로 퍼져나갔고 이러한 시뮬라크르가 미디어와 개인들이 대화의 소재로 삼으면서 시뮬라시옹될 수 있었던 것이다. 결국 혈액형은 사회적으로 시뮬라시옹된 현실이 되면서 하이퍼리얼을 생성하기에 이르른 것이다.

더욱이 혈액형에 대한 시뮬라크르들의 이미지가 과잉으로 증식되면서 시뮬라시옹된 현실이 거꾸로 인간관계나 심지어 남녀간의 만남, 배우자의 선택이나 궁합에까지 영향을 미치고 있다. 그야말로 전도현상이 일어나고 있는 것이다. 이러한 것이야말로 계속된 지기 복제를 통하여 본질을 잃어버린 '이미지'의 자기증식이기 때문이다.

2005년 흥미로운 연구결과도 발표됐다. 한국심리학회지에 조소현 등의 공동연구로 〈혈액형별 성격 특징에 대한 믿음과 실제 성격과의 관계〉라는 제목의 논문이 발표되었다. 이 논문에 따르면 "혈액형에 대한 믿음이 강할수록 성격도 해당 혈액형의 고정관념들과 가까워진다"는 것이다. 본래 성격과 관계가 없던 혈액형이 성격과 관련을 맺게 된 순간이다. 복잡 다양한 성격들이 '혈액형 성격학'이라는 시뮬라크르를 믿음으로써 형성된 파생실재가 실재인 진짜 성격을 대체하게 되는 것이다. B형에 대한 편견은 혈액형이 골고루 퍼진 한국의 특성과 B형이라는 혈액형에 대한 뚜렷한 고정관념 때문인 것으로 볼 수 있다.

혈액형에 따라 사람의 호불호가 결정된다면 매우 우려스러운 일이다. 본래 사람에 따라 자기에게 맞지 않는 성격이 있을 수도 있다. 그러나 사람에 대한 호불호의 규정은 '성격'을 분석한 후에 이루어져야 하는 것이다. 파생실재가 되어 버린 혈액형 성격학의 경우 성격이라는 본질(기의)은 이미 사라지고, 오직 '혈액형'이라는 시뮬라크르(기표)만 남아서 사람에 대한 호불호와 성격을 판단하게 만들었다.

2004년 대전 농협중앙회 채용공고에서는 O형과 B형인 사람만 지원해 달라고 공고했다. 직종에 맞지 않는 인간형을 혈액형으로 취업 제한 규정을 만든 것이다. 2006년 8월 20일 SBS에서 방영된 다큐멘터리 〈SBS 스페셜 혈액형의 진실〉에서는 이러한 혈액형에 대하여 강한 맹신을 보이는 사람들도 보여주었다. 방송에서 보여준 인물의 경우 그는 "A형인 사람과는 친하게 지내지 않으려고 노력한다"고 말했다. 이미 혈액형이 하이퍼리얼로 되어 버린 그에게 있어서 사람의 성격이 중요한 것이 아니라 사람의 혈액형이 중요하게 되어버린 것이다. 인물됨보다 '혈액형 모델'이 선행하는 것이다.

물론 방송에서 보여주는 편견이나 채용공고의 경우 혈액형이라는 시뮬라크르가 불러온 가장 극단적인 형태들일 것이다. 그러나 B형 남자에 대한 편견처럼 미디어에서 지속적으로 특정 혈액형(혹은 혈액형 성격학 그 자체)에 대한 시뮬라시옹을 하게 되면 수용자는 그것을 무분별하게 받아들일 위험이 높을 수밖에 없다.

집단의식이 강한 동아시아에서 혈액형이란 소재는 타인과의 공통적인 화제를 이끌어 낼 수 있는 소재가 될 수는 있다. 그러나 이러한 소재는 그 소재의 허구와 비과학성을 알고 단순히 재미로 끝날 때에 사용되어야 하지 만약 또 다른 실재가 만들어져 사람들 간의 관계를 규정한다거나, 계속된 복제로 '기의'인 성격보다 '기표'인 혈액형만 기억에 남는다면 소중한 인간관계를 그르칠 수 있다. 우리는 특히 혈액형 성격학이 우생학에서 출발했다는 사실을 잊지 말아야 한다.

ABO식의 혈액형 분류체계의 목적은 본래 위험한 행위였던 수혈을 용이하게 해주는 것에 있지 성격을 분류하라고 만들어진 것이 아니다. 따라서 혈액형과 성격을 연계하는 것은 개인들이 참고사항으로 볼 수 있는 것이지 미디어가 그 강한 연관성을 유포할 일이 아니다. 그럴 경우 바로 현실에 영향을 미치고 혈액형에 따라 성격을 규정하면서 인간관계마저 왜곡하는 지경으로 나아갈 수 있는 것이다. 다만 혈액형의 인간학은 인간관계나 심리분석에 참고로 활용하는 수준에서 그쳐야 한다.

그런데 상품으로서 또는 방송의 시청률을 높이기 위한 소재로서 여전히 '혈액형'은 시뮬라시옹되고 있다. 분명한 것은 혈액형 성격학 혹은 인간학은 과학의 이름으로 내건 유사과학이며 실체 없는 이미지로 과잉 증식하며 떠도는 시뮬라크르일 뿐이라는 사실이다.

# 3부

# 누구를
# 위한
# '차가운 유혹'인가?

# 유혹하는
## 하이퍼리얼 쇼크

2부에서 살펴본 것처럼 하이퍼리얼의 생성은 '촛불 시위-광우병' 사건에서도 볼 수 있듯이 지배권력을 위협하고 견제하는 등 현실에 긍정적인 기능도 발휘한다. 보드리야르는 당초 실재 없는 이미지(시뮬라크르)가 과잉 증식해 시뮬라시옹의 과정을 거쳐 하이퍼리얼을 생성한다고 주장한다. 이때 '만들어진 현실'인 하이퍼리얼 세상을 극도로 회의적이고 부정적으로 그려냈다.

하지만 촛불 시위에서 보듯이 하이퍼리얼 현상은 때로 지배권력이 일방통행식으로 몰고가는 현실을 견제하는 또 하나의 현실이 된다는 것이다. 아울러 '투표인증샷'은 인증샷을 위해 투표하러 가는 도치관계가 있긴 하지만 전반적으로 투표율을 높여 권력을 견제하는 민주주의의 회복으로 이어졌다. 이처럼 하이퍼리얼은 권력의 전횡을 견제하고 민주주의의 회복을 견인함으로써 보드리야르의 회의주의를 넘어서는 이상적인 기능도 수행하는 것으로 드러났다.

다만 촛불 시위 보도와 관련해 하이퍼리얼의 생성에 대해 경계하는 것은 언론의 의도적인 편집을 통한 조작의 가능성이다. 전통적으로 에이젠슈타인의 '몽타쥬' 기법의 도입 이후 스크린을 통해 의도적으로 확대하고 클로즈업하는 편집상의 기법은 이제 보편화되었다. 다만 여기서 진실을 전달할 목적으로서의 사실의 왜곡 등은 철저하게 경계해야 한다. 권력의 전횡을 견제하고 국민의 알권리를 위해 사실을 왜곡하는 일은 가치가 전도된 것이요, 목적을 위해서는 무슨 수단을 사용할 수도 있다는 논리와 다름 없기 때문이다.

그래서 이 책에서는 특히 미디어에 의한 하이퍼리얼 현상은 언론의 '표현의 자유'와는 또 다른 차원에서 고찰해야 하는 과제라는 사실을 강조하고자 한다. 언론은 사회적 감시자로서 보도해야 한다. 이 책에서 주목하는 부분은 미디어의 보도로 인해 실재하지 않는 현실이 마치 실재하는 것처럼 보도되고 이에 따라 이미지가 과잉 생산될 수 있다는 점이다. 달리 말하자면 언론의 '표현의 자유'가 하이퍼리얼 쇼크를 초래할 수 있다는 것이다.

보드리야르는 하이퍼리얼이라는 가짜 현실에 길들여지며 자발적으로 복종하는 것을 '내파'라고 했다. 3부에서는 내파와 하이퍼리얼에 저항함으로써 보드리야르가 말한 전망부재의 시뮬라시옹 시대에서 살아남을 구원의 가능성에 대해 살펴보고자 한다. 먼저 '고려대 자퇴녀'를 통해 내파에 저항하기에 대해 살펴보고 이어 가짜 현실인 '하이퍼리얼에 저항하기'의 사례로 18세기 종교적 광신에 의해 아들 살해범으로 몰린 장 칼라스 사건을 다룰 것이다. 여기서 사실에 근거하지 않는 믿음이 어떻게 현실에 영향을 주는지를 살펴볼 것이다. 아울러 위피피디아가 몰고 온 이른바 온라인상의 '편집 전쟁'을 통해, 객관적인 사실을 규명하는 것이 얼마나 중요한지를 고찰하면서 '위키얼리티'라는 신개념을 '하이퍼리얼리티'에 대한 대안으로 살펴볼 것이다. 하이퍼리얼이 실체가 없고 이미지가 만든 가짜 현실이 진짜 현실에 영향력을 행사하는 개념이라면 위키얼리티는 실체에 다가가려는 상호적인 접근을 통해 실체가 없는 가짜들을 걸러내고 진짜에 접근하려는 디지털 유목시대의 새로운 '지적 현실주의'라고 할 수 있다.

# 하이퍼리얼을 향한
# 욕망하는 이미지

## 미디어가 만들어 내는 '엄친아' 신화

요즘 인터넷이나 신문에는 'xx녀', 'ㅇㅇ남', 'ㅇ세대' 등 신조어들이 증가하고 있다. 예전에는 특별한 의미가 없던 것들이 새로운 의미를 부여 받는 셈이다. 새로운 의미는 주로 미디어를 통한 시뮬라시옹의 과정을 거쳐 시뮬라크르로 재생산된다. 시뮬라크르는 반복되는 시뮬라시옹을 통해 곧 사회 전반으로 퍼진다. 이로써 실제보다더 실제 같은 하이퍼리얼 사회가 생산된다. 갑자기 튀어나온 이러한 세대는 실체나 원본이 없는 이미지들로 보드리야르가 말한 시뮬라크르라고 할 수 있다. 그리고 이러한 세대 규정은 미디어에 의한 시뮬라시옹 과정을 거치면서 사회적으로 지배적인 개념이나 현상으로 자리 잡게 되고 새롭게 현실을 지배하는 하이퍼리얼이 된다.

    '된장녀'와 '신상녀'와 같은 신조어는 시뮬라시옹 과정을 거쳐 새로운 실재가 된 대표적인 개념이다. 새롭게 만들어진 원본 없는 시뮬라크르인 '된장녀'는 명품이면 다 좋은 줄 알고 외모지상주의에 겉멋만 중시하는 여자, '신상녀'는 새로 나온 상품을 구매하는 여자를 의미한다. 이런 신조어는 개인의 일상과 개성으로 인식될 수도 있을 법한 것들을 부정적인 하나의 단어로 개념화하여 비난한다. 이런 사람도 있다는 것을 얼마든지 받아들일 수 있었는데, 어떤한 사람의 지나친 행동 한 번을 계기로 이슈화시켜 '된장녀' 혹은 '신상녀'라는 시뮬라크르를 만들어 낸 것이다. 네티즌들의 '된장녀' 비난은 마녀사냥을 방불케 할 정도로 심각한 하이퍼리얼 현상을 보여준다.

'엄친아'는 '엄마 친구의 아들'이라는 뜻이다. 단순히 '엄마 친구의 아들'이 아니라 종종 엄마가 자기 자식을 다른 사람과 비교할 때 비교되는 바로 그 대상을 말한다. 공부도 잘하고, 얼굴도 잘생기고, 키 크고, 운동도 잘하고, 피아노도 잘 치는 등 하나 모자라는 것이 없는 사람이다. '엄친아'라는 말은 맨 처음 네이버 웹툰 〈골방환상곡〉에 등장했다. 웹투니스트 박종원의 연재 만화 〈골방환상곡〉 '우월한 자' 편에 '엄친아'가 나온다.

"세상에 나보다 우월한 사람이 존재한다. 그는 최고 명문대에 다니며 잘생기고 부모님께 효도한다. 그런 그에게 취업난은 장난일 뿐⋯⋯. 이런 엄청난 포스를 발산하는 그의 정체는⋯⋯ 엄마친구아들." 여기에 나오는 엄친아라는 말은 지금 사회 전반에 퍼져 있고, 네이버 오픈 백과사전에도 등록되어 있을 정도로 그 영향력이 커졌다. 웹툰을 읽는 네티즌들 사이에서 '우월한 자' 편은 지금까지 4천

개가 넘는 댓글이 달릴 정도로 엄청난 인기를 끌고 있다고 한다.

'엄친아'를 보드리야르의 하이퍼리얼 개념과 관련해서 분석을 해 보면, 우선 '엄친아'는 원본이 없는 시뮬라크르에 해당한다. 박종원은 한 인터뷰에서 '엄친아'의 실제 모델이 누구냐는 질문을 받았다. 이에 대해 박종원은 현실에서 '엄친아'의 실제 모델은 없고, 다만 공부 잘하고 능력 있는 사람이 누굴까 하다 '우리 엄마 친구 아들 같은 녀석'을 떠올렸던 것뿐이라고 했다.

'엄친아'가 등장하기 전에는 잘생기고, 운동을 잘하고, 돈을 잘 버는 것들이 각각 독립적인 개념이었다. 물론 그 전에도 잘생기고 운동도 잘하고 돈도 잘 버는 사람도 있었을 것이지만 '엄친아'와 같은 개념은 존재하지 않았다. 그렇지만 '엄친아'가 등장함으로 인해서 우리사회에서는 뭐든지 잘하고 우월함을 갖추고 있어야 인정을 받을 수 있다는 인식이 생겼다. 엄친아란 말 그대로 엄마 친구의 아들이라는 뜻으로 말 자체의 뜻 이외에는 별 다른 의미가 없다. 하지만 엄친아가 유행하고 사회적으로 이 말이 새롭게 받아들여지면서 '잘난 사람으로 인정받기 위한 조건'이라는 새로운 의미가 덧붙여진 것이다. 엄친아의 말에 이미지가 생겨난 것이다. 새로운 조건, 의미가 부여되면서 '엄친아'라는 시뮬라크르가 생긴 것이다.

그런데 이 '엄친아'의 시뮬라크르화는 미디어와 같은 매체의 '시뮬라시옹'을 통해 이루어진 것이다. 애초에 이 개념이 만들어진 배경 자체가 '인터넷'이라는 미디어다. 미디어 매체는 원본 없는 파생실재를 만들어 우리들이 이미지를 소비하게 만든다. 인터넷에 '엄친아'라고 검색을 해 보면 연예인 엄친아에 대한 글들이 많이 나온다. 예를 들면 드라마 〈성균관 스캔들〉에서 꽃미남으로 등장한 송중기가 있다. 인터넷에는 얼굴도 하얗고, 귀엽고, 연기도 잘하고, 좋은 학벌에 쇼트트랙도 할 줄 아는 송중기야말로 '엄친아'라며 부추기는 기사와 포스팅 일색이며, 그를 따르는 수많은 블로거들도 있다. 이들에게 있어 멋진 사람의 기준은 미디어에 의해 만들어진 '엄친아'인 것이다.

우리는 미디어가 생산한 '엄친아'라는 이미지를 우리 일상의 일부로 충실히 녹여 내고 있다. 미디어는 이와 관련된 정보를 장악하고 시뮬라시옹을 주도하고 있다. 비단 연예인을 향한 네티즌들의 '엄친아' 숭배가 아니더라도, 미디어 스스로 '엄친아'에 대한 환상을 조장한다.

우리가 미디어의 시뮬라시옹 과정을 무분별하게 수용할수록 '엄친아' 시뮬라크르는 점점 실제처럼 변해 마침내 '하이퍼리얼'이 된다. 실제 엄친아는 하이퍼리얼이 되어 거꾸로 우리사회를 지배하고 있다. 엄마들은 아이에게 엄친아를 들먹이며 성적 올리기를 독촉한다.

'엄친아'는 원본조차 없는 실재가 새로운 원본이 되어 현실 공간에 영향을 미치고 있다. 사람들이 미디어가 보여주는 '엄친아' 개념을 쓰면 쓸수록, '엄친아'는 실재 같은 존재가 된다. '엄친아'는 더 이상 시뮬라크르라는 하나의 개념이 아니다. 더 나아가 우리사회의 기호가치로 변해 하이퍼리얼이 되어 버린 것이다. 이제 더 이상 그냥 평범한 사람, 혹은 어느 한 가지만 잘하는 사람은 환영받지 못한다. 모든 것을 갖추고 있는 사람을 환호하고 찬양하는 사회가 되었기 때문이다.

뿐만 아니라 미디어에 대한 의존도가 높아짐에 따라 우리는 미디어가 재현하는 대상을 당연한 것으로 인식하게 되었다. 이럴수록 하이퍼리얼 사회는 더욱 심화되는 것이다.


## 미디어가 만든 G세대와 P세대라는 시뮬라크르

현실이 막혀 있을 때 혹은 사회적으로 분열되고 대립상태에 있을 때 언론은 때로 새로운 '의제 설정'을 통해 사회에 새로운 방향과 비전을 제시하기도 한다. 답답하고 출구가 보이지 않는 현실에서 국민들에게 희망을 주고 현실의 불안을 이겨 내고 새로운 미래를 대비하기 위해 미디어의 의제설정 기능은 긍정적인 효과를 발휘하기도 한다. 새로운 정치적 의제를 정하고 이를 사회적 의제로 담론화하는 것은 언론에게 부여된 고유한 역할이기도 하다.

남과 북이 대치하고 있는 한반도의 현실에서 언론의 이데올로기적 기능은 큰 영향을 미치기도 한다. 최근 미디어가 제기한 정치적이고 사회적인 담론으로는 2010년 초에 시작된 'G세대' 담론과 2011년 3월에 시작된 'P세대' 담론을 들 수 있다.

천안함 사건 이후에 20대들의 북한에 대한 경각심으로 촉발된

20대의 보수적인 인식과 사유 변화는 이른바 'P세대'라는 신조어를 생산해냈다. 'P세대'는 천안함 폭침을 계기로 애국심Patriotism과 안보Power, Peace에 눈뜬 대학생들을 지칭하기 위해 〈중앙일보〉가 만든 말이다. 벤쿠버 동계올림픽에서 선전한 선수들을 'G세대'로 명명하기도 했다. 〈조선일보〉가 G세대 의제를 선점해 적극적으로 보도했다면 P세대는 〈중앙일보〉가 주도적으로 의제를 선점했다.

먼저 G세대의 탄생배경을 살펴보자. 2010년 초 언론에 'G세대'라는 말이 등장하기 시작했다. 〈조선일보〉가 "G세대 한국인 새 100년을 이끈다"라는 제목으로 신년특집 보도를 낸 것이 발단이었다. G세대에 대한 〈조선일보〉 기사의 정의는 다음과 같았다.

G세대란 Global 세대의 약칭으로 1988년 서울올림픽을 전후해 태어나 대한민국이 세계 10위권 경제 대국이 된 2000년대에 글로벌 마인드global mind를 갖추고 자랐으며, 'G20 의장국 대한민국'에서 어른이 되는 세대를 뜻한다. 1988~1991년생(10학번 새내기)으로 좁혀 잡으면 263만 명, 1986~1991년생으로 넓혀 잡으면 389만 명이다. G세대는 집단적 가난을 체험하지 않은 첫 세대다. 압축 성장 시대, 민주화 운동 시대를 몸으로 겪는 대신 교과서로 배웠다. 절반 이상이 20대 초반까지 최소한 한 번 이상 해외에 나갔고 수만 명이 조기유학·단기연수 등을 통해 밀도 있게 글로벌 사회를 경험했다. 개성과 행복감을 중시하며, 자신감과 긍정적인 현실 인식이 강점인 세대다. G세대의 또 다른 특징은 '한국 사회에 대한 신뢰'다. 한국 사회가 자기부정의 에너지를 동력 삼

아 전진하는 사회에서 자기긍정의 에너지가 충만한 사회로 이행하고 있음을 선명하게 보여준다.[73]

〈조선일보〉 사이트에서 기사 검색을 해 보면 2009년 12월까지는 G세대와 연관된 어떤 기사도 찾아볼 수 없지만, 다음해 1월을 기점으로 G세대에 대한 기사가 쏟아져 나오는 것을 볼 수 있다. 2010년 1월부터 3월까지 3개월에 걸쳐 G세대와 관련된 기사가 16건이나 집중 보도되었다. 이 중에는 "G Global 세대 '대한민국 희망둥이'로 뜨다"(2010.1.1)를 비롯해 "설움도 구김살도 없는 세대"(2010. 2. 17), "G세대 태극전사의 비밀…… 이전 세대와는 달라!"(2010. 2. 28), "중학 때 프로行…… 이청용은 한국축구의 'G세대'"(2010. 3. 18), "청와대 참모진 "G세대를 주목하라"(2010. 3. 26) 등의 제목으로 긍정적인 면을 부각시키고 있다.

〈조선일보〉의 보도 패턴을 분석해 보면, 1월 달에는 G세대 담론을 이슈화시키고자 기획특집을 보도하는 데 의욕적으로 지면을 할애했다. 그리고 2월 중순부터 캐나다에서 밴쿠버 동계올림픽이 열리고 그곳에서 선전한 우리나라 메달리스트들이 화제가 되자, 그들을 G세대라 명명하면서 적극적으로 담론을 적용하는 양상을 보였다.

G세대는 분명 이전에는 없던 이름이다. 그렇다면 G세대는 실재하는 것이었을까? 같은 20대로서 주위를 둘러봤을 때, G세대의 정의에 부합하는 사람들도 물론 있었으나 그것이 20대를 대표하는

기준이 되기에는 동떨어진 현실이라고 할 수 있다. 사교육을 받으며 풍족하게 자라 글로벌 마인드를 갖춘 사람들이 있는 반면, 학자금 대출금과 취업 걱정으로 88만원 세대가 될까 걱정하며 사는 20대도 많다. G세대는 20대의 현실을 대표하기에 지나치게 협소한 정의였고, 과도한 일반화라 할 수 있을 것이다.

2011년 3월에는 〈중앙일보〉가 P세대라는 신조어를 만들어 대대적으로 보도하기 시작했다. 먼저 "천안함 1년 '천안함 P세대'의 등장"(2011.03.24)에서 다음과 같이 개념을 규정하고 있다.

> 3·26 천안함 세대가 등장했다. 개인주의에 매몰된 듯했던 20대가 지난해 천안함 폭침을 계기로 북한에 눈을 뜨게 된 것이다. 탤런트 현빈의 해병대 입대에 열광하는 이들은 안보라는 명제 앞에 지금껏 없었던 집단의식을 갖게 됐다. 실용적Pragmatic이고 애국심Patriotism에 눈뜬 이른바 'P세대'로 다시 태어난 것이다.

이어 3월 26일 신문에서는 "천안함 P세대가 대한민국의 희망"이라는 제목으로 'P세대'라는 말을 〈중앙일보〉가 만들었다고 보도한다.

> P세대 = 천안함 사건을 계기로 북한의 실체를 인식하고, 애국심Patriotism을 발휘하고 있는 20대 젊은 층을 지칭하는 것으로 〈중앙일보〉가 만든 말이다. 애국적인 태도 외에 진보·보수의 이분법을 거부하

는 실용Pragmatism적인 자세를 보인다. '힘이 있어야 평화를 지킬 수 있다' Power n Peace는 신념을 지녔고 국방의 의무를 유쾌하게Pleasant 받아들이며 자신의 생각을 적극적으로 알리는 개성Personality 세대다.

〈중앙일보〉는 P세대라는 용어를 지면에 처음 등장시킨 3월 24일부터 4월 19일까지 10여 건의 관련 기사를 쏟아 냈다. 하루걸러 한 건씩 P세대 관련 기사를 보도한 것이다.

'P세대' 담론은 진보 매체가 중심으로 비판하고 나섰다. 〈오마이뉴스〉는 "천안함 침몰 1주기를 맞이해 보수언론에서 만든 '신안보세대'니 '천안함 P세대'니 하는 개념은 사실에 근거하지 않은 '상징조작' 일 뿐이다"라고 주장한다. 보수언론이 의제로 설정한 G세대와 P세대는 결국 새로운 개념으로 진전되지 못한 신조어에 머물렀다. 새로운 이미지의 실재, 즉 시뮬라크르로 이어지지 못한 것이다. 반면 앞서 살펴본 '엄친아'는 새로운 이미지가 덧씌워지면서 하이퍼리얼이 되었고 거꾸로 우리사회에 영향을 미치고 있다.

# '고려대 자퇴녀',
## 내파에 저항하기

## 혁명을 기대할 수 없는 소비사회

외제차나 넓은 평수의 아파트를 소유하기 위해 한평생 애쓰다 보면 어느덧 청춘기를 지나 장년이 되고 또한 사회적 모순에 대한 자각도 사라지고 만다. 오늘날 우리사회의 기성세대들의 모습이 아닐까? 그래서인지 선진국일수록 '혁명'의 열정을 기대할 수 없다고 한다.

1930년대 프랑크푸르트사회연구소의 연구자들(프랑크푸르트학파)은 1920년대에 기대되던 서구에서의 혁명이 무망해지고, 반대로 중부 유럽을 중심으로 파시스트 세력이 득세하는 등 반동적인 상황을 목격했다. 고전적인 마르크스주의적 이론에 따르면, 자본주의가 발달할수록 노동계급이 자본주의의 모순들을 깨닫게 되고 사회변혁의 주체로 나서게 된다는 것이다. 그래서 프랑크푸르트학파는 노동자들이 왜 역사의 주체로서 혁명에 가담하지 않고 현상에 안주하거나 아니면 오히려 반동적으로 행동하게 되는가에 주목했다. 그들은 그 주요 원인이 노동자들의 허위의식에 있으며, 그 허위의식은 주로 그 당시 널리 보급되어 일상화한 신문, 영화, 라디오, 음악 등을 통한 매스 커뮤니케이션 미디어에 의해 조성되는 것으로 보았다. 그래서 막스 호르크하이머Max Hokheimer와 테오도어 아도르노Theodor W. Adorno는 '문화산업'이라고 규정한 대중문화와 매스 커뮤니케이션에 관심을 쏟기 시작하여 문화산업을 비판적으로 분석하게 됐다.[74]

현대에 이르러 물리적인 억압은 해소되었지만 국가와 자본가의 이윤확보를 위해 조작의 대상이 됨으로써 훨씬 정교하고도 광범위하게 억압의 사슬에 포위되고 있다. 즉 우리가 살고 있는 소비사회는 자본의 욕망에 포획되고 배치된 욕망이 대중들의 삶을 지배하고 있다는 점이다.

보드리야르는 현대 소비사회에서는 혁명이 실패할 수밖에 없다고 본다. 사람들이 자본과 미디어가 유도하는 유행의 코드에 맞춰 소비를 추구함으로써 혁명의 열정을 식게 한다는 것이다. 너나없이 에쿠스 승용차 혹은 렉서스, BMW, 벤츠 등 외제차에 대한 욕망을 부추김으로써 혁명 대신 소비에 열광하게 한다는 것이다. 사람들이 모두 유행의 코드에 맞춰 소비를 추구하게 함으로써 혁명의 열정을 식게 한다는 것이다. 이게 바로 자본주의의 모순 속에서 자본주의가 붕괴하지 않고 유지되는 소비이데올로기이다.

다른 한편으로 명품 아파트의 주거욕망도 혁명의 열정을 식게 만든다. 집값이 턱없이 비싸 집을 한 채 마련하는 데 평생을 일해야 하지만 사람들은 이에 대해 반란을 일으키지 못한다. 그 이유는 사람들이 명품 주택(아파트, 전원주택 등)에 주거하고자 하는 욕망을 갖고 있기 때문이다. 미디어는 끊임없이 명품 주거의 욕망을 부채질하고 사람들은 너나없이 명품 주거의 욕망을 실현하려고 평생을 애쓴다. 그런데 마침내 집을 갖게 되면 이제부터는 오히려 집값이 오르기를 고대하는 심리에 사로잡히게 되고 이때는 도리어 집이 없는 사람을 업신여기게 된다. 우리나라의 경우를 봐도 그렇다. 소비사회에는 오직 '유행의 혁명'이 되풀이될 뿐이다. 너나없이 명품 브랜드에 대한 욕망을 부추김으로써 혁명 대신 소비에 열광하게 한다. 우리는 누구나가 미디어가 이끄는 소비에 도취되어 있다.


## 고대 자퇴녀의 자기혁명


그러나 소비사회에서 사물의 배후에는 텅 빈 인간관계가 있고, 엄청난 규모로 동원된 생산력과 사회적 힘이 어느 날 갑자기 난폭한 폭발과 붕괴의 과정을 겪을 수도 있다. 이것이 보드리야르가 말하는 자본주의의 '내파'이다. 자본주의의 내파란 자본주의가 내부에서 동시다발적으로 붕괴한다는 것이다. 이때 자본주의 자체는 전복되고 혁명이 진행될 수 있다. 예를 들어 대학의 신자유주의화로 인한 등록금 인상으로 학생들과 학부모들이 신음하고 있다. 대학은 학문의 전당이기보다 신자유주의의 도구로 전락하고 있다.

이 또한 나의 적이지만 나만의 적은 아닐 것이다. 이름만 남은 '자격증 장사 브로커'가 된 대학. 그것이 이 시대 대학의 진실임을 마주하고 있다. 대학은 글로벌 자본과 대기업에 가장 효율적으로 '부품'을 제공하는 하청업체가 되어 내 이마에 바코드를 새긴다. 국가는 다시 대학의 하청업체가 되어, 의무교육이라는 이름으로 12년간 규격화된 인간제품을 만들어 올려 보낸다.[75]

이는 2010년 3월 10일 일명 '자퇴녀'라고 불린 고려대 여학생이 자퇴의 이유를 내건 대자보의 일부 내용이다. '자퇴녀'처럼 대학가에 학생들이 신자유주의에 항거하며 자퇴가 유행처럼 번지면 대학가의 신자유주의는 위기에 처할 수 있다. 또한 대학가에 이어 다른 사회 분야로 확산되면 자본주의 체제 자체가 위기에 처해질 수 있을 것이다. 바로 보드리야르가 말하는 신자유주의적 '내파'(체제의 강요에 의해 내부적으로 스스로 길들여지는 것)에 대한 저항인 것이다. 학생들은 너나없이 신자유주의적인 대학가의 모습에 절망하면서도 수용하는 냉소주의적 주체로 살아간다. 여기에 '자퇴녀'의 학업 포기는 내파당하는 현실에 대한 통렬한 고발이자 저항인 것이다.

그러나 '고려대 자퇴녀'는 제2의 자퇴녀로 이어지지도 못했다. 다만 서울대학교 채상원이 김예슬에 이어 '오늘 나는 대학을 거부한다. 아니 싸움을 시작한다'라는 제목의 대자보를 교내에 부착했다. 그는 "세상은 이미 변화의 물결을 타기 시작했다"며 "격변의 시기, 아무것도 책임지지 않으면서 우리를 구속하는 대학 내의 모든 구습과 싸워야 한다"고 주장했다. 하지만 채상원은 "자발적 퇴교와는 조금 다른 방법으로, 그러면서도 지금의 대학을 거부하기로. 대학의 주인이 되어 대학의 변화를 주도하기 위한 싸움을 벌이기로 했다"고 선언했다. 더 이상 내파가 이어지지 않은 것이다. 이러한 내파의 경우는 벤야민의 '아우라의 붕괴'처럼 긍정적 변화의 단초를 여는 신자유주의에 맞선 새로운 유형의 '자아의 붕괴'라고 할 수 있지 않을까?

내파는 미디어를 통해서도 일어난다고 보드리야르는 말한다. 보드리야르는 이미지의 과잉 증식 단계에서 내파가 일어난다고 말했다. 매체의 공간 속에서 이미지와 기호, 정보가 과도한 상태에 이르면 메시지가 증발되고 기화되어 버린다는 것이다.

예를 들면 드라마 〈시크릿 가든〉이 시청률 50퍼센트 이상을 넘기면서 시청자들이 이 드라마에 몰입하면 할수록 일상에서의 의사소통은 실종된다. 〈시크릿 가든〉의 내용이 아니면 일상의 대화를 나누기 힘들다. 하나의 메시지만 유통되고 나머지 대화의 소재는 기화해 버리고 만다. 이는 의사소통의 왜곡뿐만 아니라 실종상태를 초래한다. 달리 말하면 매클루언의 공식은 극단에 이르면 모든 내용물과 메시지가 매체 속에서 기화되고 매체도 기화된다는 사실을 간파하지 못했다. 말하자면 '미디어는 메시지다'는 메시지의 종말만이 아니라 매체의 종말도 의미한다. 매체의 지배력이 무한히 확대되어 극도의 상태에 도달한 것이 매체의 대재난이고, 기호의 과잉과 포화상태에서 생겨난 것이 의미의 대재난이다.

예컨대 조중동이 하나의 목소리를 만들어 전달하면 메시지의 종말뿐만 아니라 급기야 조중동 매체의 종말, 나아가 신문 미디어의 종말이 일어날 수도 있는 것이다. 반대로 진보 매체의 편향된 보도가 제어되지 못하고 질주하면 이 역시 의미의 대재난, 매체의 대재난으로 이어질 수 있다. 또한 실체 없는 과잉 이미지를 만들어 내면서 새로운 가짜 현실인 '하이퍼리얼'로 이어진다.

그래서 보드리야르는 자본주의와 소비사회에 대한 구원과 전망 부재를 드러내고 있다. 이는 현대를 살아가는 우리들은 자본주의의 문제점을 알고 있지만 자본주의 그 자체를 문제 삼지 않는 '냉소주의적 주체'들이기 때문이다. 더욱이 미디어는 정보와 이미지의 과잉 증식 속에 파묻혀 자신의 삶과 세계를 대상화할 수 있는 능력을 상실 당한 대중을 재현해 낸다. 냉소주의적 주체들은 자신을 더 이상 표현하지도 못하고 미디어에 의해 매개된 억압적 현실에서도 매일 아침 출근길에 오르고 반복된 일상으로 돌아간다는 것이다. 그래서 보드리야르는 개인과 대중의 모든 공동체적 기획의 가능성이 소멸된 후기 자본주의의 삶을 설명하면서 물신화와 기술매체에 의한 소외의 극한을 회의주의적이고 허무주의적으로 이야기하고 있다. 타자화된 욕망 혹은 배치된 욕망에 포획된 채 자율적인 주체에 의한 전복의 가능성은 더욱더 어려워지고 있다.

이러한 상황에서 갑작스런 혁명 혹은 자본주의 자체의 종언을 기대할 수 없는 것이다. 보드리야르의 주장처럼 소비사회에 대한 구원과 전망 부재를 드러내고 있는 상황에서는 일종의 '비약'을 전제하지 않는다면, 자본주의 소비사회의 지양이나 갑작스런 혁명을 기대할 수 없다고 하겠다. 다만 보드리야르의 미디어 비관주의에는 소비사회가 옭죄는 억압과 배제, 소외, 이로 인한 잠재적 폭력성에 대한 경고가 담겨 있다는 점에서 의미를 찾을 수 있지 않을까? 즉 껍데기만 난무하는 과잉 이미지의 소비사회, 명품이라는 이름으로 껍데기에 중독된 소비사회에 대한 성찰, 나아가 이를 경감시키거나 해체하고 전복시키려는 부단한 노력이야말로 냉소주의적 주체들의 과제일 것이다. 이는 또한 차이에의 욕망이 순수한 향유인지 향유의 강제인지를 인식하는 데서 시작하지 않을까?

# 볼테르에게 배우는
## 하이퍼리얼에 저항하기

### 《관용론》의 저술 계기가 된 칼라스 사건

볼테르Voltaire는 계몽주의 시대를 대표하는 인물로, 18세기 유럽의
전제정치와 종교적 맹신에 저항하고 이성에 의한 진보의 이상을 고
취하면서 이른바 '구체제'를 무너뜨리는 도화선을 제공했다. 나아가
볼테르는 근대사회의 원리를 제시했는데 자유에 기초한 각 개인의
행복 추구라는 원리가 그것이다. 특히 그가 쓴 《관용론Traite sur la
tolerance》(송기형 역, 한길사, 2001)은 인간정신의 자유에 대한 옹호로 종
교적 편견과 맹신에 저항해서 인도주의의 이름으로 관용을 호소하
는 내용이다. 우리나라에서는 '톨레랑스'라는 말로 회자된다. 톨레
랑스란 관용tolerance을 뜻하는 프랑스어다. 볼테르가 《관용론》을
쓸 당시에는 옛 체제의 낡은 가치가 계몽주의 철학자들과 가장 치열
하게 겨루고 있을 때였다. 그는 이른바 '칼라스 사건'[76]을 계기로
《관용론》을 쓰게 되었는데, 1761년 프랑스의 남부 도시 툴루즈에서

발생한 종교 사건이다.

먼저 간략하게 사건을 개관해 보자. 장 칼라스와 그의 가족은 모두 프로테스탄트(위그노)였다. 어느날 장남 마르크 앙투안이 목을 매 자살하는 사건이 발생하게 되었다. 툴루즈의 상인인 신교도 장 칼라스는 로마 가톨릭으로 개종하려는 장남 앙투안을 죽였다는 혐의로 고발당해 결백을 주장했지만, 결국 능지처참 형을 받았다(1762. 3. 10). 이에 분개한 볼테르가 이 사건에 개입한 덕분에, 불행한 칼라스는 사형당한 지 3년 만에 명예를 회복하고 그와 그 가족에게 무죄가 선고됐다. 볼테르는 이 투쟁을 하면서 《관용론》을 썼던 것이다.

네이버 백과사전에 따르면 관용 혹은 톨레랑스란 자기와 다른 종교, 종파, 신앙을 가진 사람의 입장과 권리를 용인하는 일을 의미한다. 관용은 단순히 개인의 덕(아량)뿐 아니라 사회적인 차원과 관련되며 종교, 정치, 국가라는 연관에서 생기는 문제이다. 대체로 동일한 사회 안에 복수의 종교가 있는 경우에는 관용하려는 경향이 짙다. 아시아 지역에서는 다른 종교가 공존하는 일이 많아 관용이 통례로 되어 있다. 이에 비해 중세 가톨릭교에서는 유일한 정당성을 주장하고 이단과 이교도의 비관용이 잇달았다. 이교도에 대해서는 이단 심문, 마녀재판, 화형 등으로 탄압했다.

칼라스 사건의 핵심인 칼라스는 프랑스 남부 랑그도크 지방의 중심 도시인 툴루즈에 사는 68세의 상인이었다. 칼라스는 신교도였으나 당시 프랑스 사회를 심각하게 양분하고 있던 신교와 가톨릭 사이의 광신적인 대립에서 한 걸음 떨어져 모범적인 가장으로 평온하게 지내고 있었다.

큰아들 마르크 앙투안은 음울한 기질의 소유자로서 변호사가 되고자 했으나 신교도라는 이유로 좌절되자 삶을 비관하고 있었다. 그러던 어느 날 칼라스의 집에 아들의 친구가 초대받아 왔는데, 보르도에서 온 그 친구는 툴루즈의 유명한 변호사의 아들인 라베스로 칼라스 가족과 친분이 있었다. 식사를 마치고 환담을 나누던 도중 장남인 앙투안이 자리를 떴다. 라베스를 배웅하기 위해 칼라스가 계단을 내려왔을 때 아래층에서 목을 맨 큰아들을 발견했다. 밤이 깊어 돌아가기 위해 일어선 손님과 그를 배웅하러 따라 나온 아우가 형이 목매 죽은 것을 발견했다. 곧 아버지를 비롯한 가족이 달려와 시신을 땅에 눕히고 목의 끈을 풀었다. 다음날 시 법원 판사가 사체를 검시했을 때 앙투안이 누군가에게 살해당했다는 흔적은 나타나지 않았다.


## 칼라스 사건과 맹목적 믿음

그런데 그 다음날 사건은 전혀 다른 방향으로 흘러갔다. 이 사건을 보려고 모여든 군중들 가운데 어떤 광신자가 "장 칼라스가 자신의 아들 마르크 앙투안을 목매달아 죽였다"고 소리쳤다. 프로테스탄트에 반감을 가지고 있던 툴루즈의 시민들은 아들이 가톨릭으로 개종하려 했기 때문에 아버지 칼라스에 의해 아들이 살해되었다고 주장한 것이다. 이런 외침이 군중들에 의해 여러 번 되풀이되자 순식간에 모든 사람들이 이에 동의하기 시작했다. 다른 사람들은 한술 더 떠서 죽은 아들이 다음날 가톨릭으로 개종할 예정이었다고 수군거렸다. 심지어 신교도인 그의 가족과 라베스가 가톨릭을 증오한 나머지 그를 목매달아 죽였다는 것이었다. 그 다음부터는 아무도 이런 이야기를 의심하지 않았다.

실체 없는 루머가 또 다른 실체가 되어 온 도시를 허깨비처럼 지배하게 되었다. 루머는 신교도에 대한 부정적인 이미지를 증식하였고 과잉 루머로 치달았다. 온 도시 사람들(가톨릭 신도)은 이 사건이 프로테스탄트들이 지닌 신앙의 일면을 드러내 준다고 생각했다. 프로테스탄트의 부모는 자식이 개종하려고 할 때 그것을 막기 위해 자식을 죽일 의무를 짊어지고 있다는 것이었다. 실체도 없는 근거 없는 소문들이 퍼져 나가면서 칼라스 가족에게 아들을 죽인 누명이 덧씌워졌던 것이다.

칼라스 사건은 관동대지진 때 한국인이 학살당한 과정과 닮아 있다. 관동대학살은 1923년 9월 1일 오전 11시 58분 일본 간토(關東) 지방에 일어난 대지진과 이에 수반하여 발생한 학살사건이다. 일본 육군과 경찰은 패닉상태에 빠진 국민들을 무마하기 위해 날조된 유언비어를 퍼뜨려 무고한 한국인 6천여 명을 학살하였다. 내무성이 각 경찰서에 하달한 내용 중에 "재난을 틈타 이득을 취하려는 무리들이 있다. 조선인들이 방화와 폭탄에 의한 테러, 강도 등을 획책하고 있으니 주의하라"라는 내용이 있었다. 이 내용은 일부 신문에 사실 확인도 없이 보도되었고, 보도 내용에 의해 더욱더 내용이 과격해진 유언비어들이 〈아사히 신문〉, 〈요미우리 신문〉 등 여러 신문에 다시 실림으로써 "조선인(또한 중국인)들이 폭도로 돌변해 우물에 독을 풀고 방화·약탈을 하며 일본인을 습격하고 있다"라는 거짓소문이 각지에 나돌기 시작했다. 이 거짓소문을 믿고 일본인은 조선인 6천여 명을 학살했다.

근거가 없는 사실이라도 사람들이 맹목적으로 믿기 시작하면 진실로 둔갑할 수 있다. 특히 종교적인 신념은 진실과 사실들을 무력하게 만들기도 한다. 사람들의 믿음체계는 자신이 믿고 싶은 것만 믿으려 하기 때문이다. 이때 그것이 진실이 아닐 수 있어도 진실로 믿고 싶어 한다. 사람들이 일단 동요하기 시작하면 진정시키기 어려운 법이다.

칼라스에 대한 소식도 곧 소문이 되어 사람들 속으로 퍼져나갔다. 그 소문에 따르면, 랑그도크 지방의 프로테스탄트들이 그 전날 회합을 가졌으며, 여기에서 그들은 다수결로 앙투안을 죽일 '사형집행인'을 선출했다고 한다. 사람들의 추측에 따르면, 이렇게 뽑힌 사람이 라베스로서, 이 청년은 그로부터 하루 뒤에 자신의 선출 소식을 들었다. 그리하여 라베스는 장 칼라스와 그의 아내, 그의 아들 피에르를 도와서 자신의 친구인 앙투안의 목을 매달기 위해 보르도에서 이곳으로 왔다는 것이다.

들뜬 여론에 격앙된 시 행정관은 아무 증거도 없이 칼라스 가족을 체포했다. 사건의 신속한 처리를 과시하고 싶었던 행정관은 규율과 칙령을 무시한 법적 절차를 통해 이 죄인들을 투옥했다. 장 칼라스와 가톨릭교도인 하녀, 라베스는 쇠사슬에 묶이는 신세가 되고 말았다.

첫 번째 신문에서 칼라스는 아들의 시신을 바닥에 놓인 상태에서 발견했다고 말했다. 당시 종교법에 따르면 자살자의 시신은 벌거벗겨 거리로 끌고 다니다가 교수대에 다시 매달도록 하고 자살자의 모든 재산을 몰수하도록 되어 있었다. 그렇기 때문에 칼라스는 죽은 아들이 그런 지경에 처하는 것을 막으려고 허위진술을 했다고 한다. 자살한 아들의 시신이 교수대에 매달린다면 아들을 두 번 죽이는 꼴이 되기 때문이다. 부모의 심정으로 이런 참혹한 일만은 피하고 싶었을 것이다.

그러나 그는 곧 진술을 번복해 아들의 시신이 바닥에 놓인 상태가 아니라 목을 맨 상태에서 먼저 발견했다고 했다. 그러자 가혹한 신문이 이어졌다. 그럼에도 불구하고 칼라스 가족은 범행을 부인했으나, 맹신과 편견에 오도된 재판관들은 증거가 불충분함에도 불구하고 칼라스에게 극형을 선고했다. 칼라스는 수레바퀴에 매달아 사지를 찢어 죽이는 거열형에 처하라는 선고가 내려진 것이다. 칼라스는 극악한 형벌의 고통 속에서도 죄를 시인하지 않고 죽어갔다. 남은 자녀들은 추방당하거나 유폐되었고, 그들의 재산은 국가가 몰수했다.

이 사건을 매듭짓기 위해 13명의 판사가 매일 회합을 가졌다. 칼라스 가족의 유죄를 입증할 증거란 있지도 않았고, 있을 수도 없었다. 그러나 이 증거의 빈 자리를 어긋난 신앙심이 대신 매웠다. 여섯 명의 판사가 줄기차게 고집하기를 장 칼라스와 그의 아들, 그리고 라베스를 거열형에, 장 칼라스의 아내는 화형에 처하자고 했다. 좀 더 온건한 나머지 7명은 적어도 피고인들의 말을 들어 볼 필요가 있다는 입장이었다.

판사들 가운데 1명은 피고인들의 무죄와 범행의 불가능성을 확신하고 이들을 열심히 변호했다. 사람들을 사로잡고 있는 엄격한 종교적 '불관용'에 대해 그는 자신의 인도적 열정으로 맞섰다. 다른 1명의 판사는 피고인의 유죄를 과격하게 주장했다. 결국 이 둘은 반목하다 둘 다 시골로 은퇴했다. 그러나 칼라스 가족을 옹호했던 판사는 자신에게 주어진 자격정지를 준수한 데 반해 유죄를 주장했던 판사는 다시 돌아와 유죄를 주장했다. 이 사람의 합세로 칼라스에 대한 거열형 선고가 확정되었다. 온건파 6명 가운데 한 사람도 마지막에 강평파로 돌아섰고 결국 5대 8로 거열형이 선고된 것이다.

설령 '가족 살해'가 있었다고 쳐도 피고인들 모두가 그 자리에 계속 함께 있었으므로 그들에게 똑같은 죄가 돌아가야 한다는 것은 자명한 사실이었다. 장 칼라스의 아내, 피에르 칼라스, 라베스, 그리고 하녀(가톨릭)에게 죄가 없다는 것은 분명했다. 아버지 혼자 범죄를 저지를 수 없었으리라는 것도 분명했다. 그럼에도 불구하고 재판정은 아버지 한 사람에게만 거열형을 선고했다.

그러나 판사들 가운데 누군가가 다음과 같은 사실을 일깨워 주었다. 살해가 행해진 것으로 추정되는 시간 동안 피고인들은 모두 함께 있었으므로 살아 있는 피고인들 전부를 석방하는 것은 이미 처형당한 가장의 결백함을 어쩔 수 없이 인정하게 되는 것이다. 그리하여 판사들은 아들 피에르 칼라스를 추방하기로 결정한다. 피에르는 가톨릭으로 개종을 강요받았고 도시를 떠나던 중에 한 신부에 의해 도미니쿠스회의 한 수도원에 감금되었다. 그곳에서 가톨릭 신앙의 갖가지 의식을 강요받았다. 재판부는 또한 딸들은 어머니에게서 빼앗아 수녀원에 유폐시켰다. 칼라스의 아내는 모든 재산을 몰수당했고 먹을 것도 없이 세상에 홀로 남겨졌다.

## 프랑스혁명과 '톨레랑스'의 길을 연 볼테르

한 가족의 처참한 파멸과 함께 묻혀 버릴 뻔했던 이 사건은 볼테르에 의해 되살아났다. 우연히 사건의 전말을 알게 된 볼테르는 그 재판 절차의 부당함에 분개했고 나아가 이 사건 속에 자신이 공격하고자 하는 옛 시대의 야만적 형벌제도의 문제점이 고스란히 담겨 있음을 절감했다. 볼테르는 툴루즈 고등법원의 사건기록을 입수하여 분석했고 칩거하던 칼라스 부인을 찾아가 국왕의 재판정에 상고할 것을 권유했다. 볼테르는 《관용론》에서 이렇게 적고 있다.

> 툴루즈와 같은 지방에서는 광신이 거의 언제나 이성을 무력하게 만들고 있었지만 그에 반해서 파리에서는 아무리 광신이 기승을 부린다 해

도 이성이 그에 대행해 더 강력한 힘을 발휘했다.

사건을 파리로 옮겨온 볼테르는 이 문제에 관한 수많은 팸플릿을 써서 양식 있는 사람들의 정의감을 일깨웠다. 파리 고등법원의 유명 변호사인 보몽이 가장 먼저 칼라스 부인을 옹호하고 나섰다. 사르트르는 지식인들은 언제나 위협을 받는 순간에는 침묵하는 법이라며 지식인의 위선을 꼬집은 바 있는데 보몽 변호사는 그렇지 않았던 것이다.

볼테르의 노력으로 칼라스 사건의 부당성을 지적하고 재심을 요구하는 여론이 조성되었고, 당시 대법원은 여론에 밀려 마침내 재심 판결을 내렸다. 칼라스의 큰아들이 자살한 것으로 판정을 번복했던 것이다. 1765년 5월 9일 칼라스가 처형된 지 3년째 되던 날 칼라스의 무죄와 복권이 선고됐다. 칼라스 사건에 대한 볼테르의 개입은 프랑스 앙가주망(engagement: 지식인의 현실참여운동)의 시초가 되었다.

볼테르는 칼라스 사건을 계기로 종교적 불관용의 문제를 철학적 관점에서 고찰했고 그 결과 탄생한 것이 《관용론》이다. 광신에 사로잡힌 사람들이 주장하는 신앙의 불관용은 인간의 법에 기초한 것도 아니며 자연의 법에 기초한 것도 아니라고 볼테르는 주장한다.

《관용론》의 주제는 1차적으로 편협한 신앙심에 대한 비판과 인간정신의 자유에 대한 옹호이다. 종교적 맹신이나 광신이 볼테르의 공격 대상이 된 이유는 그것이 인간의 자유를 억압하고 행복을 방해하는 것들 가운데 하나이기 때문이다. 그에게 종교는 합리적 이성과 타협하기 힘들고 따라서 철저히 투쟁해야 할 대상이었다. 이때 볼테르가 공격한 것은 종교 그 자체라기보다 편견과 전통으로 무장한 채 자연에 어긋나는 예속을 강요하는 종교의 세속적 권력이라고 할 수 있다.

칼라스 사건은 종교적인 불관용이 낳은 불행한 사건이라고 할 수 있다. 가톨릭교도들이 많은 툴루즈에서 프로테스탄트인 칼라스는 종교적 편견에 희생되었던 것이다. 칼라스를 거열형으로 내몬 것은 그의 장남의 죽음에 대한 정확한 진상조사가 아니라 종교적 편견에 의한 단죄였다. 종교적 단죄는 가톨릭교도들이 조장한 그릇된 소문에 의해 이루어진 것이다. 그 소문의 실체는 바로 "프로테스탄트의 부모는 자식이 개종하려고 할 때 그것을 막기 위해 자식을 죽일 의무를 짊어지고 있다"는 것이었다. 이게 툴루즈 시민 사이에서 광범위한 새로운 가짜 현실을 만들었고 이내 지배적인 현실이 되었다.

실체가 없는 상태에서 만들어진 소문은 거꾸로 툴루즈의 가톨릭교도들의 신념체계에 영향을 미쳤다. 결국 실체 없는 가짜 현실이 진짜 현실에 영향을 미치면서 칼라스 가족의 비극은 참극으로 치달았던 것이다. 250년 전의 칼라스 사건은 하이퍼리얼이라는 유령이 얼마나 무서운지 단적으로 보여준 역사적 사건이라고 할 수 있다.

# '차가운 유혹'과
# 미디어 독해력

## 영혼없는 스타가 만드는 유혹의 사회

세상은 리얼리티에서 하이퍼리얼리티로 변화하며 심각한 이미지의 소비시대를 겪고 있으며 이미지 제국주의를 만들고 있다. 실체를 소비하는 것이 아니라 미디어가 퍼 나르는 이미지를 소비한다. 실체는 사라지고 그 자리를 자본에 의해 '만들어진' 이미지, '만들어진' 실재가 차지하고 있다. 급기야 만들어진 현실에 의해 시뮬라시옹된 현실이 세상을 온통 지배하면서 이른바 '하이퍼리얼 제국주의'에 잠식되게 되었다.

그런데 만들어진 이미지와 만들어진 실재를 소비하는 우리 시대는 영화와 스타와 연예인들에게 유혹당한다. 보드리야르는 대중매체와 대중 우상에 의한 이러한 유혹을 '차가운 유혹'이라고 부른다. 이미지로 만들어진 시뮬라크르, 즉 복제와 모사의 사회는 사회적 경험의 모든 영역을 통해 유희적이고 차가운 유혹을 한다고 주장한다. 그 차가운 유혹의 한가운데에는 미디어를 통해 보여지는 대중 스타가 자리하고 있다. 보드리야르는 현대의 우상으로 군림하고 있는 대중 스타의 존재에 대해 다음과 같이 예리한 비평을 가한다.

"스타는 이상적이거나 뛰어난 데가 전혀 없다. 즉 스타는 인위적인 존재다. 스타의 얼굴은 그의 영혼이나 감수성의 반영이 아니다. 스타는 그의 영혼이나 감수성을 지니지 않는다."[77] 보드리야르의 이 표현에는 어쩌면 스타라는 허깨비, 껍데기에 유혹당하는 현대인들의 슬픈 초상이 담겨 있는지도 모른다. 우리 시대의 스타는 자본에 의해 인위적으로 만들어진 '상품'과 같은 존재들이다. 여자 연예인들의 성형수술을 당연하게 여긴다. 미국의 팝 가수 레이디 가가는 엽기적인 화장과 패션으로 늘 화제를 낳고 있다. 대중은 스타의 영혼과 감수성에 매혹되어 열광하는 것이 아니라는 것이다. "그와 반대로, 스타는 의례적인 매혹 가운데, 그리고 그의 넋을 잃은 듯한 눈길과 의미 없는 미소 가운데, 모든 감수성과 모든 표정을 제거한다. 그리고 바로 이때 스타는 신화에 도달하고 제의적인 찬양의 집단적 의례에 도달한다."[78] 대중은 오히려 감수성과 영혼을 반영하지 않은 의미 없는 미소를 찬양하고 마침내 집단적으로 숭배하면서 마치 전통 시대의 종교적 의례를 대신한다는 것이다. 따지고 보면 영혼의 교감이 없는 허무적인 유희인 셈이다.

그럼에도 미디어로 비춰지는 스타는 대중이 모방해야 할 차가운 유혹의 존재다. "현대 우상들의 유혹은 차가운 유혹이다. 그들은 사람들을 열광케 하는 동시에 실망시킨다. 그리고 그들은 갑작스러운 출현과 절박한 사라짐으로 사람들을 매혹시킨다. 유혹하는 위대한 여자나 위대한 여자 스타는 자신의 재능이나 지성 때문에 빛나는 것이 아니라, 자신의 부재 때문에 빛난다."[79] 그래서 대중 스타들은 의도적으로 방송 등 언론 출연을 기피하면서 이른바 '신비주의 마케팅'으로 인기 관리를 한다. 방송에 자주 등장하다 보면 오히려 신비스러운 매력이 떨어지고 인기가 하락한다는 것이다. 오히려 방송에 얼굴을 내비치지 않을 때 인기를 더 얻을 수 있다. 보드리야르의 표현을 빌면 '부재'가 오히려 우상으로 인기를 얻을 수 있는 유혹적인 마케팅이라는 것이다. 스타는 자신의 '부재' 때문에 더욱 빛날 수 있다.

가수 서태지가 신비주의 마케팅으로 인기를 지속한 대표적인 스타라고 할 수 있다. 그는 은퇴와 컴백을 반복하며 팬들 앞에 나타났다 사라졌다. 심지어 서태지는 결혼 사실마저도 숨겼다. 대중에게 드리운 '순수 이미지'의 훼손을 우려했기 때문이다. 서태지 자신이 실재하지 않는 이미지로 하나의 시뮬라크르로 살아온 셈이다. 팬들이나 대중들은 그의 진짜 실재가 아닌 가짜의 이미지를 소비하며 그를 우상으로 떠받들었던 셈이다. 이야말로 가짜가 진짜에 영향을 미치는 하이퍼리얼 바로 그것이다.

급기야 보드리야르는 "스타들은 사람들을 열광케 하는 동시에 실망시킨다. 그리고 그들은 갑작스러운 출현과 절박한 사라짐으로 사람들을 매혹시킨다"[80]면서 "스타의 죽음은 의례적인 우상 숭배의 당연한 결과에 불과할 뿐이다"[81]라고 말한다. 그래서 스타들은 때로

극적인 죽음으로 사라지기도 하는데 그 사라짐 뒤에 오히려 우상으로 영원히 군림하기도 하는 것이다. 미국의 록커 엘비스 프레슬리가 그렇고, 우리나라에서도 박용하 등 수많은 스타 연예인들이 자살로 '극적'으로 생을 등져 세상을 놀라게 했다. 이게 대중 우상 시대의 차가운 유혹의 본질이라고 할 수 있다.

보드리야르는 '차가운 유혹'이라는 말의 의미는 과거의 유혹과 비교한 개념이라고 강조한다. "역사적으로 숭배와 종교적인 정열, 희생과 폭동의 열렬한 대중이 있었다면, 이제는 유혹과 매혹의 차가운 대중이 있다. 그들의 초상은 영화적인 것이다."[82] 즉 현대의 대중을 유혹하는 것은 다만 영상 매체를 통해 욕망에 매혹당하는 경우라는 것이다. 보드리야르는, 매클루언에 따르면 의례적인 것은 차가운 것이라며 다음과 같은 표현을 쓴다. "스타의 얼굴은 화장과 의례적인 엄숙함이 지니는 자신의 차가움 때문에 빛난다."[83] 그리고 우리의 감각세계는 화장과 성형으로 전신을 뜯어 고친 스타들의 기호와 이미지로 반짝이는 망에 걸려들고 환호하며 매혹당하는 것이다.


'차가운 유혹'에 유혹당하지 않기


보드리야르는 스타와 스타의 이미지, 그 스타를 모방하려는 욕망 같은 것이 대중 매체의 차가운 유혹이라고 말한다. 그 차가운 유혹은 앞서 그로스버그가 말한 '신명나는 허무주의'와 같은 것일 게다. 여기서 보드리야르는 현대 소비사회에 대해 극도의 허무주의를 드러낸다. 보드리야르에 따르면 소비사회에 대한 구원과 전망 부재 상태가 암울하기만 하다.

그렇다면 미디어로 인해 억압받는 일상이 구원받을 가능성은 보드리야르의 허무주의처럼 닫힌 채로 전망부재를 드러낼 수밖에 없는 것인가? 먼저 소비사회에서 미디어로부터의 허위욕구를 넘어서기 위해서는 달리 말하자면 미디어에 의한 재현의 위기, 무기력한 대중의 위기에 대응하기 위해서는, 대중은 미디어에 의한 욕망의 재현을 지양하고 '차이의 소비'를 추구하지 않아야 한다. 문제는 미디어가 독해체계의 제국주의를 만들고 있는 현실이다. 여기서 '미디어 독해력media literacy'이 무엇보다 요구된다고 할 수 있다. 미디어 독해력이란 우리의 일상을 뚫고 들어오는 다양한 커뮤니케이션 매체와 그것의 상징성, 그리고 그 메시지를 파악하는 능력이다. 그런데 현대 소비사회에서 자본과 결합한 미디어가 소비를 이끈다고 볼때 소비인간이 된 현대인들이 '미디어 독해력'을 가지기란 결코 쉽지 않아 보인다.

# '하이퍼리얼리티'를 넘어
## '위키얼리티'로

## 껍데기에 중독된 소비사회

우리가 사는 포스트모던 세상이 보드리야르의 주장처럼 부정적이고 회의주의적인 것만은 아니다. 니컬러스 크리스태키스Nicholas Christakis와 제임스 파울러James Fowler가 공동 저술한 《행복은 전염된다Connected》(이충호 역, 김영사, 2010)에는 희망적인 이야기가 나온다. 우리가 사는 세상은 서로 연결된 거대한 네트워크 사회인데 여기서는 부정적인 요인들도 있고 특히 전염성이 강한 현상들도 있으며, 때로는 행복한 전염들도 일어난다는 것이다.

이들은 새로운 긍정적인 형태의 사회적 상호작용이 가장 광범위하게 나타난 사례로 '위키wiki'를 들고 있다. '빠르다'라는 뜻의 하와이 말에서 유래한 위키는 접속하는 사람은 누구나 그 콘텐츠를 수정할 수 있도록 설계돼 있다. 이것은 같은 정보에 관심을 가진 사람들에게 서로의 자원을 공유하고 협력할 수 있게 해준다. 위키는 연결하는 데 거의 비용이 들지 않게 함으로써 수백만의 작은 친절이 모여 새롭고 강력한 무언가를 만들어 내는 데 성공했다. 위키의 산물 중 가장 유명한 것은 200여 가지 언어로 기록된 1천200만 개 이상의 항목을 포함하고 있는 온라인 백과사전인 위키피디아 www.wikipedia.org 이다.

위키피디아에는 강한 권위를 가진 중심이 없다. 다른 위키와 마찬가지로 위키피디아 역시 서로 협력을 통해 어떻게 상호 작용해야 할지 자체 규칙을 만드는 지원자들에 의해 유지된다. 지원자들이 항목을 수정한 최종 문서 편집일이 명시되어 있다. 예를 들어 위키백과에 '보드리야르'를 한국어로 입력하면 '이 문서는 2011년 6월 23일(목) 21:5에 마지막으로 바뀌었습니다'라는 문구가 있다.

여기서 리얼리티를 넘어서 새로운 신개념의 '온라인 리얼리티'라고 할 수 있는 '위키얼리티wikiality'라는 말이 등장하기에 이르렀다. 미국의 코미디 프로그램을 방영하는 방송국인 '코미디 센트럴'의 스티븐 콜버트Stephen Colbert는 자신의 쇼에서 이 새로운 형태의 온라인 협력을 '위키얼리티'라고 표현했다. 콜버트는 이 위키얼리티라는 개념을 "충분히 많은 사람이 어떤 개념에 동의한다면 그것이 진리가 되는 리얼리티"[84]로 정의했다. 콜버트는 위키얼리티에 미치는 자신의 영향력을 보여주기 위해 한번은 '콜버트 보고서'에서 전 세계에 살고 있는 코끼리 수는 지난 10년 동안 3배나 늘어났기 때문에 더 이상 코끼리를 보호할 필요가 없다는 농담을 했다. 그러자 몇 분이 지나기 전에 위키피디아의 코끼리 항목은 콜버트가 발언한 '사실'을 강조하는 쪽으로 수정되었다. 그러나 얼마 후 정기적으로 위키피디아에 기고하는 자원자들이 그 항목의 내용을 다시 바로잡았다. 양측 사이의 싸움이 한동안 이어졌으나, 결국 장난을 치는 사람들이 물러섰다. 정확한 정보를 지키려는 신념을 가진 사람들이 승리를 거두었고, 그 항목은 원래의 상태로 돌아간 것이다.

《행복은 전염된다》에는 미국 부통령(공화) 후보였던 세라 페일린Sarah Palin의 '편집전쟁'[85]에 대해 소개하고 있다. 세라 페일린이 공화당 부통령 후보로 지명되었을 때 위키피디아에서는 그녀에 관한 이른바 '편집전쟁'을 치렀다. 현대 미국 정치에서 가장 편향적인 후보 중 하나로 꼽히는 페일린은 선거 유세 기간에 위키피디아에서 자신에 관련된 항목이 수백 번이나 수정되는 편집전쟁을 유발했다.

그것은 이른바 '불필요한 다리'에 관련된 것이었다. '불필요한 다리'는 페일린이 굳이 건설할 필요도 없는 다리를 위해 3억 9천800만 달러의 연방 예산을 타내려 한 계획을 말한다. 이 계획에 대해서는 알래스카 주 밖의 많은 사람들이 혈세 낭비일 뿐만 아니라, 카트리나 참사 구제비용으로 들어가야 할 돈이 빠져나간다며 맹비난했다. 다리로 연결되는 그라비나 섬에는 작은 공항이 있었고, 섬 주민은 50여 명에 불과했으며, 30분에 한 번씩 여객선도 운행되고 있었다. 당시 주지사 선거 중이었던 페일린은 이 계획을 적극적으로 지지하다가, 전국적인 비난에 직면하자 주지사에 당선된 뒤에 곧 취소해 버렸다. 그러나 페일린은 이 계획 때문에 이미 연방정부에서 받은 자금을 돌려주지 않고 다른 용도로 사용했다.

페일린 지지자들은 페일린이 '불필요한 다리'를 지지했다고 언급한 항목들이 쓸데없는 정보라며 삭제했다. 그러자 페일린을 반대하는 비판자들은 페일린이 16세인 딸의 임신을 숨기려고 자신이 임신한 것처럼 가장했다는 소문을 추가하면서 이른바 '편집전쟁'을 벌였다. 그러나 양측의 극단주의자들이 이처럼 진실을 왜곡하는 편집을 시도했지만 위키피디아에서 페일린에 관한 전체적인 정보는 대체로 편향되는 일 없이 공정성을 유지했다고 한다.

이 책의 저자들은 위키피디아는 스스로 만든 중립적인 시각, 즉 'POV Point of View'라는 규칙을 철저히 지키려고 노력한다는 점을 높이 평가한다. 그래서 위키피디아 사용자들은 모든 수정 사항을 꼼꼼히 감시하면서, 그 내용이 적절한지 그리고 공개된 자료가 정당한 출처에 기반을 두었는지 확인한다는 것이다. 지나친 편견이 개입된 수정 사항은 즉각 삭제된다. 그리고 편견과 사실 사이의 회색 지대에 위치한 수많은 편집 사항들은 페일린 관련 '사용자 토론' 페이지에서 그것이 사실에 부합하는 정보인지 아닌지 판단하려고 노력하는 기고자들 사이에서 열띤 토론을 거친다는 것이다.

위키는 개인들이 독자적으로 활동하지만, 서로 협력을 통해 개인이 소유하지도 않고, 어떤 한 개인이 좌지우지하지도 않는 어떤 것을 만들어 낸다. 다양한 출처에서 나온 정보를 평균하고 합쳐서 위키는 어디로 날아가야 할지 자연적으로 선택하는 새 떼와 비슷하게 지식에 이르는 길을 만들어 낸다. 그래서 저자들은 위키피디아에 실린 전형적인 항목은 브리태니커 Britannica 백과사전에 실린 전형적인 항목에 못지않게 정확하다는 사실이 입증되었다며 〈네이처 Nature〉에 발표된 한 논문을 소개하기도 했다.

이 책에 따르면 '위키피디아'가 온라인상에서 놀랍게도 잘 굴러가는 이유는 각 주제마다 그 주위에 소셜 네트워크가 생겨나기 때문이다. 그러한 네트워크에는 편향되지 않은 새로운 정보를 올리는 '협력자'와 다른 사람들이 확립한 정보의 신뢰성을 자기 목적을 위해 이용하길 원하는 '무임승차자'가 포함돼 있다. 만약 이 두 부류의 사람들만 존재한다면, 누구나 위키피디아의 미래는 싹수가 노랗다고 생각할 것이다. 그렇지만 '응징자'라는 세 번째 부류의 사람들이 있다. 수천 명의 자경단원이 위키피디아를 순찰하면서 악의적인 편집을 원래 상태로 되돌리고, 그 짓을 저지른 사람의 사용자 토론 페이지에 개인적 메모를 남긴다. 심지어 서로 힘을 합쳐 일부 사용자가 추가로 내용을 변경시키지 못하게 막기도 한다.

> 우리는 국가가 중앙집권적인 권위가 강요해서 서로 협력하는 게 아니다. 대신에 우리가 서로 협력하면서 살아가는 능력은 서로 연결된 운명과 공통 목적을 가진 집단을 형성하는 사람들의 분권화된 행동에서 자연 발생적으로 나타난다.[86]

니컬러스 크리스태키스와 제임스 파울러는 《행복은 전염된다》에서 인터넷의 보편화와 기술문명의 발달로 우리를 '초연결hyper-connected' 상태로 만들고 있다고 분석하면서 상호 작용성을 강화하는 초연결의 긍정적인 현상으로 위키피디아를 주목하고 있다. 이는 분명 보드리야르가 소비사회에 대해 극도의 허무주의적 관점인 하이퍼리얼 사회와는 대조적인 분석이 아닐 수 없다. 어쩌면 미래에 대한 희망은 '초연결'의 문화를 어떻게 만들어 가느냐에 달려 있다고 할 수 있을 것이다. 하이퍼리얼리티는 하이퍼커넥티드hyper-connected가 만들어 내는 위키얼리티로 극복할 수 있지 않을까, 하이퍼리얼리티는 위키얼리티가 대안이 될 수 있지 않을까 하는 기대를 가져 본다.

## 현실은 여전히 '아이러니'

촛불 시위가 한국 사회를 '초연결'의 상태로 만들면서 역동하게 한 지 몇 년이 지났다. 그런데 한국은 다시 미국산 쇠고기의 제1 수출시장으로 바뀌었다고 언론은 전한다. 2011년 5월에 한 일간지 보도에 따르면, 2008년 8월 수입이 재개된 이후 2011년 3월에 미국 상무부의 미국산 쇠고기 수출통계에 따르면 한국이 전체 수출량 가운데 26퍼센트(2만 8천875톤)로 1위를 차지했다.[87] 2010년 3월에 비해 3.2배가 늘어난 수치이다. 당시 촛불 시위 때 전 국민에게 드리운 미국산 쇠고기의 광우병 신드롬을 연상한다면 쉽사리 이해가 가지 않는다. 촛불 시위가 일어난 지 몇 년 후에 우리사회를 지배했던 광우병 하이퍼리얼이 사라진 것이다. 하이퍼리얼은 지속적으로 확대재생산되면서 유지되기도 하지만 실재가 다시 현실을 지배하면 사라지기도 한다.

보드리야르는 현대사회는 총체적으로 부조리하다며 이러한 모습을 '아이러니irony'라고 표현한다. 우리는 아이러니의 현실 속에서 살아가고 있는 것이다. 끔찍한 광우병의 현실에 촛불을 들고 저항하다 어느새 미국산 쇠고기의 최대 소비자가 되어 있는 것이다. 아울러 하이퍼리얼은 오만한 권력을 견제하고 심판하면서 각성하게 하기도 했다. "아이러니는 바로 우리를 둘러싼 세계 자체의 거울"이라고 보드리야르는 말한다. 그 거울은 가짜의 이미지인 시뮬라크르를 비추는 거울이기도 하다.

우리는 시뮬라크르의 이미지가 확대재생산되고 과잉 증식하면서 하이퍼리얼 속으로 빠져드는 사회에 살고 있다. 이는 자본과 미디어, 관료제(국가, 정치권력)의 합작품이기도 하고 자본과 미디어의 합작품이기도 하다. 우리사회에는 이미 가짜 실재인 시뮬라크르가 자기증식해 온통 시뮬라시옹의 질서로 둘러싸여 있다.

시뮬라시옹의 질서에 의해 만들어진 시뮬라크르의 이미지는 유행의 메커니즘이기도 하다. 어느날 갑자기 시뮬라크르로서 하나의 모델이 등장하면 이내 유행이 되곤 한다. 미국에서 인기 있는 드라마인 〈가십걸〉에서 여주인공의 패션은 이내 유행이 된다. "뉴욕 맨해튼을 배경으로 상류층 학교에 다니는 청소년의 사랑과 우정을 다루고 있는 이 드라마에서 블레어 월더프 역을 맡은 레이튼 미스트는 뛰어난 패션 감각으로 시청자들의 눈길을 사로잡고 있다. 그녀가 착용하고 나오는 리본 머리띠, 플랫슈즈 등은 미국 전역에서 유행하고 있다."[88]

여성들은 킬힐을 넘어 더 높은 하이힐에 도전한다. 신체적인 고문이라고 그 부작용을 지적해도 우스꽝스러울 정도의 유행에 복종하고 동참한다. 남성들의 기이한 옷차림이나 패션도 시뮬라크르의 이미지를 소비하는 것이다. 예를 들어 한여름 더운날에도 머리에 둘러쓰는 겨울용 빵모자를 착용하는 것이 유행이 되기도 하는 것이다.

테러리즘도 정교한 '시뮬라시옹 질서'에 의해 만들어진다. 이미 프로그래밍된 계획에 따라 테러를 발생시키면 그 후에는 만들어진 테러의 공포가 시뮬라크르의 이미지를 증식시키고 이내 하이퍼리얼을 형성하면서 진짜 현실을 지배하게 되는 것이다. 그래서 보드리야르는 "테러주의는 항상 실재의 테러주의이다"[89]라고 말한다. 테러주의를 움직이게 하는 것은 바로 공포가 주는 이미지다. 그 이미지는 가상적인 것이다. 이 가상적인 이미지가 현실 속에 스며들어 실제 현실이 되는 것이다.

보드리야르는 가상의 이미지와 현실과의 관계를 "현실과 이미지 사이의 일종의 결투"라고 표현하며 "테러에 대한 매혹은 무엇보다도 이미지에 대한 매혹이다"[90]라고 강조한다. 이로 인한 결과는 테러리스트에게는 기쁨을 주는 동시에 피해자에게는 재난을 초래하는 것이다. "이미지는 사건을 소비한다. 이미지가 사건을 흡수하고, 사건을 소비하게 한다는 의미에서 말이다. 확실히 이미지는 사건-이미지로서 사건에 새로운 충격을 가져다준다."[91]

급기야 보드리야르는 "테러에 의해 현실에 대한 폭력이 먼저 존재하고, 거기에 이미지에 대한 전율이 추가되기보다는 오히려 이미지가 먼저 존재하고, 거기에 현실에 대한 전율이 추가되는 것이다"라고 강조한다. 테러주의자는 이미지의 힘, 폭력에 이어 제공되는 공포의 이미지를 궁극적인 것으로의 현실로 만드는 것이다. 가장 끔찍스러운 가상을 현실에 재창조하는 것이다. 그래서 테러의 폭력은 실제적인 것이 아니라 상징적인 것이라고 말한다.

이른바 '오리엔탈리즘'도 시뮬라시옹의 질서에 의해 만들어져 서구사회가 동양사회를 지배하는 방식으로 확대재생산되고 있다. 오리엔탈리즘은 서구가 동양을 지배하기 위해 '열등한 동양'과 '우월한 서구'라는 등식을 만들어 제국주의와 식민 지배를 정당화했다. 지금은 동양사회에서 '우리 안의 오리엔탈리즘'이 생겨났다. 즉 우리나라 사람들이 같은 동양으로 가난한 동남아 국가들을 우리보다 열등한 민족이라고 폄훼하고 있다. 이게 '우리 안의 오리엔탈리즘'인데, 이 역시 실체없는 시뮬라크르가 이미지를 만들어 내면서 새로운 실재로 현실을 지배하고 있는 현상이다.

우리사회뿐만 아니라 전 세계가 이미 시뮬라크르들에 둘러싸여 있고 이들이 시뮬라시옹된 현실을 만들면서 하이퍼리얼 지배가 가속화하고 있다. 그래서 보드리야르는 이미 우리사회는 시뮬라크르 세상인데 이를 은폐하기 위해 디즈니랜드나 감옥, 스캔들을 만들어 낸다고 주장한다. 즉 이미 우리사회는 시뮬라크르로 둘러싸여 있지만 그럴 경우 도덕의 붕괴, 권위의 추락, 원칙의 실종 등으로 사회적 붕괴를 가속화시키므로 시뮬라크르 사회를 감추기 위해 디즈니랜드나 감옥, 스캔들을 의도적으로 만들어 낸다는 것이다.

그래서 보드리야르는 하이퍼리얼이라는 가짜 현실에 길들여지며 자발적으로 복종하는 것을 '내파'라고 했다. 우리는 누구나 할 것 없이 소비사회에 내파되고 있는 것이다. 집값이 오르면 집값이 오른다고 아우성치지만 집값이 내리면 또 내린다고 아우성이다. 그러는 사이에 혁명의 열정은 사라지고 자본의 논리에 휘둘리면서 냉소주의적 주체로 살아가고 있다. 자본가와 자본의 논리, 국가 이데올로기의 모순을 알면서도 이에 저항하지 못하고 현실을 순응하며 '소비인간'으로 살아가고 있는 게 우리들 대부분의 모습이다.


## '덜 유혹당하기'로 저항하자

그래서 위키피디아가 편집전쟁을 통해 드러내는 새로운 지적 현실주의인 '위키얼리티'의 모습은 신선하게 다가온다. 거기에 미디어와 소비사회가 드리운 '차가운 유혹'을 이겨내고 또한 '아이러니'에 저항할 수 있는 새로운 인간형을 발견할 수 있는 것은 그나마 다행이다. 또한 하이퍼리얼의 세상에서도 지배권력을 견제하고 비판하고 일방통행을 저지할 수 있는 또 다른 모습을 발견할 수 있었던 것도 크나큰 위안이자 힘으로 다가온다.

소비사회를 사는 우리들은 너나없이 껍데기에 중독되어 있다. 마음이 적셔지지 않는다는 것을 알면서도 이를 소비하려 아우성이다. 이게 우리의 진짜 삶일까? 허깨비를 부수고 내파에 저항하는 길은 어쩌면 멀리 있지 않을 것이다. 가장 쉬운 저항은 명품을 '소비하지 않기' 혹은 '덜 소비하기'라고 할 수 있다. 이것이 소비사회에서 개개인이 할 수 있는 '자기혁명'의 시작이자 소비사회를 구원하는 혁명의 부활이 아닐까.

# 주석

1. 레지스 드브레Regis Debray,《이미지의 삶과 죽음Vie et mort de l'image》(정진국 역, 시각과언어, 1994), 398쪽.

2. 장 보드리야르Jean Baudrillard,《소비의 사회La Societe de Consommation》(이상률 역, 문예출판사, 1999), 179~180쪽.

3. 위의 책, 26쪽.

4. 돈 드릴로Don DeLillo,《화이트 노이즈white noise》(강미숙 역, 창비, 2005), 92~93쪽.

5. 〈중앙일보〉, 2011년 6월 8일, E18면.

6. 장 보드리야르Jean Baudrillard,《소비의 사회La Societe de Consommation》(이상률 역, 문예출판사, 1999), 314쪽.

7. 법정,《혼자 사는 즐거움》(샘터, 2004), 11~13쪽.

8. 장 보드리야르Jean Baudrillard,《시뮬라시옹Simulacres et Simulation》(하태환 역, 민음사, 1996), 12~13쪽.

9. 위의 책, 19쪽.

10. 위의 책, 23쪽.

11. 위의 책, 106쪽 [역주] 인용.

12. 위의 책, 27쪽.

13. 〈중앙일보〉, "가왕도 전설도 부담스럽다 … 나는 가수다", 2011년 4월 21일.

14. 〈노컷뉴스〉, "'나는 가수다' 감동의 145분…음악이 논란 눌렀다", 2011년 3월 28일.

15. 〈조선일보〉, 2011년 4월 8일.

16. 장 보드리야르Jean Baudrillard,《시뮬라시옹Simulacres et Simulation》(하태환 역, 민음사, 1996), 43쪽.

17. 위의 책, 45쪽.

**18.** 위의 책, 43쪽.

**19.** 위의 책, 39쪽.

**20.** 위의 책, 40쪽.

**21.** 위의 책, 40쪽.

**22.** 〈서울신문〉, 2008년 11월 24일.

**23.** 로버트 에틴거Robert Ettinger, 《냉동인간The Prospect of Immortality》(문은실 역, 김영사, 2011).

**24.** 장 보드리야르Jean Baudrillard, 《토탈 스크린Ecran total》(배영달 역, 동문선, 2002), 171쪽.

**25.** 장 보드리야르Jean Baudrillard, 《시뮬라시옹Simulacres et Simulation》(하태환 역, 민음사, 1996), 43쪽

**26.** 위의 책, 28쪽 [역주] 인용.

**27.** R. G. Picard, "Journalist's Role in Coverage of Terrorist Events", in A. Odasuo Alali & K. Kelvin Eke(eds.), Media Coverage of Terrorism(Newbury Park, CA : Sage Publications, 1991), pp. 40-1.

**28.** 니컬러스 크리스태키스Nicholas Christakis, 제임스 파울러James Fowler, 《행복은 전염된다Connected》(이충호 역, 김영사, 2010), 192~193쪽.

**29.** 위의 책, 193~194쪽.

**30.** 위의 책, 194쪽.

**31.** 위의 책, 199쪽.

**32.** 위의 책, 200~201쪽.

**33.** 돈 드릴로Don DeLillo, 《화이트 노이즈white noise》(강미숙 역, 창비, 2005), 243~244쪽.

**34.** 〈강원도민일보〉, '재난대비 매뉴얼 제대로 된 것 없다', 2011년 3월 17일.

**35.** 홍성일, 〈연평도의 피격은 일어나지 않았다〉, 미디어스, 2010년 11월 29일.

**36.** 〈경향신문〉, '진실 대신 욕망만 남은 천안함', 2010년 5월 17일.

**37.** 임철규, 《눈의 역사 눈의 미학》(한길사, 2004), 37쪽

**38.** 장 보드리야르Jean Baudrillard, 《시뮬라시옹Simulacres et Simulation》(하태환 역, 민음사, 1996), 99쪽.

**39.** 볼프강 벤츠Wolfgang Benz, 《유대인 이미지의 역사Bilder vom Juden》(윤용선 옮김, 푸른역사, 2005), 〈3장. 유대인 세계 지배 음모〉에서 자세히 소개하고 있다.

**40.** Biarritz, Historisch-Politischer Roman in acht Banden von Sir John Retcliffe, Bd. 1 (Berlin o. j.). p. 154. 볼프강 벤츠, 59쪽에서 재인용.

**41.** 볼프강 벤츠, 77쪽.

**42.** 장 보드리야르Jean Baudrillard, 《시뮬라시옹Simulacres et Simulation》(하태환 역, 민음사, 1996), 70쪽, [역주] 인용.

**43.** 〈경향신문〉, "키 작은 우리아이, 봄쑥처럼 쑥쑥 키워보자", 2009년 3월 18일.

**44.** 〈서울신문〉, "여자가 키 큰 남자 좋아하는 이유, 과학적으로 보니…", 2011년 5월 21일.

**45.** 니콜라 에르팽, 《키는 권력이다》(김계영 역, 현실문화, 2008), 92쪽.

**46.** 위의 책, 5쪽.

**47.** 〈내일신문〉, "자신감 충만한 사르코지 대통령", 2008년 2월 4일.

**48.** 장 보드리야르Jean Baudrillard, 《시뮬라시옹Simulacres et Simulation》(하태환 역, 민음사, 1996), 9~10쪽 [역주] 참고.

**49.** 〈뉴스위크Newsweek〉, "어느 슈퍼모델의 죽음", 통권 981호, 2011년 6월 1일, 55쪽.

**50.** 장 보드리야르Jean Baudrillard, 《유혹에 대하여De la Seduction》(배영달 역, 백의출판사, 2002), 79쪽.

**51.** 장 보드리야르Jean Baudrillard, 《시뮬라시옹Simulacres et Simulation》(하태환 역, 민음사, 1996), 9~10쪽 [역주] 참고.

**52.** 장 보드리야르Jean Baudrillard, 《유혹에 대하여De la Seduction》(배영달 역, 백의출판사, 2002), 51쪽.

**53.** 위의 책, 51쪽.

**54.** 장 보드리야르Jean Baudrillard, 《시뮬라시옹Simulacres et Simulation》(하태환 역, 민음사, 1996), 12쪽.

**55.** 임철규, 37~38쪽.

**56.** 김규원, 《몸의 확장》, 가산출판사, 2000, 141~142쪽.

**57.** 〈유코피아〉, "파멜라 앤더슨, 아들에 엄마 섹스장면 보여주겠다", 2009년 11월 20일.

**58.** 장 보드리야르Jean Baudrillard, 《시뮬라시옹Simulacres et Simulation》(하태환 역, 민음사, 1996), 44~45쪽.

**59.** 〈유코피아〉, "파멜라 앤더슨, 아들에 엄마 섹스장면 보여주겠다", 2009년 11월 20일.

**60.** 〈뉴시스〉, 2011년 4월 22일.

**61.** 문강형준, 〈우상의 황혼: 한국 사회에서 아이돌은 어떻게 소비되는가?〉, 《시만과 사회》, 제17호, 281~296쪽.

**62.** 이동연 엮음, 《아이돌》(이매진, 2011)

**63.** 〈쿠키뉴스〉, 2011년 3월 2일.

**64.** 〈스포츠서울〉, "이영애 귀국패션, 네티즌들 인기 폭발", 2009년 9월 4일.

**65.** 〈한국경제〉, "현빈이 입던 트레이닝복 '엘로클락' 브랜드로 론칭", 2011년 12월 29일.

**66.** 〈중앙일보〉, "다큐영화 '트루맛쇼' 진실게임", 2011년 5월 9일.

**67.** 이택광, "타블로 마녀사냥, 공정사회 성장통", 〈주간경향〉 896호, 2010년 10월 19일

**68.** 장 보드리야르Jean Baudrillard, 《시뮬라시옹Simulacres et Simulation》(하태환 역, 민음사, 1996), 143쪽.

**69.** 위의 책, 145쪽.

**70.** 〈동아일보〉, 2011년 4월 27일.

**71.** 노미 마사히코, 《혈액형 인간학》(장진영 역, 동서고금, 1999), 26쪽.

**72.** 위의 책, 174~175쪽.

**73.** 〈조선일보〉, "G세대 한국인 새 100년을 이끈다" 발췌 및 요약, 2010년 1월 1일~2010년 1월 2일.

**74.** 김지운 외, 《커뮤니케이션비판이론》, 나남, 1991, 15~16쪽.

**75.** 〈머니투데이〉, 2010년 3월 30일.

**76.** 볼테르Voltaire, 《관용론Traite Sur La Tolerance》(송기형 역, 한길사, 2001), 25~44쪽.

**77.** 장 보드리야르Jean Baudrillard, 《시뮬라시옹Simulacres et Simulation》(하태환 역, 민음사, 1996), 122쪽.

**78.** 위의 책, 122~123쪽.

**79.** 위의 책, 123쪽.

**80.** 위의 책, 123쪽.

**81.** 위의 책, 124쪽.

**82.** 위의 책, 124쪽.

**83.** 위의 책, 123쪽.

**84.** 니컬러스 크리스태키스Nicholas Christakis, 제임스 파울러James Fowler, 《행복은 전염된다Connected》(이충호 역, 김영사, 2010), 419쪽.

**85.** 위의 책, 420쪽.

**86.** 위의 책, 422쪽.

**87.** 〈중앙일보〉, "미국산 쇠고기 수출국 중 한국이 가장 많이 먹는다", 2011년 5월 17일.

**88.** 〈중앙일보〉, "'한복 잠옷' 입은 할리우드 여스타에 한국 네티즌 열광", 2011년 5월 19일.

**89.** 장 보드리야르Jean Baudrillard, 《시뮬라시옹Simulacres et Simulation》(하태환 역, 민음사, 1996), 99쪽.

**90.** 장 보드리야르Jean Baudrillard, 《테러리즘의 정신L' esprit du terrorisme》(배영달 역, 동문선, 2003), 30쪽.

**91.** 위의 책, 29쪽.

# 참고자료

**문헌**

가브리엘 와이만, 《매체의 현실 구전론》, 김용호 역, 커뮤니케이션북스, 2003.

권택영, 《잉여쾌락의 시대》, 문예출판사, 2003.

기 드보르, 《스펙터클의 사회》, 이경숙 역, 현실문화연구, 1996.

김규원, 《몸의 확장》, 가산출판사, 2000.

김성재 외, 《매체미학》, 나남, 1998.

김태동·김헌동, 《문제는 부동산이야, 이 바보들아》, 궁리, 2007.

노미 도시타카, 《혈액형을 알면 아이의 재능 100% 살린다》, 김상현·최현미 역, 동서
　　고금, 2002.

노미 마사히코, 《혈액형 인간학》, 장진영 역, 동서고금, 1999.

노미 마사히코, 《혈액형 인생론》, 민성원 역, 동서고금, 2002.

노르베르트 볼츠, 《구텐베르크 − 은하계의 끝에서》, 윤종석 역, 문학과지성사, 2000.

니콜라 에르팽, 《키는 권력이다》, 김계영 역, 현실문화, 2008.

니컬러스 크리스태키스 외, 《행복은 전염된다》, 이충호 역, 김영사, 2010.

닐 부어맨, 《나는 왜 루이비통을 불태웠는가》, 최기철·윤성호 역, 미래의창, 2007.

데이비드 하비, 《모더니티의 수도 파리》, 김병화 역, 생각의 나무, 2005.

돈 드릴로, 《화이트 노이즈》, 강미숙 역, 창비, 2005.

로버트 에틴거, 《냉동인간》, 문은실 역, 김영사, 2011.

레지스 드브레, 《이미지의 삶과 죽음 − 순수 텔레비전의 변증법》, 정진국 역, 시각과
　　언어, 1994.

마셜 매클루언, 《미디어의 이해》, 임상원 역, 민음사, 2002.

마크 A. 가브리엘, 《이슬람과 테러리즘, 그 뿌리를 찾아서》, 이찬미 역, 글마당, 2009.

발터 벤야민, 《발터 벤야민의 문예이론》, 반성완 편역, 민음사, 1983.

볼프강 벤츠, 《유대인 이미지의 역사》, 윤용선 역, 푸른역사, 2005.

배영달, 《보드리야르와 시뮬라시옹》, 살림, 2005.

베르너 파울슈티히, 《근대초기 매체의 역사》, 황대현 역, 지식의풍경, 2007.

볼테르, 《관용론》, 송기형 외 역, 한길사, 2001.

사회와 철학 연구회 엮음, 《촛불, 어떻게 볼 것인가》, 울력, 2009.

심상민, 《미디어는 콘텐츠다》, 김영사, 2001.

앙리 르페브르, 《현대세계의 일상성》, 박정자 역, 기파랑, 2005.

오기현, 《SBS스페셜 혈액형의 진실》, 그루북스, 2006.

유수민, 《과학이 광우병을 말하다》, 지안, 2005.

이동연 엮음, 《아이돌》, 이매진, 2011.

이마누엘 칸트, 《판단력 비판》, 김상현 역, 책세상, 2005.

이삼성, 《20세기의 문명과 야만》, 한길사, 1998.

이희수·이원삼, 《9·11테러와 이슬람 세계 이해하기, 이슬람》, 청아출판사, 2001.

임옥희, 《채식주의자 뱀파이어》, 여이연, 2010.

장 보드리야르, 《시뮬라시옹》, 하태완 역, 민음사, 1996.

장 보드리야르, 《유혹에 대하여》, 배영달 역, 백의, 2003.

장 보드리야르, 《토탈 스크린》, 배영달 역, 동문선, 2002.

장 보드리야르, 《테러리즘의 정신》, 배영달 역, 동문선, 2003.

진중권, 《진중권의 현대미학 강의》, 아트북스, 2003.

참여연대 참여사회연구소, 《어둠은 빛을 이길 수 없습니다》, 한겨레출판, 2008.

최효찬, 《테러리즘과 미디어》, 커뮤니케이션북스, 2001.

최효찬, 《일상의 공간과 미디어》, 연세대출판부, 2007.

프레드릭 제임슨, 《보이는 것의 날인》, 남인영 역, 한나래, 2003.

## 기타

권택영, 〈죽음 충동이 플롯을 만든다 : 돈 드릴로의 《백색소음》〉, 영어영문학, 제47권 1호, 2001.

문강형준, 〈우상의 황혼 : 한국 사회에서 아이돌은 어떻게 소비되는가?〉, 시민과세
　　계, 제17호.

은정윤, 〈신역사주의 관점에서 본 청소년의 학교와의 불화-헤르만 헤세의《수레바퀴
　　아래서》를 중심으로〉,《헤세연구》제18집.

조소현, 서은국, 노연정, 〈혈액형별 성격특징에 대한 믿음과 실제 성격과의 관계〉,
　　《한국심리학회지 : 사회 및 성격》, 한국심리학회 19호(2005).

최효찬, 〈시각적 감응에 의한 억압과 배제〉,《비교문학지》, 제52집(2010.10).

최효찬, 〈규율권력에 의한 주체의 분열과 교육의 문제〉,《인문언어지》, 12-
　　2(2010.12).

정용인, "9·11테러 '음모론' 진실은 어디 있나?",〈주간경향〉, 742호, 2007.9.18

〈노컷뉴스〉, "우리나라 여성들은 왜 다이어트에 목숨걸까", 2010.11.25.

이택광, "타블로 마녀사냥, 공정사회 성장통",〈주간경향〉, 896호, 2010. 10. 19.

〈경향신문〉, "'삼촌팬' 위장한 이성애적 욕망", 2010.7.13.

〈연합뉴스〉, "특집: 9·11 5년, ⑧범인재판 흐지부지…끊이지 않는 음모론", 2006.9.1.

〈중앙일보〉, 강혜란, "'나는 가수다' 가 살아남는 법", 2011.3.29.

〈조선일보〉, "가창력 꼴찌 아이돌 멤버는", 2011.4.8.